Wenn aus Feinden Freunde werden

Leben in drei Welten

von

Frowin Junker

Autobiographie

VERRAI-VERLAG
Stuttgart

Bibliografische Information der Deutschen Nationalbibliothek:
Die Deutsche Nationalbibliothek verzeichnet diese Publikation in der Deutschen Nationalbibliografie; detaillierte bibliografische Daten sind im Internet über http://dnb.d-nb.de abrufbar.

1. Auflage November 2018

https://verrai-verlag.de

Umschlaggestaltung: ehrle studios Werbeagentur GmbH

Bildquellen Cover:
nnattalli/Shutterstock.com

Titelbuchseite Seite 1:
Bartek Langer

Printed in Germany
ISBN 978-3-946834-66-3

Dekan Dr. Hartmut Fritz schreibt zum Inhalt dieses Buches:

Wenn aus Feinden Freunde werden – Leben in drei Welten

Ein bemerkenswertes Buch. Als Autobiographie geschrieben enthält es mehr als einen persönlichen Lebensbericht. Scheinbar Vordergründiges, Zufälliges oder gar Beliebiges wird da erzählt, aber alles ist an der Frage orientiert: Wie ist eine ehrliche Auseinandersetzung mit der Vergangenheit möglich? So ist ein Buch entstanden, das nicht so sehr an der chronologischen Ordnung der erlebten Geschichte orientiert ist, sondern vielmehr ein Thema in den Mittelpunkt rückt: „Ein Leben in drei Welten".

Mit der „ersten" Welt ist gemeint das Aufwachsen in einem christlich geprägten Elternhaus, dann aber auch die Vereinnahmung und Irreführung im abgeschirmten und geschlossenen System einer NS-Eliteschule in Sonthofen und Vogelsang; rückblickend mit der (selbst-)kritischen Frage versehen, welche Vorbilder und Einflussgeber sich in der Welt von Jugendlichen breit machen können.

Nach dem Aufwachsen folgt die „zweite" Welt des Aufwachens, in der der Autor (mit vielen anderen) erleben und erkennen musste, welches Unheil, wieviel Leid und Schmerzen, bis in die eigene Familie hinein, die Gefolgschaft eines verbrecherischen Regimes über die Länder und Völker dieser Welt gebracht hat. Diese Ereignisse wurden für ihn zum reinigenden Feuer, das jegliche fanatisierte Anhängerschaft zu Asche verbrannte. Warum haben danach so viele Väter geschwiegen, warum sind sie der schmerzhaften Auseinandersetzung ausgewichen?

Waches, aufmerksames geschichtliches Bewusstsein lebt nicht davon, dass man auf jenes trügerische Gras hofft, das über die Dinge wächst; es braucht einen ehrlichen und authentischen Umgang mit der Geschichte. Diese Triebfeder hatte bei dem Autor einen völlig veränderten und ungewöhnlichen Lebensentwurf zur Folge. Das angestrebte Berufsziel und die Gründung einer eigenen Familie wurden um Jahre, genauer: um zwei Jahrzehnte, zurückgestellt zugunsten des ganz persönlichen Einsatzes für Völkerverständigung und Versöhnung. Vergangenheitsbewältigung und Wiedergutmachung (wenn es das überhaupt gibt) und damit auch die Vermittlung eines neuen Deutschlandbildes war das Ziel dieses bemerkenswerten Engagements. Dies ist aber nur möglich im ehrlichen Aufbau von Vertrauen und gegenseitiger Wertschätzung, in der beständigen und verlässlichen Begegnung von Mensch zu Mensch, face to face, im Besuch der Länder hin und her, im Brückenbauen nahezu rund um den Erdball herum und im Eintreten für demokratische Strukturen.

Mit der „dritten" Welt öffnen sich dann noch einmal ganz andere Tore und Türen, in die Welt hinein und in die eigene Lebensgeschichte und Familie hinein. Äußerlich gesehen war das Tor zu dieser „dritten" Lebenswelt der Erwerb des Architekten-Diploms, und das mit 52 Jahren! Nicht weniger unruhig, tätig und engagiert gestalteten sich die folgenden Jahre. Beispielhaft dafür sei dies: Die Besuche in Polen, in der Slowakei, und in Rumänien, in der Ukraine und in Belarus (mit dem Einsatz für „Kinder von Tschernobyl"), dann zwei Brennpunkte der Geschichte: Verdun und Auschwitz.

Einen vorläufigen Schlusspunkt dieser Lebensgeschichte markiert sozusagen die Heimkehr nach Leonberg, im Engagement für Kirche und Stadt, dann auch in der Mitbegründung der KZ-Gedenkstätten-Initiative. Sozusagen vor der eigenen Haustür ist und bleibt die Vergangenheit eines Volkes, einer Stadt, eines Menschenlebens präsent, eine Vergangenheit, die über die Generationen hinweg nach bleibender Erinnerung und zukunftsfähiger Versöhnung ruft.

Man kann nicht dankbar genug dafür sein, dass diese Lebensgeschichte nun in dieser beeindruckenden und zugänglichen Form vorliegt. Sie enthält Erfahrungen und Überlegungen, die nicht glattbügeln und die gerade so in ihrer persönlichen Unverwechselbarkeit ein glaubwürdiges Zeugnis abgeben, an dem sich auch jüngere Generationen reiben und orientieren können.

Dr. Hartmut Fritz,
Dekan i.R. in Leonberg

Ein wichtiges Wort zuvor ...

Als ich 1945 aus französischer Kriegsgefangenschaft von Isny zu Fuß nach Leonberg wanderte, war ich als Siebzehnjähriger nur dankbar, dass dieser Krieg endlich vorbei war und ich ihn überlebt hatte. Nach den Bombennächten in Stuttgart und allen Zerstörungen, die ich gesehen hatte, war auch klar, dass unsere erste Aufgabe der Wiederaufbau sein müsste.

Vierundfünfzig Jahre später hatte ich das bewegendste Gespräch, das ich je erlebt habe. Es war die Begegnung mit einem polnischen Juden, Dr. Dr. Samuel Pisar in Paris, den ich 1999 mit meiner Familie und Freunden besuchen konnte. Er hat seine ganze Familie, seinen Vater, seine Mutter und seine Schwester durch unsere Besatzung und in KZs verloren und selbst acht Konzentrationslager überlebt, auch Auschwitz und das Lager in Leonberg.

Zwei von uns Besuchern aus Leonberg lebten damals in dieser Stadt. Auch uns öffnete er sein Haus. Bei dem intensiven Gespräch von vier Stunden erhielten wir Einblick in sein Ringen um den Frieden in der Welt, auch bei den ganz großen.

Er wurde Berater von Präsident Kennedy und im Kalten Krieg Vermittler zwischen Ost und West: Breshnew, Chruschtschow und Gorbatschow, Clinton, Willy Brandt, Helmut Kohl und Egon Bahr – alle suchten seinen Rat.

Als junge Deutsche waren wir von 1933 bis 1945 zu „Stolz und Überheblichkeit" erzogen worden von einem Regime, das von Anfang an unehrlich, überheblich und verbrecherisch war. Ich habe als Schüler vieles geglaubt und musste nach dem Krieg erkennen, dass das ganze System falsch und auf Lügen und Täuschung aufgebaut war. Diese Erkenntnis tat weh.

Wenige Jahre nach dem Krieg kam ich in Kontakt mit Franzosen und Norwegern, die unter der deutschen Besatzung gelitten hatten. Sie kamen nicht, um uns zu verurteilen. Sie boten uns ihre Hilfe an beim Aufbau unseres Landes.

Als ich von einem Tschechen, der im Krieg in amerikanischer Uniform gegen uns gekämpft hatte, 1948 aufgefordert wurde, bei der Versöhnung zwischen den ehemaligen Gegnern und beim Aufbau der Demokratie in Deutschland mitzuhelfen, habe ich zunächst gezögert. Ab 1949 habe ich jedoch 20 Jahre hauptamtlich mitgearbeitet im Rahmen einer internationalen Organisation und mein Studium zurückgestellt, weil mir diese Aufgabe wichtiger war.

Frowin Junker
Dipl.-Ing. (FH)
Architekt

LEBEN IN DREI WELTEN

INHALT

Warum dieses Buch?

Januar 2016. Es war dunkel morgens 5.50 Uhr an der Bushaltestelle. Ich sah jeden Morgen um diese Zeit den Bus mit der Nummer 98 kommen. Ich nickte dem Busfahrer zu. Zwei Tage später sagte ich: „Guten Morgen!“ Er antwortete mit einem „Guten Morgen“, aber mit Akzent.

„Woher kommen Sie?“, fragte ich.

„Aus Warmbronn.“

„Wo ist Ihre ursprüngliche Heimat?“

„Rumänien.“

„Da war ich. Aus welcher Stadt in Rumänien kommen Sie?“

„Satu Mare.“

„Da war ich in der Nähe, in Baia Mare!“

„Was, Sie kennen Rumänien?“

„Ich kenne Ihr Land etwas, ein wunderschönes Land!“

„Sie haben recht! Aber jetzt muss ich leider abfahren ...
Bis Morgen!“

Zwei Tage später wieder morgens 5.50 Uhr.

„Wann waren Sie in Rumänien?“

„Nachdem der Eiserne Vorhang aufgegangen war!“ – Es interessierte ihn. Ein Deutscher, der sein Land ein wenig kannte. Jeden Morgen gab es zwei bis fünf Minuten, die wir vor dem Abfahren miteinander sprechen konnten – auch über die Schönheiten seines Landes. „Ich muss los“, hieß es dann immer wieder. „Bis Morgen!“

Tags darauf der Busfahrer: „Ich habe zwei Fragen an Sie. Erstens, warum heißt diese Haltestelle Golfplatz? Ich habe hier noch nie jemand Golf spielen sehen. Zweitens, wie konnte ein Österreicher der Chef von Deutschland werden?“

„Die erste Frage kann ich sofort beantworten. Hier haben die Amerikaner nach dem Krieg einen Golfplatz eingerichtet. Daher der Name. Die zweite Frage braucht mehr Zeit. Da müssen wir länger zusammensitzen."

„Machen wir bei einem Glas Wein!"

Es kam nicht zu dem Glas Wein, aber ein Jahr später, als er in den Ruhestand nach Rumänien ging, sagte er: „Herr Junker, ich lade Sie ein, kommen Sie im nächsten Jahr nach Rumänien. Ich zeige Ihnen dort alles. Sie sind mein Gast. Ich freue mich darauf!"

Ein weiterer Grund: Mein Freund John Pribram aus den USA hat mir oft geschrieben. 1949, vor 68 Jahren, stellte er mir eine entscheidende Frage: „Bist du bereit, uns zu helfen und zu übersetzen?" – Ich ahnte nicht, wohin dies führen würde, als ich „Ja" sagte für 14 Tage. John war eigentlich Tscheche. Er stammte aus einer jüdischen Familie. Er konnte fliehen, wurde amerikanischer Soldat, verlor ein Bein im Krieg. Er wollte nie mehr nach Europa. Bis er Jahre später Bitterkeit und Hass überwand und 1948 mit vielen Amerikanern nach München kam.

Viele Jahre danach forderte er mich auf, über das Erlebte zu schreiben: „I hope you are now working on our story – the war was terrible, but what happened afterwards in your country and certainly in mine fills you with hope about the future ... be sure your story will bring hope and faith to all who will be privileged reading it."

(„Ich hoffe, du arbeitest jetzt an unserer Geschichte – der Krieg war furchtbar, aber was nach dem Krieg geschah in deinem Land und sicher auch in meinem gibt Hoffnung für die Zukunft ... sei sicher, dass deine Erzählung denen, die das Privileg haben, sie zu lesen, Hoffnung und Glauben bringen wird.")

ERSTE WELT

1933-1945

Unter der Diktatur

Unter der Diktatur

Es war das Jahr 1936 – Aufbruchstimmung lag in der Luft. Es war Frühling oder Frühsommer. Irgendeine Wahl stand bevor. Überall waren kleine Plaketten ausgegeben worden zum Anstecken an den Mantel oder das Kleid. Auf jeder Plakette stand das Gleiche drauf: „Ja“, „Ja“. – Jörg und ich wussten mit unseren acht Jahren nicht, um was es ging. Aber wir sammelten die kleinen, runden Ansteckplaketten aus irgendeinem farbigen Blech mit Begeisterung. Sie lagen überall. Wir zogen durch die Straßen nahe dem Hallschlag in Cannstatt und lasen sie auf. Bald hatten wir eine ganze Menge beieinander: „Ja, ja, ja“ – doch was damit machen? Ich fand ein Stück Stoff in schönem Blau, einen weichen Samt, von dem sich die gelb- oder messingfarbenen Plaketten schön abhoben. Ich hängte sie über mein Bett.

Oben unter dem schrägen Dach schlief ich mit meinem Bruder „Butz“ (Hans-Friedrich) in einer kleinen Kammer. Zwischen unsere Betten passte genau eine Kommode und – um die Weihnachtszeit – eine Sperrholzplatte auf zwei Böcken für unsere geliebte Spur 00 von Märklin. Mit Trafo, ein paar Schienen und einer Lok hatten wir angefangen, jetzt ging es darum: „Kriegen wir zu Weihnachten eine oder zwei Weichen oder eine zweite Lokomotive?“ – „Vielleicht in einem Jahr auch einen zweiteiligen Triebwagen?“ Stundenlang konnten wir dort oben sitzen und die schwarze Lok mit ihren Lampen am Abend oder in der Nacht fahren lassen. Wenn sie zu schnell in die Kurve fuhr, lag sie draußen. Auch die Weichen hatten ein kleines Licht, das sich je nach der Weichenstellung drehte. Schließlich gab es auch einen Bahnhof mit Beleuchtung.

Butz war zwei Jahre älter als ich und stärker. Er hatte mehr Mut als ich, ein Draufgänger, obwohl er eher etwas kleiner war als ich. Ilse, unsere ältere Schwester, war brav. Wenn wir Buben sie ärgerten mit dem Spruch: „Ilse, Bilse, niemand will se!“, rannte sie heulend die Treppe hinauf ins Bad und schloss sich ein. Dann musste unsere Mutter sie trösten. Wenn die Mutter dann mit uns schimpfte, sahen wir auch ein, dass es nicht fair war.

Ich war schüchtern. Im Kindergarten gab es ein kleines Brett, durch dessen Löcher man Holzstifte schlagen konnte. Das war mein liebstes Spielzeug. Doch oft waren andere schneller und frecher als ich. Als ich mit sechs Jahren in die Schule durfte, fühlte ich mich vom ersten Tag an freier. Man konnte etwas lernen, sich durch Fleiß einen Platz erobern. Es ging nicht mehr darum, ein Spielzeug zu ergattern.

Bild 2: Frowin, Hans-Friedrich und Ilse Junker

Die Altenburgschule in Bad Cannstatt lag nur wenige hundert Meter weg von unserem Reihenhaus. Der Lehrer hieß Trittler. So grüßten wir ihn jeden Morgen laut mit dem Ruf: „Heil Hitler, Herr Trittler!“ Wir fanden das lustig und dachten uns nichts dabei.

Durch Butz konnte ich oft bei den Älteren unserer Straße mitspielen. Paul oder Sam Schnabel hatten immer einen Ball, sodass wir auf der kleinen Wiese am Eck kicken konnten. Jede freie Minute am Nachmittag waren wir dort. Wenn der Boden zu weich war durch Regen, spielten wir auf der Straße. Das war natürlich verboten, aber es kam selten ein Auto.

Einmal tauchte ein Polizist auf. „Ball fest!“, rief Paul, der ihn zuerst sah. Wir rannten los zur nächsten kleinen Querstraße, an der auch unser Garten lag. Bis der Polizist dort ankam, waren wir verschwunden in unseren Gärten, gingen von hinten durch das Haus und erschienen unschuldig, fast gelangweilt vor unserer jeweiligen Haustür. Der Polizist konnte nichts machen, er kannte ja keinen von uns.

Nachbar Schmid, als Ingenieur bei Daimler in Untertürkheim beschäftigt, wo Motoren gebaut und getestet wurden, was man immer hörte, hatte wunderschöne Rosen in seinem Garten. Er hatte gedroht, den Ball zu zerschneiden, wenn er in seinem Garten landen würde – doch ein Schuss endete genau dort! Butz musste läuten. „Herr Schmid, leider ist unser Ball in Ihren Garten gefallen. Dürfen wir ihn holen?" Über den Zaun zu steigen, wäre unklug, würde ihn noch zorniger machen, sobald er aus der Türe kommt. Also musste Butz sehr untertänig und höflich fragen. Herr Schmid rang einige Zeit mit sich, lenkte aber schließlich ein. Der Ball blieb ganz.

Im Winter war alles weiß, der Schnee blieb lange liegen. Das Schönste war, abends mit zwei zusammengekoppelten Schlitten die leicht abfallende Züricher Straße hinunterzufahren. Dabei hatte der erste von uns Schlittschuhe, um das Ganze zu steuern.

Die schönen Rosen in vielen Vorgärten waren dann mit Tannenzweigen abgedeckt. Wenn aber die Sonne der weißen Pracht den Garaus machte, wollten alle Vorgartenbesitzer ihre Zweige loswerden. Das war unsere Chance. Mit einem Leiterwagen zogen wir durch die Straßen und boten an, die Zweige zu entsorgen. Das kam bei den Nachbarn natürlich gut an. Auf unserem Kickplatz wurde alles aufgeschichtet. Ein Berg von kahlen Zweigen und Weihnachtsbäumen kam zusammen. Wir warteten, bis es dunkel wurde. Einer fand noch zwei alte Autoreifen, „die ja auch gut brennen würden." – „Die Häuser sind weit genug weg", dachten wir, „es kann nichts passieren." Es wurde dunkel. Es wurde interessant. Die Flammen schossen hoch. Die Zweige waren absolut trocken. Es wurde taghell und heiß. Wir waren begeistert.

Alles brannte schön. „Butz und Schneck heimkommen zum Abendessen, es ist sieben Uhr", rief die Mutter plötzlich – unmöglich, in diesem Moment wegzugehen, wenn alles so schön brennt und lodert! – Doch die Mutter war unerbittlich. Sahen wir unseren Vater eigentlich nur abends zum Abendessen, weil er morgens, ehe wir aufstanden, das Haus verlassen musste, um schnellen Schrittes durch die Weinberge nach Feuerbach zu eilen, von dort mit dem Zug nach Leonberg und dort zur Bausparkasse. Es half nichts. Butz und ich mussten heim.

Am nächsten Morgen: „Habt ihr's gehört? Die Polizei war da und hat einige von uns mitgenommen!" Ein Nachbar hatte doch Angst um sein Haus und die Polizei alarmiert. Die war in der Dunkelheit über den Acker angeschlichen und stand plötzlich vor uns. Die Ältesten wurden abgeführt. Sie waren vielleicht zwölf oder vierzehn, für mich alt. Ihnen wurde das Gefängnis gezeigt, das reichte.

An einem Nachmittag standen wir an unserer Straßenecke, warfen den Ball von einem zum andern. Da kam Paul mit seinem jüngsten Bruder auf dem Arm. Er sollte auf ihn aufpassen. Er war vielleicht eineinhalb Jahre alt. Gleich wurde dieser als Ball von einem zum andern im Kreis geworfen. Es machte dem Kleinen richtig Freude, so durch die Luft zu fliegen. Jeder von uns passte natürlich auf. Es ging alles gut. Die Mutter Schnabel kam nicht und erfuhr wahrscheinlich nie etwas davon.

Jörg und ich waren unzertrennlich, im gleichen Kindergarten, in der gleichen Schulklasse. Mittags wollten wir so schnell wie möglich etwas zu zweit anfangen. Die Hausaufgaben einfach vor dem Essen erledigt, dann war alles klar. Mit unserem Märklin-Baukasten konnten wir eine richtige Seilbahn bauen mit Talstation, Bergstation und Kabine. Es ging nur darum, genügend Metallstäbe mit Löchern und alle Schrauben zu haben. Mit einer starken Schnur zwischen Türgriff und dem gegenüberliegenden Fensterkreuz gelang es, die Kabine richtig den Berg hoch- und wieder herunterzukurbeln.

WANN BIST DU DABEI?

Ich war gerade neun Jahre geworden. Butz bat mich, ihm zu helfen, als er zum Dienst im Jungvolk musste. Er hatte seine Landsknechts-Trommel zu tragen, dazu drei oder vier Farbtöpfe und mehrere Pinsel. Also half ich ihm, alles ins Heim zu bringen, einer Holzbaracke in der Nähe der Pragstraße. Als wir ankamen, saßen da etwa 20 Jungen im Alter von Butz zusammen. Ich wollte wieder gehen. Doch der Zugführer forderte mich auf, zu bleiben. Es war die „Weihnachtsfeier" der kleinen Gruppe, obwohl vom eigentlichen Inhalt von Weihnachten kaum die Rede war. Es gab Kerzen, einen Weihnachtsbaum, Gutsle und Geschenke. Es war warm. Es wurde gesungen und ich wurde in die Gruppe hineingenommen, als ob ich schon immer dazugehört hätte. Das gefiel mir.

Ich bekam auch ein Geschenk, einen kleinen grünen Panzer, den man aufziehen konnte. Er fuhr mit seinen Gummireifen nicht nur auf dem Boden, sondern konnte auch Steigungen packen und Hindernisse überwinden. Ich war begeistert. Eine solche Aufnahme in eine Jugendgruppe hatte ich noch nie erlebt. Ich gehörte einfach dazu. Normalerweise wurde man erst mit zehn Jahren aufgefordert, ins Jungvolk einzutreten. Aber von diesem Tag an war ich im Jungvolk und in der HJ bis zum Ende des Krieges. Alle waren dabei.

Ich bekam eine Uniform, das Braunhemd und die schwarze Hose, den schwarzen Schlips mit Lederknoten und ein Koppel mit dem Fahrtenmesser, auf dessen Griff das Hakenkreuz eingraviert war. Ich durfte mitmarschieren in Dreierreihen, wenn wir in der Stadt als Jungvolk unterwegs waren. Ich war stolz, ernst genommen zu werden. Es war ein Schritt auf dem Weg, erwachsen zu werden.

Jeden Mittwoch um 16 Uhr hatten wir anzutreten. In den zwei Stunden bis 18 Uhr lernten wir im Gleichschritt marschieren, auf Kommando stillzustehen oder vorzutreten, sich einzureihen und Befehle auszuführen, wie es die großen Soldaten beim Exerzieren ebenfalls üben mussten. Zwischendurch wurden Volks- und Wanderlieder gesungen, z. B. „Im Frühtau zu Berge wir zieh'n, fallera ... Wir wandern ohne Sorgen singend in den Morgen, noch ehe im Tale die Hähne kräh'n ..." oder „Wenn die bunten Fahnen wehen, geht die Fahrt wohl über's Meer, woll'n wir ferne Lande sehen, fällt der Abschied uns nicht schwer. Leuchtet die Sonne, ziehen die Wolken, singen wir mit dem Sturm unser Lied". Hinzu kamen immer mehr Landsknechts- und Soldatenlieder wie: „Ein Heller und ein Batzen, die waren beide mein, ja mein, der Heller war zu Wasser, der Batzen war zu Wein" oder „Aus grauer Städte Mauern zieh'n wir hinaus ins Feld. Wer bleibt, der mag versauern, wir fahren in die Welt – ohne Geld!" Dieser „Schlenker" gehörte immer dazu.

Wir machten kleinere und größere Wanderungen, natürlich auch Zeltlager. Das gefiel mir am besten. Einmal fuhren wir als Zehnjährige mit dem Zug nach Herrenberg und marschierten mit unseren Tornistern auf dem Rücken in sengender Hitze eine lange Straße hinauf. Sie war endlos lang. Der Schweiß troff jedem von der Stirn. Ich war völlig kaputt, aber stolz, dass ich durchgehalten hatte. Oben im Wald wurden die Zelte aufgeschlagen. – Wie und wo baut man ein Zelt so schnell auf, dass es bei Starkregen nicht überflutet wird? – Wie schlägt man die „Heringe" in den Boden, um das Zelt mit Schnüren zu sichern?

Es gab Vorträge durch einen HJ-Führer über den Aufbau der Jugendorganisation oder die Geschichte der NSDAP, was mich weniger interessierte. Aber unser Stammführer in Bad Cannstatt, der für mehrere hundert Pimpfe verantwortlich war, überzeugte mich. Er war einfacher Schreinergeselle. Da die Distanz zwischen Studierten und Nichtstudierten in der Gesellschaft damals noch groß war, wurde er für mich zu einem Vorbild in seiner Position, ein Führer zum „Anfassen"! – Für uns hieß er „Elch".

Der 9. November 1937 war ein wichtiger Tag für die Partei, weil genau 14 Jahre zuvor in München der „Marsch auf die Feldherrnhalle“ stattgefunden hatte. Hitler hatte versucht, wie uns gesagt wurde, mit seiner kleinen Partei die Regierung zu stürzen und die politisch Verantwortlichen, die nach seiner Ansicht Deutschland verraten hatten, abzulösen. Die Polizei hatte eingegriffen und auf die Marschierenden geschossen. Sechzehn seien dabei als Märtyrer und Helden für das neue Deutschland gestorben.

An diesem Jahrestag mussten wir auf der Anhöhe Burgholzhof in Cannstatt in einem Steinbruch antreten. Es war spät am Abend. Jeder hatte eine brennende Fackel in der Hand. Der Steinbruch war gespenstisch erleuchtet. Die Namen der Erschossenen mussten von uns nach dem Alphabet vorgetragen werden, jeweils zwischen Trommelwirbeln auf den Landsknechts-Trommeln. Ich kam an die Reihe mit dem Namen Andreas Bauriedl, den ich laut in die Runde zu rufen hatte. Natürlich wusste ich nichts von ihm, wer er war, wie alt er war oder wo er gelebt hatte. Aber sehr nachdenklich und voller Ehrfurcht vor diesen frühen Kämpfern für die Partei ging ich heim. Durch ihr Opfer sei die Partei an die Macht gekommen. Ihnen verdanke Deutschland sein heutiges Ansehen in der Welt.

Jeden Mittwochnachmittag hatten wir Dienst im Jungvolk und jeden Freitagnachmittag ging ich in die Jungschar der Evangelischen Kirchengemeinde an der Steigkirche. Wir waren zehn oder zwölf Jungen. Herr Schatz, unser Leiter, erzählte uns Geschichten aus der Bibel und sang mit uns Choräle. Aber wer wollte schon mit elf Jahren fromm sein oder sich auf das ewige Leben vorbereiten? Es war nicht so spannend wie der Sport, die Heimabende im Jungvolk, Geländespiele oder unsere „Verantwortung“ für die Politik in Deutschland. Aber meine Eltern legten Wert darauf, dass ich auch dort hinging.

Es war nicht mehr lang bis Weihnachten, als unser Zugführer fragte: „Wer weiß, wie man ein Geländespiel in der Stadt machen kann?“ Keiner wusste es. Das war etwas ganz Neues. „Wir teilen uns im ‚Fähnlein‘ (etwa 90 Jungen) in zwei Gruppen. Die Gruppe A muss versuchen, unerkannt in die Cannstatter Bahnhofshalle zu kommen. Die andere Hälfte, Gruppe B, hat die Aufgabe, genau das zu verhindern. Jeder hat einen Lebensfaden wie im normalen Geländespiel am linken Handgelenk. Ihr könnt euch verkleiden oder in Zivil ohne Uniform versuchen, durchzukommen. Wenn ihr aber entdeckt werdet, verliert ihr euren Lebensfaden und müsst aufgeben. Wenn mehr als 20 der Gruppe A in die Bahnhofshalle kommen, hat diese Gruppe gewonnen. Sind es weniger als 20, hat die Gruppe B gewonnen."

„Was tun?", fragte ich daheim.

„Verkleide dich doch als Mädchen. Die werden dich kaum erkennen", riet mir meine Schwester. Also probierte ich ein Kleid von ihr aus, setzte ihre Strickmütze auf und fand auch noch etwas Engelshaar, das ich unter der Mütze hervorschauen ließ. Ein kleines Handtäschchen dazu und Mädchenschuhe, die natürlich zu eng waren. Aber für diesen Nachmittag musste ich das aushalten. Außerdem musste ich ja lernen, notfalls kleinere Schritte zu machen. Unsere Hilde, die Hausgehilfin von der Schwäbischen Alb, machte mit. Also ging ich an diesem Nachmittag brav an ihrer Hand in die Stadt. Wir kamen in die Marktstraße.

„Achtung, dort ist einer in Uniform!", hauchte Hilde. Interessiert an Damenmoden und Puppenstuben ging ich von einem Geschäft zum anderen. Wenn Gefahr drohte, gab es immer ein Schaufenster in der Nähe. Ich kam schließlich zum Bahnhof. Auf den drei oder vier Stufen vor der Halle mit den Pendeltüren war es natürlich kritisch. Die Uniformierten standen in großer Zahl da, aber es gab auch viele Leute, die auf den Zug wollten. Ich senkte meinen Blick, ging brav an Hildes Hand und war drinnen – es hatte geklappt! Die Verkleidung hatte sich gelohnt. Endlich konnte ich meine Schuhe wieder anziehen!

1938

Ehrgeiz?

„Frowin, du darfst ins ‚Ausbildungsfähnlein' (größere Einheit des Jungvolks, etwa 150 Jungen) nach Stuttgart", eröffnete mir eines Tages der Jungzugführer. Nicht schlecht, dachte ich, eine Auszeichnung – ich sagte zu. Der Abschied von meinen Freunden in Cannstatt fiel mir schwer. Ich musste manche Träne verdrücken, als ich mich im Hof der Altenburgschule verabschiedete.

Der Dienst fand nun jeden Mittwoch in der Schlossoberschule in Stuttgart statt. Es gab wieder Unterricht über die Geschichte der NSDAP und Sport in der Turnhalle. Oft waren Ringkämpfe angesagt. Der Jungbannführer Walter Schmucker wollte uns zu Härte erziehen und testen, wie viel jeder aushält. Darauf war ich nicht scharf. Geräteturnen, Bockspringen, Übungen am Reck oder Ballspiele sagten mir viel mehr zu.

Unser großer Auftritt im Neckarstadion (heute Mercedes-Benz Arena) aber wurde ein Höhepunkt, auf den wir stolz waren. Bei einem Turnfest der HJ aus ganz Stuttgart sollten wir unser Können zeigen. Zu Tausenden waren sie gekommen. Im Zentrum des Fußballfeldes hatten wir sternförmig große Sprungtische und Kästen aufgestellt, rannten immer gleichzeitig von allen Seiten auf die Sprungtische zu und machten möglichst in der gleichen Sekunde einen Hechtsprung, eine Rolle oder einen Handstand-Überschlag. Es sah sicher gut aus.

Aber den Führern war auch ganz anderes wichtig, das uns mittwochs in der Schlossoberschule beigebracht wurde: „Wer weiß, seit wann es die HJ gibt?", „Sag uns die Organisationen der Partei auf!", „Wie heißen die Dienstränge in der HJ, wie in der Partei, wie in der Wehrmacht?"

Doch das Wichtigste war: „Wer weiß, welche Teile unseres Landes im Vertrag von Versailles Deutschland weggenommen wurden?“ – „Nordschleswig ging an Dänemark, Eupen-Malmedy an Belgien, das Saargebiet an den Völkerbund, Elsaß-Lothringen an Frankreich, Südtirol an Italien, das Sudetenland und das Hultschiner Ländchen an die Tschechoslowakei, das Oberschlesische Kohlenrevier an Polen, Westpreußen mit Posen an Polen, das einen ‚Korridor‘ zur Ostsee bekam, das Memelland an Litauen.“

„Welche Kolonien hat Deutschland durch diesen Vertrag verloren?“ – „Deutsch-Ostafrika an Großbritannien, Teile davon an Belgien, Deutsch-Südwestafrika (heute Namibia) an Südafrika, Kamerun und Teile Togos an Frankreich, an Portugal das Kongo-Dreieck, Deutsch-Neuguinea mit den Karolinen-, den Marianen- und den Marschallinseln an Japan und Australien, Tsingtau an Japan.“

Nächste Frage: „Wie viel Bruttoregistertonnen der deutschen Flotte mussten abgegeben werden?“ – „Die ganze Handelsflotte wurde auf wenige Bruttoregistertonnen begrenzt.“

„Wie viel der deutschen Kohlevorkommen mussten abgetreten werden?“ – „Ein Drittel der Kohlevorkommen und drei Viertel der Erzvorkommen.“

„Wie lange sollte Deutschland nach dem Willen der Siegermächte Reparationen zahlen?“ – „Dreißig Jahre lang in einer Höhe, die später auszuhandeln war!“

Die letzten Reparationen aus dem Vertrag wurden am 3. Oktober 2010, d. h. 92 Jahre nach Kriegsende bezahlt!

„Wer von Euch hält solche Auflagen in einem Waffenstillstand für gerecht?“ – Alle schwiegen. Nach diesen Informationen hieß es: „Alle rüber in die Turnhalle. Wir machen Sport bis zum Dienstschluss.“

Ich war bedrückt. Stimmt das alles? Dann ist unser Land im Versailler Vertrag sehr ungerecht behandelt worden. Es ließ mich nicht los.

1939

Der letzte Sommer

Ich war aufgeregt. Ich durfte mit in ein großes Zeltlager im Donautal bei Beuron. Bei strahlendem Wetter fuhren wir mit dem Zug „auf große Fahrt". Von der Bahnstation hatten wir noch einige Kilometer zu marschieren. Da tauchten in der Ferne immer mehr weiße Punkte auf. Es waren die Zelte, die für einige Tage unser Zuhause werden sollten. Jeweils sechs von uns konnten sich in einem Zelt einquartieren. Wir fanden eine dicke Schicht Stroh, auf der wir schlafen konnten, für uns Elfjährige recht komfortabel.

Spät am Abend, als jeder sich seinen Platz zurechtgemacht hatte, kam ein komisches Geräusch auf. Es war ein Klopfen, immer stärker. Es wurde lauter und lauter. Ein Wolkenbruch nach diesem heißen Tag. Aber wir sind ja sicher, wir bleiben trocken, dachte ich. Doch als ich meinen Finger in die dicke Strohschicht steckte, wurde er feucht. Es wurde ungemütlich. Wasser von unten!

Was machen? Wenn so viel Wasser von unten kommt, bleibe ich nicht hier. Ich muss irgendwo draußen einen trockenen Platz finden, aber wie und wo? Einer nach dem andern packte seine Sachen zusammen und zog aus. Ein Heuschober in der Nähe war unsere Rettung. Ich war pudelnass, auch alle meine Sachen. Aber in der Badehose im trockenen Heu schlief ich schließlich doch ein.

Geweckt wurden wir bei strahlender Sonne. Ein Ausflug zum Bodensee war geplant. Busse fuhren vor. Vergessen war die nasse Nacht. Die Sonne trocknete die Uniformen schnell. Ein weißer Bodenseedampfer wartete auf uns am Hafen in Meersburg, es wurde ein toller Ausflug und es gab gutes Essen.

Am nächsten Tag ließ uns der Lagerleiter antreten. „Der Krieg gegen Polen hat begonnen, das Lager wird abgebrochen, packt eure Sachen zusammen, wir müssen morgen zurück nach Stuttgart!" – „Ist das wahr? Das kann doch nicht sein!" Doch wenn der Lagerleiter das sagt, muss es ja stimmen. Am nächsten Morgen ging es mit der Bahn zurück nach Stuttgart. Ich war überrascht, dass wir nicht mit normalen Personenwagen befördert wurden, sondern in Güterwagen, in die behelfsmäßige Bänke eingebaut waren. „Ist das ein Zeichen für Kriegswirtschaft?"

Ich hatte etwas davon gehört, dass in Polen lebende Deutsche Schwierigkeiten hatten und verfolgt wurden. Aber deshalb Krieg?

In Marschkolonne in Dreierreihen, wie schon oft eingeübt, marschierten wir in Stuttgart vom Hauptbahnhof die Königstraße hinauf zum Schlossplatz. Passanten blieben stehen und staunten über unsere lange Marschkolonne, alle mit Tornister. Wir sind sicher über 100 oder 150 Jungen. Als Hitlerjungen fühlten wir einen gewissen Stolz in der Brust, dass auch wir kleinen Pimpfe schon mithelfen konnten oder sollten, einen Krieg zu gewinnen.

Im Hof des Neuen Schlosses mussten wir in einem großen Hufeisen antreten. Der Jungbannführer sprach von einer „ernsten Stunde", in der wir uns alle befanden. „Es kommt auf jeden Einzelnen von euch an, dass ihr zu allem bereit seid, was von euch verlangt wird." Sicher waren wir zu sehr vielem bereit, aber wir hatten keine Ahnung, wie unser Beitrag aussehen sollte. – Es wurde gesungen: "Unsere Fahne flattert uns voran, unsere Fahne ist die neue Zeit, wir marschieren für Hitler durch Nacht und durch Not mit der Fahne der Jugend für Freiheit und Brot ... unsere Fahne führt uns in die Ewigkeit, ja die Fahne ist mehr als der Tod!"

Wir fühlten uns wie kleine Soldaten, nicht mehr so fröhlich, unbeschwert, frei wie vorher. Die Gesichter der Menschen in der Stadt wurden ernster. Alle waren gespannt, wie es weiterginge. So kam ich heim auf die Altenburg zu den Eltern. – Zunächst aber ging alles friedlich weiter wie immer, die Schule, das Essen, die Verpflichtungen in der HJ und im Jugendkreis der Kirche. Sonntags ging man zur Kirche wie immer, eigentlich normal.

Als dann die ersten Nachrichten kamen, dass unsere Soldaten in Polen auf dem Vormarsch waren und siegreich, waren alle erleichtert.

1940

Scharfe Auslese!

Es war Januar. Eine Einladung flatterte mir ins Haus, die mich stolz werden ließ: „Du bist eingeladen zu einem Ausleselager im Schloss Dätzingen", stand darin. Wie kam ich dazu? – Es stimmte, im „Ausbildungsfähnlein" in Stuttgart sollten wir ja zu Führern im Jungvolk und in der HJ ausgebildet werden. So kam ich wohl auf diese Liste. Begeistert ging ich zu meinen Eltern. „Darf ich diese Einladung annehmen?" Sie sagten nicht Nein.

Also fuhr ich mit dem Zug nach Dätzingen, ein Ort zwischen Böblingen und Weil der Stadt, von dem ich noch nie gehört hatte. In einem kleinen Schloss mit Park waren etwa 40 Jungen im Alter von elf oder zwölf Jahren untergebracht. Es gab Schlafstuben mit Doppelbetten und improvisierte Schulräume.

Wir mussten Mathematikaufgaben lösen, Aufsätze schreiben, haben Prüfungen, wie wir sie gewohnt waren. Doch wir kamen aus sehr verschiedenen Schulen aus ganz Württemberg. – Aber es ging auch um anderes. Unsere Jugendführer von Stuttgart wollten wissen, was jeder von uns an Mut, an Ausdauer und an sportlichem Können zu bieten hatte. Dazu gehörte auch das Boxen.

Ich boxte nicht gern, wollte mich aber, wenn ich musste, so tapfer wie möglich schlagen. Steffen stand mir gegenüber. Wir boxten einige Runden, aber er war stärker und schlug mich am Ende k. o.

Eines Nachts schrie einer unserer HJ-Führer laut: „Aufstehen!" Alle mussten raus, obwohl es stockfinster war. „Uniform anziehen und im Hof antreten!" Drunten hieß es: "Aus einem Gefängnis in der Nähe sind Gefangene ausgebrochen. Wir müssen mithelfen, sie wieder einzufangen. Jeder wartet auf seinen Einsatzbefehl!" Wir warteten und warteten. Schließlich wurde einer nach dem anderen gerufen und erhielt seinen Auftrag, mit dem er in der finsteren Nacht verschwand. Es war etwa zwei Uhr morgens. Kein Mond schien.

Ich bekam den Befehl, eine Meldung durch den Wald in den etwa ein bis zwei Kilometer entfernten Bahnhof zu bringen. Ich ging los in Richtung Wald, durch den die kleine Straße zum Bahnhof führte.

Am Anfang des Waldes hielt ich an. „Ist das echt? Können unsere Führer uns tatsächlich für eine solche Aufgabe einsetzen?“ Ich war unsicher und unschlüssig. So blieb ich einige Minuten am Waldrand stehen, fünf oder zehn Minuten. Es war nicht angenehm, mitten in der Nacht allein auf dieser Straße zum Bahnhof zu müssen. – „Da, ist das nicht eine Gestalt?“ Sie kam näher. Ich war auf alles gefasst. Da merkte ich, die Gestalt kam aus der gleichen Richtung wie ich.

„Wer kommt da?“, fragte ich leise.

„Ich bins, der Hermann!“ Also einer von uns.

„Was für einen Befehl hast du?“

„Ich muss eine Meldung zum Bahnhof bringen.“

„Ich auch. Wie heißt deine Meldung?“

„Drei der Gefangenen sind gefasst!“

„Das ist ja die gleiche wie meine! Dann können wir zusammen gehen.“

Also zogen wir weiter auf dem kleinen Sträßchen in den Wald. Nur durch einen Blick nach oben in den Nachthimmel konnte man erkennen, wie die Straße weiterging, wo sie eine Kurve machte, wo sie geradeaus führte.

Nach einer knappen halben Stunde näherten wir uns dem Bahnhof.

„Da sind ja Leute mitten in der Nacht!“

„Das sind unsere!“

Gleich stellte sich heraus, dass alle die gleiche Meldung bringen sollten und das gleiche Ziel hatten. – „Zurück ins Schloss, weiterschlafen bis zum Frühstück!“

Morgens am Frühstückstisch fragte mich Wolfgang: „Hast du schon gehört? Der Schmucker hat einzelne von uns im Wald erschreckt und der Fritz hat sein Fahrtenmesser gezogen und ihm in den Oberarm gehauen. Ist das nicht toll?!“ Alle waren begeistert. Er hatte uns ja das Ganze eingebrockt. „Das geschieht ihm recht“, dachte ich.

Zwei Tage später waren wir wieder im Wald unterwegs. Es gab inzwischen etwas Schnee, vielleicht fünf Zentimeter. Unser Mut sollte getestet werden. „Jeder springt vom Rand des Steinbruchs hinunter!“ Die Höhe war vielleicht eineinhalb bis zwei Meter. Es ging bei fast allen gut. Aber Kurt konnte nicht sofort aufstehen. „Steh auf!“, rief der Führer. Doch Kurt konnte nicht. „Es geht nicht. Es tut weh!“ Kurt konnte nicht mehr stehen. Er hatte seinen Fuß gebrochen.

Das war nicht geplant. Also holten wir größere Äste zusammen, bastelten daraus eine Art Trage und brachten ihn zurück ins Schloss. Er musste ins Krankenhaus. Für diesen Nachmittag war der Dienst „gelaufen“.

Nach zwei Wochen in Dätzingen musste ich wieder in Cannstatt im Kepler-Gymnasium die Schulbank drücken. Da kam zu meiner Überraschung ein Brief mit der Nachricht: „Du hast die Prüfung bestanden und meldest dich zum Beginn des neuen Schuljahres auf der Ordensburg in Sonthofen.“

Ich war stolz. Ich hatte es geschafft. „Wir sind nicht sicher, dass dies dein Weg sein soll“, sagte mein Vater. „Aber wir wollen dir nichts in den Weg legen.“

Bild 3: Eltern Fritz und Gretel Junker

Der Tag des Abschieds kam. Ich hatte meine Sachen gepackt. Mein älterer Bruder und meine Schwester blieben ja bei den Eltern und in ihrer Schule. Meine Mutter begleitete mich zum Bahnhof in Stuttgart. Es fiel mir nicht leicht, von daheim wegzugehen für einige Monate oder länger. Aber ich hatte etwas Neues vor mir und war gespannt darauf. Als sich der Zug in Bewegung setzte, hatte ich als Zwölfjähriger mit den Tränen zu kämpfen. „Aber ein deutscher Junge weint nicht!"

Ein Wagnis

Der Blick auf die Berge bezauberte. Dort oben links stand ein wuchtiges, turmartiges Gebäude, dessen Größe das ganze Tal zu beherrschen schien. Das musste die Ordensburg sein. Dort musste ich mich melden. – Mit Rucksack und Koffer schnaufte ich die steil ansteigende Straße hinauf. In dem drohenden Turm aus grob behauenen Natursteinquadern gab ein großes Tor den Weg frei in einen weiten Innenhof, einen Appellplatz, etwa 150 Meter breit und 500 Meter lang. Du wirst klein. Dies also sollte meine Schule, mein Zuhause sein, für Monate, Jahre?

Eine Zahl, d. h. meine „Stube" wurde mir beim Empfang zugewiesen. Sie lag in einem lang gestreckten, zwei- oder dreigeschossigen Bau, der wie eine Kaserne wirkte und den riesigen Platz auf der einen Seite abschloss. Das große Treppenhaus war kalt, die Wände abweisend, kahl. Nirgends konnte man sich innerlich festhalten, nirgends etwas, an dem man sich freuen konnte. Doch darum ging es hier ja auch nicht. Nur darum, wo man sich zu melden hatte.

Auf der Stube traf ich andere, die heute angekommen waren. Sechs von uns waren in der gleichen Stube. Es gab mächtige Doppelstockbetten aus massivem, hellem Holz.

„Welches Bett willst du, das obere oder das untere?"

„Ich schlafe lieber oben", sagte ich sofort. „Da steige ich gerne hinauf." An der Wand zum Flur links und rechts weiße Spinde. Ich konnte auspacken.

Die Fensterfront gegenüber, am anderen Ende der großen Stube, öffnete sich nach Süden mit einem tollen Blick auf die Berge des Allgäus. Eine Fenstertür führte auf einen breiten, überdachten Gang mit mächtigen, grob bearbeiteten Holzpfosten und Balken. Er war von allen Stuben aus zugänglich.

Bild 4: Laubengang der Ordensburg Sonthofen

Erstes Abendessen in dem überlangen Speisesaal. Er war wohl über 100 Meter lang, vielleicht 15 Meter breit und sechs Meter hoch. Überall schweres Holz. Ich war erschlagen von seiner Dimension. „Man könnte hier Motorrad fahren, denke ich, wenn keine Tische da wären." Einen solchen langen, großen Saal hatte ich noch nie gesehen.

Toni und Eugen kannte ich schon. Toni, mittelgroß mit fränkischem Dialekt. Mit ihm könnte man sich anfreunden, dachte ich. Eugen war größer, ein Brocken, schwarze Haare, eher zurückhaltend. Ihn würde ich schon noch kennenlernen. Wir waren ja gleich alt, im gleichen Boot.

Am nächsten Morgen wurden wir eingekleidet. Jeder bekam eine Uniform mit allem Drum und Dran, Braunhemd, das schwarze Halstuch mit Knoten, Koppel, Schulterriemen und Fahrtenmesser. Auch eine kurze Lederhose für den Alltag im Sommer und einen grauen Pullover gab es. Wäsche und alles, was man so brauchte, wurde gestellt. Die Privatsachen, die wir mitgebracht hatten, wurden in einem Paket zusammengeschnürt und heimgeschickt. Alle hatten das Gleiche an, die gleiche Ausrüstung, alle waren gleich.

Im Eiltempo lernten wir den üblichen Tageslauf kennen. Im Unterricht hatten wir die normalen Fächer des Gymnasiums, aber keine Religion. Dazu kam ein neues Fach: „Blick in die Welt". Was hieß das, was bedeutete das?

Eines Tages begann dieses neue Schulfach. Unser Schulleiter, Herbert, den wir mit „Du" ansprachen (wie alle Lehrer), kam herein. Er war in Uniform, mittelgroß, leicht nach vorne gebeugt, wirkte drahtig, mit blondem Bürstenhaarschnitt und Rohrstiefeln. Ich spürte bei ihm, dass er von der NS-Ideologie tief überzeugt war und uns dafür gewinnen wollte.

„Welches sind die Kerngedanken des Nationalsozialismus?" – Alle schwiegen. Keiner von uns hatte sich bisher darüber Gedanken gemacht, natürlich nicht. Wir hatten uns doch eigentlich für solche Fragen nicht interessiert. Mir hatte manches an dem, was wir daheim gehört hatten, gefallen, manches nicht.

Er führte aus: „Es sind der Rassegedanke, der Führergedanke und der Kampfgedanke. Unser Volk und unsere Rasse gehören zu den besten der Welt." – Das hörte man gern, dachte ich, vielleicht hatte er recht. Er zeigt Bilder und Profile von blonden jungen Männern, Kämpfern und Siegern, die natürlich gefielen.

Dagegen hängte er Bilder von südlichen Typen an die Tafel, von Menschen aus Italien, aus dem Orient, aus Afrika, die anders aussahen, dunkle Haare, Hakennase, weniger sympathisch. Auch Bilder von Juden kamen dran. Keiner von uns Jungen wollte widersprechen. Wir waren ja Schüler, keine Weitgereisten. Und dass die Menschen in anderen Ländern anders aussehen, war uns auch klar.

Dann erläutert er den „Kampfgedanken". Er hatte ja recht, dachte ich, dass ein Löwe in Afrika eine Gazelle jagt und vielleicht erwischt und frisst. Überall in der Welt frisst ein Tier, das stärker ist, das andere, wenn es Hunger hat und zu den „Raubtieren" gehört.

Ist es bei Katz und Maus anders? Aber nicht alle Tiere sind „Raubtiere“!

Der „Führergedanke“ war mir schon vorher geläufig, weil immer gesagt wurde: „Jugend muss von Jugend geführt werden.“ Es gab und gibt ja gute und schlechte Lehrer in der Schule. Junge Lehrer gefielen uns natürlich viel mehr als alte mit verstaubten Ansichten.

Wie üblich schrieben wir bei der ersten Klassenarbeit ab. Das hatte unser Schulleiter wohl vermutet und fand es bestätigt. Also entschloss er sich zu einem außergewöhnlichen Schritt. Er bestellte jeden Einzelnen von uns zu sich zu einem Gespräch unter vier Augen. „Warum hast du abgeschrieben? Wolltest du etwas Besseres sein, als du bist? Warum bist du nicht ehrlich?“ Von diesem Tag an konnten alle Erzieher bei Klassenarbeiten den Raum ohne Probleme verlassen. Natürlich dachte jeder von uns nach einer solchen Erfahrung im Alter von zwölf Jahren, alle Verantwortlichen in der Partei oder im Staat seien ehrlich. Erst sehr viel später wurden wir eines Besseren belehrt.

Es wurde mir aber immer mehr bewusst, dass das Ziel der Schule war, Parteifunktionäre heranzuziehen. Das wollte ich auf keinen Fall werden und sprach darüber mit einem der Erzieher. „Habe ich freie Berufswahl am Ende der Schule?“ Das war mir wichtig. Die Antwort war ausweichend. Es werde schon erwartet, dass man in der Partei mitarbeite und sich auch als Offizier oder in einem anderen Beruf im Sinne der Partei einbringe.

Was sollte aus uns werden und was ist aus uns geworden? Soweit mir bekannt, hatte fast jeder später um Politik einen großen Bogen geschlagen und hat sich voll in seinem Beruf eingebracht. Hardy Krüger, der später bekannte Filmschauspieler, „genoss“ Jahre an unserer Schule. Er bezeichnete sie (nicht ganz falsch) als Nazi-Kloster. Auch Dr. Theo Sommer, der „Zeit“-Herausgeber, war Jahre in Sonthofen oder der spätere Kronprinz der DDR, Werner Lambertz, der Honeckers Nachfolger werden sollte. Rüdiger von Wechmar,

Botschafter und Pressereferent von Willy Brandt, war jahrelang Schüler einer ähnlichen Schule, der NAPOLA (Nationalpolitische Erziehungsanstalt) in Berlin-Spandau. Auch Dr. Alfred Herrhausen, Chef der Deutschen Bank, hatte damals eine der sogenannten Eliteschulen besucht, wie eine ganze Reihe von einflussreichen Männern in der Wirtschaft oder in der Bundeswehr.

Kurz vor Weihnachten 1940 lud uns Herbert zu einem Abend in seine Familie ein. Wir lernten seine Frau und Kinder kennen, was wir schätzten. Familienleben war ja auf der Burg ein Fremdwort. Im Laufe der Jahre war unseren Verantwortlichen bewusst geworden, dass wir in dieser „Männerwelt" absolut keinen Kontakt zu Mädchen hatten oder haben konnten und dass dies auf die Dauer nicht gut sein konnte. Also luden sie eine Mädchengruppe aus Sonthofen ein, uns an einem Nachmittag zu besuchen.

Einer begann mit seiner Ziehharmonika zum Volkstanz aufzuspielen. Zögerlich gingen wir auf die Mädchen zu und luden die eine oder andere zu einem Tänzchen ein. „Tanz mit dr Dudl, walz mit dr Dudl, bis nach Schweinau mit dr Dudl ..." So ging es los. Die Pärchen drehten sich, alles ging gut, bis auf einmal ein Paar auf dem Boden lag. Alles lachte. Das Eis war gebrochen. Trotzdem hatten die Verantwortlichen wohl gemerkt, dass solche Veranstaltungen nichts brachten.

„Wie werdet ihr wohl einmal eure Frau finden?", eröffnete Herbert einmal die Schulstunde – Schweigen. Was konnten wir auch zu diesem Thema sagen? Jeder machte sich zu dieser Frage seine eigenen Gedanken, sprach aber nicht darüber. „Überlegt euch, wo ihr die richtige Frau finden könnt, vielleicht auf dem Sportplatz?" Es war still in der Klasse. „Das weiß doch keiner", dachte ich. Natürlich würden uns Mädchen auf dem Sportplatz interessieren, wenn sie kämen. Doch sie kamen nicht.

Religionsunterricht gab es natürlich nicht, dafür aber ein Fach, in dem wir die Grundzüge der verschiedenen Religionen der Welt kennenlernen sollten. Zwei Jahre nach unserem Start in Sonthofen legte uns Herbert nahe, nicht wegen einer alten Tante in der Kirche zu bleiben, sondern ehrlich zu unserer eigenen Überzeugung zu stehen. Wenn wir von der Kirche nicht überzeugt seien, sollten wir auch den Mut haben, auszutreten. „Jeder von euch muss diese Entscheidung selbst treffen." Wir sollten ja Männer werden mit eigener Überzeugung. Ich trat nicht aus, wahrscheinlich keiner von uns.

Strafen fielen hart aus. Es gab Fälle, dass einer von einem Kameraden etwas geklaut hatte. Sobald dies herauskam, durfte der Schuldige seine Uniform für eine Reihe von Tagen nicht mehr tragen. Er bekam einen weißen Anzug verpasst. Da wir zu jedem Essen antreten und einige hundert Meter marschieren mussten, war es extrem demütigend, nicht in der Marschkolonne, sondern in einem weißen Anzug hinterherzumarschieren.

1941

WEIßT DU, WIE DER BAUER LEBT?

„Jeder sucht sich für die ersten vier Wochen in den Sommerferien einen Bauernhof, auf dem er bei der Arbeit helfen kann", eröffnete uns Herbert eines Tages. Das war in der Kriegszeit kein Problem, Arbeitskräfte waren ja rar! Ich landete auf diese Weise beim „Randeckbauer", einem kleineren Bauernhof auf der Schwäbischen Alb am „Randecker Maar". Dort ging die Arbeit morgens um fünf Uhr los im Stall: „Kühe und Pferde putzen und versorgen."

Um sieben Uhr gab es Brot und Milch als Frühstück, ein sehr gutes Brot, aber keine Butter. Um halb acht fuhren wir mit dem Pferdegespann auf den Acker und lasen die vielen Kalksteine auf den Wagen, die der letzte Regen an die Oberfläche gespült hatte. Das ist die „Rauhe Alb". Zwei Wagen hatten wir bald voll. Doch nach ein paar Tagen und dem nächsten Regen war der gleiche Acker wieder übersät mit Kalkbrocken.

Etwa um halb zehn gab es ein „Vesper" mit Wurst, Brot und Most auf dem Acker, ebenfalls um die Mittagszeit. Doch es wurde durchgearbeitet bis 19 Uhr, dann ging es wieder in den Stall, die Tiere versorgen. Erst gegen 21 Uhr gab es Abendessen.

Mit einem jungen Pferd hatte ich Schwierigkeiten. Ich sollte die „Ulla", wie sie genannt wurde, von der Pferdekoppel hereinholen, da ein schweres Gewitter aufzog. Das Grollen am Horizont wurde bedrohlich. Es wurde immer dunkler, die Blitze gefährlicher.

Das junge Pferd mochte ich. Ich durfte der Ulla Futter geben, sie bürsten und sauber machen. Dabei lernt man den Charakter eines Tieres kennen. Sie war scheu, aber ich konnte es mit ihr ganz gut. Sie ließ sich leicht führen und wenn notwendig zur Seite schieben – im Stall – aber jetzt?

Ich war auf der Weide angekommen. Es blitzte und donnerte. Ulla raste in großer Angst im Kreis immer am äußersten Rand der Koppel entlang. Ich versuchte immer wieder, sie zu erreichen. Ich lief, so schnell ich konnte. Ich kam zwar in ihre Nähe, aber wie konnte ich sie zum Halten bringen? Draußen auf der Weide hatte sie kein Halfter angelegt, sie war nicht zu packen. „Ulla, Ulla", rief ich. Aber es gab kein Halten. In großer Panik raste sie weiter und war viel schneller als ich.

Da fiel mir ein: „Hatte nicht der Knecht vor ein paar Tagen gesagt, wie man ein Pferd bändigen kann, wo es empfindlich ist, wenn man es packt? Ja, er sagte, an den Nüstern, da sei es empfindlich, da würde es auf jeden Druck reagieren." Ich versuchte es. Sobald ich der Ulla wieder einmal den Weg abschneiden konnte, griff ich in ihre Nüstern. Tatsächlich. Es tat ihr so weh, dass sie nachgab.

Ich konnte sie etwas beruhigen. Sie beugte sich meiner festen Führung und ließ sich in Richtung Stall steuern. Der Regen setzte ein. Wir liefen, so schnell wir konnten, also so schnell ich konnte, immer mit dem Griff in den Nüstern. Wir erreichten den Stall. Wir waren im Trockenen. Ulla beruhigte sich langsam. Es gab etwas zu fressen. Ich klopfte sie am Hals. Sie war wieder die alte Ulla.

„Ihr dürft in die Nebenstraßen nur zu viert!"

Ein „Kleiner Chor" erregte mein Interesse, ich sang mit. Wenn hoher Besuch aus Berlin oder anderen Städten am Nachmittag zum „Tee" eingeladen war, sorgten wir für etwas Unterhaltung mit vierstimmigen Volksliedern. Wir waren ein gutes „Aushängeschild" für die Schule und hatten großen Respekt vor diesen „Goldfasanen", wie die Größen aus der Partei mit ihren oft reich geschmückten Uniformen genannt wurden.

Einer von ihnen, Dr. Robert Ley, hielt in unserer Turnhalle eine große Rede. Alle etwa 1200 Schüler waren dort versammelt. Ein Satz, den er sagte, ist bei mir hängengeblieben: „Ich sehe euch später als Gebietskommissare in Russland!“ Natürlich wollte er Eindruck machen und an unseren Ehrgeiz appellieren. Doch zu meinem Freund Toni sagte ich beim Rausgehen: „Das ist nicht echt, was er uns da erzählt hat.“

Unser „Kleiner Chor“ bekam eines Tages die Chance, im besetzten Belgien und Frankreich Lazarette zu besuchen, in denen verwundete deutsche Soldaten behandelt wurden. Wir waren elektrisiert. Mitten im Krieg eine Reise nach Brüssel und Paris? Wer bekommt je eine solche Gelegenheit?

Ein „Fronturlauberzug“ brachte uns nach Brüssel. Unterwegs, als der Zug in einer Kurve langsamer fuhr, tauchten plötzlich belgische Jugendliche auf, die versuchten, mit dem Zug Schritt zu halten, und um Brot bettelten. Wir waren erschüttert. „Müssen junge Belgier so hungern?“ Ein großer Teil unserer „Marschverpflegung“ flog daraufhin hinaus aus den Fenstern zu unseren Altersgenossen. „Warum haben die nicht so viel zu essen wie wir?“ Es war uns unverständlich.

In Paris wurden wir zu unserer großen Überraschung in einem der nobelsten Hotels am „Place de la Concorde“ einquartiert. Wir wurden übermütig, genossen aber die komfortablen Plüschbetten nach unseren eher spartanischen Unterkünften durch einen Hechtsprung ins Bett am Abend.

„Nur wenn ihr zu viert gemeinsam durch die Straßen geht, könnt ihr auch in die Nebenstraßen der Stadt“, wurde uns eingeschärft. Unsere Verantwortlichen waren sich der Gefahren bewusst. Wir trugen ja ständig unsere normale HJ-Uniform. Einer von uns, der etwas Französisch verstand, hörte, wie ein Franzose zu einem andern sagte: „Jetzt kommen schon die kleinen Barbaren mit den langen Messern." Er meinte unsere „Fahrtenmesser", die zur Uniform gehörten. Wir wurden vorsichtig.

Die deutschen Verwundeten in den Lazaretten dankten uns für die Grüße aus der Heimat. Es waren einfache Volkslieder und Gedichte, die wir vortrugen.

Ein Morgen in Paris ist mir unvergesslich: Ein sonniger Tag begann. Da rief einer meiner Kameraden, der etwas Französisch lesen konnte: „Der Krieg gegen Russland hat begonnen! So steht's in den Zeitungen!" Natürlich konnten wir nicht erfassen, was das hieß, aber wir hatten schon etwas von Napoleons gescheitertem Feldzug gegen Russland gehört. Bisher waren ja unsere Truppen immer erfolgreich gewesen. Woche für Woche hörte man von Siegen an der Front. Sollte es diesmal nicht gelingen?

1942

Sind solche Leute im Zentrum?

Sonthofen war für die Parteistrategen nur ein Anfang, sollte eine Keimzelle sein, aus der später in allen Landesteilen zehn selbständige Schulen entstehen sollten. Da immer neue Jahrgänge kamen, platzte schließlich die Anlage in Sonthofen aus allen Nähten. So wurden drei der „Schulen" mit je etwa 120 Schülern in die Eifel verlegt – auf die Ordensburg Vogelsang.

Mitten im Wald, nicht weit von der Urft-Talsperre, konnte der Unterricht ungestört weitergehen. – Ungestört? Für die Bomberverbände, die das Ruhrgebiet mit seiner Industrie treffen wollten, waren wir kein lohnendes Ziel. Doch wir lagen genau auf der Strecke, wurden zur Einflugschneise. Wenn diese von deutschen Jagdflugzeugen angegriffen wurde, fanden wir Spuren davon im Wald.

„Hier sind viele leere Patronenhülsen," rief Ludwig. Und Rolf, unser bester Mathematiker, hatte sofort eine Idee: „Damit können wir Raketen machen! Wozu haben wir im Chemieunterricht gelernt, wie man Schwarzpulver herstellt?"

Wir hatten ja schon mehrere kleine Segelflugmodelle gebastelt. Eine mit Pulver gefüllte Patronenhülse unten am Rumpf anzubringen, war nicht schwer. So konnten wir „Raketen" starten lassen. Als Zündschnur diente ein Stück Fließblatt aus unseren Schulheften.

Bei schönstem Wetter flogen mehrere Raketen über die Baumwipfel. Sie zischten los in Richtung Talsperre. Doch sie wiederzufinden und aus den Baumkronen zu holen, war unmöglich, leider. Wir konnten die Modelle ja nicht steuern. So mussten wir immer wieder ein Modell opfern.

In dieses Jahr fiel auch eine Begegnung mit Spitzen der NSDAP. Offenbar trafen sich Kreisleiter aus dem ganzen Land auf der Ordensburg. Eines Abends hieß es: „Einer der Kreisleiter besucht unsere Klasse!“ Gespannt saßen wir in unserem Klassenraum. Da tauchte ein älterer Herr in Uniform auf, der Kreisleiter von Rosenheim bei München.

„Ihr habt keine Ahnung, wie schwer die Anfänge der Partei in München waren“, legte er los und erzählte uns in glühenden Farben von den Auseinandersetzungen mit den Kommunisten und dem Aufbau der Partei in den ersten Jahren. Ich war mit knapp 15 Jahren beeindruckt von ihm. Sind solche Männer an der Spitze der Partei?

1943

Wozu sind wir dran?

Statt als FLAK-Helfer (Flieger-Abwehr-Kanonen) – wie viele unserer Altersgenossen – wurden wir zu einer anderen Aufgabe herangezogen. In den Großstädten war durch die Fliegerangriffe kein geregelter Schulunterricht mehr möglich. Nacht für Nacht mussten dort alle in die Luftschutzkeller. Daher wurden ganze Schulklassen zusammen auf weit entfernte Dörfer verlegt, um einige Monate genügend Schlaf und Unterricht nachholen zu können. Dafür kamen vor allem Dörfer in Ungarn, in der Slowakei, in Ostpreußen oder in Polen in Frage.

Bild 5: Wir drei Geschwister.

Um solche Lager zu leiten, fiel das Los auf uns. Ich musste in ein kleines Dorf in der Ost-Slowakei am Fuß der Hohen Tatra mit dem Namen „Smrečany". Es bestand aus dem großen Landgut einer ungarischen Gräfin, die viele Slowaken als Landarbeiter in ihren Diensten hatte. „Oberungarn" hieß dieser Teil der Slowakei bis zum Ende des Ersten Weltkrieges. Das war der Ort, an dem 30 Schüler aus Berlin, eine ganze Klasse, im Herrschaftshaus untergebracht waren.

Wir durften die Gräfin, eine stattliche ältere Erscheinung, die immer am Stock ging, einfach „Tante Helene" nennen. Wir kamen gut mit ihr aus. Ihr Mann war Kammerherr beim ungarischen König.

Für den Unterricht der 30 Jungen, der vormittags stattfand, war ein Lehrer-Ehepaar zuständig. Alles andere, das Wecken am Morgen, die Ordnung in den Zimmern, die gemeinsamen Mahlzeiten und die Gestaltung der Nachmittage und Abende war meine Aufgabe. Natürlich hatte ich keine Erfahrung, wie so etwas zu steuern sei. Aber ich setzte viel Sport am Nachmittag an, Ballspiele, Wanderungen, auch Singstunden. Ich musste mir immer wieder etwas Neues einfallen lassen.

Dazu gehörte auch die Ordnung in den Schlafräumen, die ja bei 13- bis 14-jährigen Schülern nicht gerade beliebt ist. Wenn Kleider und Wäsche nur in die Schränke reingestopft waren, der Boden nicht sauber, die Betten nicht gemacht oder die Jungen nicht rechtzeitig zum Essen kamen, musste ich einschreiten. Sie folgten natürlich nicht immer und einmal forderte mich der Stärkste von ihnen zu einem Ringkampf heraus. Das war blamabel. Ich konnte mich zwar behaupten, aber Jugendliche wollen natürlich immer, dass der Vorgesetzte der Stärkste ist.

„Frowin, du bist herzlich willkommen", sagte „Tante Helene" eines Morgens, als ich höflich bei ihr anklopfte. Ich hatte ja morgens Zeit während des Unterrichts und konnte mich auf das Nachmittagsprogramm vorbereiten. Sie saß in einer Ecke des stattlichen Wohnraumes in einem Sessel, einer Radiomeldung lauschend. Nach einigen Minuten der Nachrichten über die Lage an irgendeiner Front merkte ich, dass hier ein ausländischer Sender eingeschaltet war. Es wurden nicht die Erfolge der deutschen Seite, wie üblich, herausgestrichen, sondern die Erfolge der Alliierten.

„Das ist ja kein deutscher Sender", bemerkte ich.

„Ich will über die tatsächliche Lage an den Fronten Bescheid wissen“, sagte Tante Helene sehr ruhig. „Es ist der BBC aus London, der sachlich über die Lage informiert.“ Ich war schockiert, denn seit Jahren hatte ich natürlich nur deutsche Sender gehört. In meinem Kopf war ein anderes Bild der Lage entstanden, als das, was ich hier hörte. Ich fühlte mich unsicher. Ich war tatsächlich der Auffassung, die Nachrichten der Engländer seien nur Lügen. Darauf wollte ich nicht hereinfallen.

„Ich gehe“, sagte ich zu meiner Gastgeberin, mit der ich ein gutes Verhältnis hatte und verließ den Raum. Natürlich wusste ich nicht, wie es tatsächlich da oder dort aussah im Jahr 1943/44, woher auch. Alle Zeitungen und alle Nachrichten im Radio waren ja seit 1933, seit ich denken konnte, „gleichgeschaltet“.

In Stuttgart hatte ich 1943 einen deutschen Soldaten auf Fronturlaub von Russland sprechen können. Ich hatte ihn gefragt: „Wie geht es bei ihnen an der Front tatsächlich zu?“

„Es ist schlimm“, war seine Antwort, „was russische Soldaten mit einer deutschen Frau gemacht haben, die mich bat, sie zu erschießen, furchtbar!“ Die Einzelheiten erschütterten mich, wühlten mich auf. Ist das die Realität an der Front? Dann müssen wir kämpfen bis zum letzten Blutstropfen!

1944

Zwischen allen Stühlen

An einem Wochenende konnte ich für die ganze, mir anvertraute Klasse einen tollen Tagesausflug vorbereiten nach Tatra Lomnitz, Ski- und Sportzentrum der Hohen Tatra. Wir brachen früh morgens auf und wanderten fröhlich einige Kilometer zur Bahnstation in Liptovský Svätý Mikuláš. Jeder hatte nach dem Frühstück noch etwas für das Mittagessen mitbekommen. Eine knappe Stunde später erreichten wir mit der Bahn unser Ziel am Fuß der etwa 2500 Meter hohen Lomnitzer Spitze.

Die Schüler aus Berlin waren begeistert. Ich wollte großzügig sein und gab ihnen viel Freiheit. Jeder konnte auf seine Art mit anderen einige hundert Meter den Anstieg zur Lomnitzer Spitze hinaufklettern oder verschiedene Wanderwege erkunden. Überall hatte man in dieser Höhe einen herrlichen Blick hinaus auf die slowakische Hochebene der „Zips". In kleinen Gruppen gingen die Jungen miteinander los in die verschiedensten Richtungen.

Zwanzig Minuten vor Abfahrt des letzten Zuges hatte ich ausgemacht, würden wir uns alle an der Bahnstation treffen. Es klappte. Ich ging zum Schalter und wollte die Fahrkarten für die ganze Gruppe lösen, hatte aber nicht mit der slowakischen Bürokratie gerechnet. Der Bahnbeamte am Schalter, ein älterer Herr, der gut deutsch sprach, fertigte zuerst alle anderen Passagiere ab mit der Bemerkung, unsere Gruppenfahrkarte würde länger brauchen. Wir warteten und warteten.

Langsam begann schon die Dämmerung einzusetzen. Der Zug fuhr ein. Ich wurde immer aufgeregter, es war ja der letzte Zug heute. Der Beamte am Schalter behielt die Ruhe und stellte einen Fahrschein nach dem anderen für uns aus. Aber so langsam, dass wir nicht mehr einsteigen konnten. Wir mussten ja zusammenbleiben. Wollte er seine überlegene Position uns gegenüber ausspielen? Wir waren ja Vertreter der Besatzungsmacht.

Die Schüler wurden unruhig. Sie erkannten die verflixte Lage, in der wir uns befanden. Einige bekamen Angst, verständlich. Der Zug fuhr ab – ohne uns. Was sollte nun werden? Ich musste alle beruhigen und die Ruhe bewahren, äußerlich. Ich war verantwortlich für 30 Schüler. Es war der letzte Zug und es war unmöglich, die Strecke von etwa 60 Kilometern bis nach Mikuláš zu Fuß zurückzulegen, nicht mit 30 Jungen im Alter von 13 oder 14 Jahren bei Nacht. Die Älteren fragten mich natürlich, was nun werden soll.

Ich war verzweifelt, durfte es aber nicht zeigen. Warum hatte ich mich nicht vorher erkundigt, wie lange das Ausstellen einer Gruppenfahrkarte dauern würde? Warum war ich nicht eine Stunde vor Abfahrt des Zuges am Schalter gewesen? Es war unmöglich, in Tatra Lomnitz für 30 Jungen ein Nachtquartier zu bekommen, geschweige denn zu bezahlen. Es gab keine andere Möglichkeit, keinen Bus für die Strecke. Ich wusste nicht weiter, sah auch keinen Weg, wie aus der verflixten Lage herauszukommen. Schließlich bekam ich nach einer halben Stunde die Fahrkarten für unsere ganze Gruppe. Doch der letzte Zug war weg.

Der slowakische Beamte kannte natürlich unsere Lage, wollte uns vermutlich seine Macht spüren lassen. Er tat immer noch sehr ruhig. Schließlich waren wir an dieser Lage mit schuld. Nach einer weiteren halben Stunde rief er: „Kommen Sie her. Heute fährt ausnahmsweise ein weiterer Zug nach Mikuláš, wenn auch sehr spät."

Innerlich machte ich einen Luftsprung. Wir mussten noch lange warten, es wurde dunkel. Ich musste die Schüler immer wieder beruhigen. Der Zug kam, wir konnten einsteigen und erreichten unsere Bahnstation. Wir wanderten bei Nacht den langen Weg zu unserem Dorf. Wir waren gerettet.

1944

Knüppeldick

Bild 6: Hans-Friedrich Junker 1943.

„Kannst du kommen und helfen, das Haus zu reparieren?", stand in einem Brief meiner Eltern im Frühjahr 1944. Stuttgart hatte wieder einen schweren Bombenangriff hinter sich. Unser Reihenhaus war dabei schwer beschädigt worden.

Die Straße – unsere Straße „Auf der Altenburg" – sah völlig anders aus, als ich um die Ecke bog. Alle Häuser waren beschädigt und einsturzgefährdet, alle Fensterscheiben kaputt, die Hauswände mit schrägen Holzbalken gegen Kippen abgestützt, die Dächer durchlöchert, die Straße voller Schutt. Wie konnte man in einem solchen Haus noch wohnen?

Meine Eltern waren tapfer und versuchten, das Haus wieder bewohnbar zu machen. An allen Häusern wurde notdürftig repariert, geborstene Glasscheiben durch „Drahtglas", eine Art genagelte Gitterfolie ersetzt. So kam noch Tageslicht ins Haus, für Lüftung brauchte keiner zu sorgen. Ab und zu gab es im Schulhof warmes Essen für die Geschädigten.

Familie Sanwald wohnte neben uns im Reihenhaus. Herr Sanwald war Elektrofachmann und nach vielen Jahren in England, verheiratet mit einer Engländerin, wieder zurückgekommen. Mit den drei Söhnen verstanden wir uns sehr gut. Sie waren etwas älter als wir drei Junkers. Alle waren bereits Soldat geworden. Adalbert, der Älteste, und sein Bruder Gerhard, der ein Auge auf meine Schwester Ilse geworfen hatte, waren schon gefallen, Theo, der Jüngste, in Gefangenschaft. Manche Freunde meines Bruders Butz waren ebenso gefallen, meist zwei oder drei Jahre älter als ich.

Bild 7: Unser Reihenhaus nach dem Bombenangriff Februar 1944.

Wenige Tage später erhielt mein Vater folgenden Brief:

Sehr geehrter Herr Junker!

Ich habe die traurige Aufgabe, Ihnen mitzuteilen, dass Ihr Sohn, der Flugzeugführer und Oberfähnrich, Hans Friedrich Junker am 23.4.1944 getreu seinem Fahneneid in der Schlacht um Sewastopol den Heldentod fand.
Hans Friedrich startete am 23.4.1944 um 6.25 Uhr zu einem Geleitschutz für Schiffsgeleite von Konstanza nach Sewastopol. Bei der Durchführung dieses Auftrags wurde die Ju 88 von 15-20 sowjetischen Jägern angegriffen. Über 15 Minuten hielt der Oberfähnrich Junker dieser Übermacht stand. Nach heldenhaftem Luftkampf wurde die Besatzung abgeschossen. Sie stürzte ins Schwarze Meer. Von dem weiteren Schicksal ist nichts bekannt.
Wir verlieren in Hans Friedrich Junker unseren einsatzfreudigsten Nachwuchsflugzeugführer. In über 35 Feindflügen hat er sein hohes fliegerisches Können und sein Draufgängertum unter Beweis gestellt. Ein Kind noch, und doch war er ein Mann. Wir werden ihn nie vergessen! Sein Name steht mit denen seiner Besatzung auf unserer Ehrentafel!
Möge die Gewissheit, dass Ihr Sohn im Kampf um Großdeutschlands Freiheit sein junges Leben opferte, Ihren Schmerz erleichtern.
Ich begrüße Sie und Ihre verehrte Gattin im aufrichtigen Mitgefühl!

Ihr (gez.) Unterschrift
Leutnant und stellv. Staffelführer

Wir waren erschlagen. Alles umsonst. Wozu dieses Opfer? Wir waren wie gelähmt. Meine Mutter brach zusammen. Mein Vater wollte weiter tapfer erscheinen. Aber alles wurde sinnlos. Wir konnten nicht mehr. Wir hielten uns nur noch mühsam auf den

Beinen. Welchen Sinn hatte das Leben noch? Meine Mutter versuchte, sich und uns zu trösten mit dem Gedanken, dass Butz einen Glauben an Jesus Christus hatte. „In der Ewigkeit werden wir uns wiedersehen", sagte sie, ihre einzige Hoffnung. Die Arbeit, das Aufräumen, das Reparieren, es geschah alles nur noch mechanisch. Wozu? Ilse, meine Schwester, hatte ihren Verlobten, Egon, verloren. Er war ebenfalls bei der Luftwaffe und war über der Tschechoslowakei abgeschossen worden.

Butz war am 3. Februar 1944 neunzehn geworden. Wir wähnten ihn immer noch in der Ausbildung. Er hatte unseren Eltern nie geschrieben, dass er schon Kampfeinsätze fliegen musste. Er wollte unsere Mutter schonen. In den 139 Briefen, die wir von ihm haben, schreibt er von gutem Essen, von kleinen Freuden des Alltags und von seiner Sorge um uns in Stuttgart bei den Bombenangriffen:

21.02.1944

„Leider hörte ich eben im Wehrmachtsbericht von dem neuen Großangriff auf Stuttgart. Ich vertraue ganz auf Gott, dass euch nichts geschehen ist. Er wird euch schon nach seinem Willen behütet haben. Er gibt mir auch die nötige Ruhe bis zu einer Nachricht von euch ... Nun noch einiges von mir. Mir geht's wie immer gut. Fliegen tue ich zurzeit nicht. Ich muss immer noch warten. Dazu ist zurzeit auch sehr schlechtes Wetter. Schneefall und 15 Grad Kälte, also echt russische Kälte. Wir haben jetzt auf unserer Bude ein Radio, was für mich natürlich eine große moralische Stütze ist. Ab und zu gehen wir ins Theater, was mir ganz gut gefällt ..."

26.02.1944

„Lieber Vati! Zu Deinem 50. Geburtstag wünsche ich Dir alles Gute und viel Freude in Deinem neuen Lebensjahr. Hoffentlich geht´s Dir immer gut. Ich bin gewaltig gespannt auf euren ersten Brief nach

dem Großangriff. Ich bin ganz ruhig, denn ich weiß, dass ihr in Gottes Hand wohl geborgen seid ...“

03.03.1944

„Hoffentlich erreicht euch noch gesund und trotzdem munter mein Brief. Euer Telegramm habe ich gestern erhalten (unser Haus stark beschädigt). Ihr werdet wohl eine sehr anstrengende Bombennacht hinter euch haben. Ich hätte eine Bitte an euch: Seid mir nicht böse, wenn ich nicht komme, denn dadurch würde ich nicht nur eine wichtige Ausbildung versäumen, sondern ich wäre dann in der Staffel der Flugzeugführer, dem man am wenigsten zutrauen könnte. Ich hoffe, dass ihr mich hierin verstehen könnt. Wenn ihr mich aber dringend braucht und ihr keinen anderen Ausweg mehr wisst, dann schickt bitte nochmal ein Telegramm. Ich wäre natürlich sehr froh, wenn das nicht nötig wäre. Vielleicht kann ich das dann zu einem späteren Zeitpunkt günstiger einrichten. Dass nun unser Haus nicht mehr steht, hat mich natürlich erschüttert, aber daran ist halt leider nichts zu ändern und anderen wird's wohl genauso gegangen sein. In welchem Bunker wart ihr denn? Hat unser kleiner Bunker gehalten? Ich war ja so froh, dass das Telegramm von euch persönlich Gutes brachte ...“

30.03.1944

„Schreibt bitte, was eigentlich bei den Luftangriffen in Stuttgart zerstört wurde. Mich interessiert das natürlich ziemlich stark ...“

14.04.1944

„Neuer Standort ... Hoffentlich habt ihr Stuttgart verlassen. Bin gespannt, wie die Altenburg aussieht, wenn ich in den nächsten zehn Jahren auf Urlaub komme. Sorgt euch deshalb ja nicht um mich. Ich fühle kein Heimweh ...“

21.04.1944 (sein letzter Brief)

„... Immer noch keine Nachricht von euch da, aber das kann mich nicht erschüttern. Wie geht's euch denn? Lebt ihr noch auf der Altenburg? ... Ihr dürft euch also nie Sorgen um mich machen, wenn mal längere Zeit keine Nachricht von mir kommt ... Mit der Fliegerei steht's natürlich bei einem solchen Sauwetter, was sich bei uns Waschküche nennt, äußerst schlecht. Hoffentlich ändert sich dieser Zustand bald, sonst rosten wir noch ein ... Nun, euch allen und Onkels und Tanten recht viele Grüße, euer Butz.

Als sich Butz beim letzten Urlaub von unserer Mutter verabschiedete, sagte er zu ihr: „Wenn ich nicht wiederkomme, weint nicht um mich, aber vergesst mich nicht!"

Bomben in Cannstatt ... Prüfung in Sonthofen

Es half nichts. Im Frühsommer musste ich wieder nach Sonthofen. Es ging um unseren Endspurt zum „Diplom", wie die Abschlussprüfung der Schule genannt wurde. Dafür mussten wir büffeln, fast Tag und Nacht. Denn wie sollten wir sonst den Stoff von zwei Jahren, die uns noch fehlten, in zwei Monaten packen? Die schriftliche Abschlussprüfung bereitete mir keine großen Schwierigkeiten. Aber das Entscheidende war die mündliche Prüfung. Jeder von uns musste im Vorzimmer des Prüfungsraumes in eine Art Urne, eine Blumenvase, greifen und einen Zettel herausziehen. Damit hatte er sein Thema, konnte sich zehn Minuten vorbereiten und hatte dann darüber einen Vortrag zu halten. Die Prüfer waren hohe Funktionäre der HJ, Bannführer, Oberbannführer, Gebietsführer.

Mein Thema, das ich aus der Urne zog, hieß: „Sparta und Lykurg". Dies war ein Thema, das den Prüfern sehr am Herzen lag. Ich trug vor, was wir im Unterricht über Lykurg, den großen Erneuerer auf dem Peloponnes gelernt hatten, vor allem über die „spartanische Lebensweise", die er seinen Landsleuten abverlangt hatte: Disziplin bis zum Äußersten. „Wenn ihr gegen die anderen Stadtstaaten in Griechenland gewinnen wollt, müsst ihr stahlhart gegen euch selbst sein, die verweichlichte Lebensweise der anderen für immer hinter euch lassen, nicht in weichen Betten schlafen, sondern auf Stroh, keine süßen Getränke zu euch nehmen, keinen Wein, sondern Essig! Ihr müsst mehr von euch verlangen!"

Einer der Prüfer, die vor mir saßen, fragte: „Meinst du, wir sollten heute genauso leben, wie es Lykurg von der Jugend Spartas verlangt hatte?"

„Nein, das können wir nicht, wir leben in einer ganz anderen Zeit. Wir können das Rad nicht zurückdrehen und auf alle Annehmlichkeiten des heutigen Lebens verzichten. Aber wir können die Grundgedanken, die hinter dem Konzept von Lykurg standen, auf unsere Zeit übertragen und einen Schritt zu größerer Disziplin selbst leben und von anderen erwarten." Die HJ-Führer versuchten, mich in die Enge zu treiben.

„Du meinst, Lykurg habe uns heute nichts mehr zu sagen?"

„Nein, aber wir können heute nicht mehr so leben wie damals. Die heutigen Verhältnisse in Mitteleuropa sind ganz anders."

Klassenkameraden, die ihre Prüfung schon hinter sich hatten, saßen hinter mir und folgten dem Frage- und Antwortspiel. Sie kommentierten nachher: „Du hättest entweder stur sagen sollen ‚Ja, so können wir heute leben' oder ‚Wir können davon heute nichts übernehmen.' Das wollten die HJ-Führer hören, aber du hast abgewogen und das war falsch!"

Mein Diplom fiel nicht so toll aus, weil mein Charakter nicht in das Schema eines Adolf-Hitler-Schülers passte, was sich auch mit anderen Beurteilungen meiner mangelnden „Führungsqualitäten" deckte. Doch ich hatte bestanden. Das war die Hauptsache. Nun ging es zurück nach Stuttgart in Erwartung des Stellungsbefehls zur

Wehrmacht. Soldaten wurden ja dringend gebraucht. Die meisten meiner Mitschüler erhielten die Nachricht sehr rasch.

Der 19. Oktober 1944

In Cannstatt gab es viel zu reparieren an unserem schwer beschädigten Reihenhaus. Dann kam mein 17. Geburtstag. Er wurde natürlich nicht groß gefeiert. Doch meine Mutter hatte es trotz allem fertiggebracht, einen „Kuchen“ aus Vanillepudding und Maismehl zu backen. Er war für uns eine solche Seltenheit, dass wir ihn auf den kommenden Sonntag aufheben wollten. Er stand auf einer hohen Kommode im Windfang hinter der Haustüre zur Kühlung.

Es war der 19. Oktober 1944. Mein Vater fragte mich am Spätnachmittag, ob ich mitgehen würde zu einem Vortrag von Prof. Thielicke. Er würde sprechen in der Uff-Friedhof-Kirche im Zentrum von Cannstatt. Ich wollte nicht, meine Schwester auch nicht. Schließlich sagte ich Ja um des lieben Friedens willen.

Prof. Thielicke hatte als einflussreicher Theologe und glänzender Redner von der Partei Redeverbot. Da er nicht linientreu war, hatte er seine Professur in Heidelberg verloren. Doch die Württembergische Landeskirche hatte ihn aufgenommen und ihm ein Pfarramt in Ravensburg übertragen, ein „Abschieben“ in die Provinz. Vermutlich durfte er nur in Ausnahmefällen an einem anderen Ort sprechen und natürlich nur zu biblischen Themen in einer Kirche.

In Cannstatt sprach er an diesem Abend über die Könige im Alten Testament, die überheblich waren, sich wie Tyrannen benahmen und nicht nach Gott fragten. – Jeder wusste, von wem er sprach, obwohl kein Mensch der Gegenwart mit Namen erwähnt wurde. Die große Kirche war mit einigen hundert Besuchern bis auf den letzten Platz besetzt. Nach etwa einer halben oder dreiviertel Stunde gab es den befürchteten Fliegeralarm. Damit musste man im Herbst 1944 am Abend immer rechnen. Prof. Thielicke hatte mit dem Organisten ausgemacht, dass er bei Alarm spielen würde, bis der letzte Besucher die Kirche verlassen habe – das tat er. Wie ich später erfuhr, ist dieser Organist an diesem Abend durch die Bomben ums Leben gekommen.

Alles eilte hinaus auf die Straße und zum nächsten Luftschutzbunker. Mein Vater und ich versuchten, noch zum Neckar zu kommen auf dem Weg zu unserer Wohnung „Auf der Altenburg". Aber es krachte sehr bald. Bomben fielen. Die FLAK schoss, so viel sie konnte, aber gegen diese Zahl von Bombern konnte sie nicht viel ausrichten.

Am Hochbunker am Wilhelmsplatz wurden wir abgewiesen, der Bunker sei schon voll. So rannten wir weiter zum Rote-Kreuz-Krankenhaus und versuchten, dort Einlass zu bekommen. Vergebens. Also zurück zum Wilhelmsplatz. Überall Detonationen. Bomben explodierten. Der Himmel über Stuttgart war taghell erleuchtet durch Leuchtzeichen an Fallschirmen. Ein Bombergeschwader hatte es wieder einmal auf Stuttgart abgesehen. Dazu wurden die Leuchtfallschirme in einem großen Ring um die Stadt abgesetzt als Markierung für 583 Bomber, wie wir heute wissen, die ihre tödliche Last innerhalb dieses Ringes abwerfen sollten. Ergebnis: 338 Tote, 872 Verwundete, 38 Vermisste nach heutiger Kenntnis.

Wir hasteten wieder zurück zur Stadtmitte. Der Angriff war in vollem Gange. Wir schlugen wieder an die Eingangstür des Hochbunkers. Diesmal hatte man Mitleid mit uns. Die große Stahltür wurde geöffnet. Wir durften herein und in eines der drei oder vier Obergeschosse. Der Hochbunker mit 60 bis 80 cm dicken Betonwänden bot einen relativ großen Schutz gegen Bomben und Splitter, außer bei einem Volltreffer. Eine Explosion folgte auf die andere, ein Dröhnen und Krachen, das etwa 40 Minuten dauerte. Ich sah viele kniend auf dem Boden und betend. Manchmal bebte auch dieser Turm aus Stahl und Beton. Nach einer knappen Stunde wurden die Explosionen weniger. Einige Zeit später meldeten die Sirenen mit ihrem Dauerton „Entwarnung". Mein Vater und ich stiegen hinunter und kamen ins Freie, in die dunkle Nacht. Wir eilten wieder zur Brücke über den Neckar. Jetzt aber lagen die Oberleitungen der Straßenbahn auf den Straßen, Trümmer überall. Die erste Neckar-Brücke war getroffen worden, unpassierbar. Also weiter zur nächsten. Rasch hinüber und durch die Vorstadt hinauf zu unserer Straße „Auf der Altenburg".

Bild 8: Unser Nachbarhaus nach dem 19. Oktober 1944.

Was für ein Bild! Alles nur noch Schutthaufen. Wo waren Mutter und Ilse? Hatten sie es zu unserem Bunker an der Pragstraße geschafft? Hatten sie überlebt?

Wir sprangen die Züricherstraße hinunter und die Staffeln. Dann weiter nach rechts zu den Stollen, die dort in den Berg getrieben worden waren. Wir erreichten den ersten Stollen und hasteten zwischen den verängstigten Menschen, die links und rechts auf den Brettern an der Wand saßen, weiter hinein. Da waren Mutter und

Ilse. Sie hatten es geschafft. „Das Haus ist weg, aber wir vier leben noch!“ Überglücklich und tränenüberströmt lagen wir uns in den Armen. „Unser Butz lebt nicht mehr, aber wir vier leben noch!“

Dankbar waren wir. Gott hat uns bewahrt. Wir stiegen wieder hinauf zu unserer Straße. Da war nichts mehr zu machen. Weiter zu Tante Maria und Onkel Theo. Hatten sie in der nächsten Straße überlebt? „Ja, ihr Haus steht noch, wenn auch schwer beschädigt, alle Fenster kaputt und arg ramponiert.“ Natürlich fanden wir alle Platz auf dem Boden, um noch ein wenig die Augen zu schließen. Am nächsten Morgen sahen wir das ganze Ausmaß. An ihrem Haus war jeder Backstein sichtbar geworden, alle waren gelockert, aber das Haus stand noch.

Unser Haus war durch eine Luftmine zerstört worden und nur noch ein Schutthaufen von etwa zwei Metern Höhe. Es hatte nicht gebrannt. So machten wir uns daran, uns durch den ganzen Schutthaufen durchzugraben. Was konnte man noch brauchen? Holz von den Dachsparren ist wichtig für den kommenden Winter. Also alles auf die Seite schaffen. Zerrissene Matratzen und Federbetten? Konnten wir sie in irgendeiner Form noch reparieren und gebrauchen? – Da, tatsächlich, unser ganzes Besteck tauchte wieder auf: Messer, Gabeln und Löffel. Sie waren zwar tief im Schutt und Dreck verborgen, aber sie existierten noch, von Staub überzogen. Schließlich konnte ich nach einigen Tagen unter die eingestürzte Kellerdecke kriechen. Da entdeckte ich ein besonderes Paket, das unter dem runden Tisch lag: „Unsere Eisenbahn, unsere Spur OO von Märklin. Sie hat überlebt!“ Auch der Tisch selbst sah noch einigermaßen stabil aus. Vielleicht konnten wir ihn reparieren und wieder gebrauchen?

Gleich daneben war unser kleiner Vorratskeller unter der Küche. Die Betondecke über diesem Raum lag nur noch etwa 50 cm über dem Boden, dazwischen nichts als Holzsplitter, Glasscherben, „Gsälz“ und andere Kostbarkeiten, die natürlich nicht mehr zu retten waren. Auch meine so gehegte „Geburtstagstorte“ hatte das Zeitliche gesegnet. Und auf dem Acker über der Straße, lag da nicht die Kommode, die einst im ersten Stock unseres Reihenhauses stand? – Tatsächlich. Sie war durch die Luftmine etwa zehn oder zwölf Meter über die Straße geschleudert worden und weich auf dem Acker gelandet.

Wohin?

Das Leben ging weiter, musste weitergehen. Alle, die wie wir ihr Haus verloren hatten, erhielten im Hof unserer Altenburgschule jeden Tag ein warmes Mittagessen durch eine Feldküche. So konnten wir Tag für Tag an unserem Schutthaufen arbeiten. Nach etwa zwei Wochen tauchte ein Bekannter meines Vaters bei uns auf. Als Bauunternehmer besaß er tatsächlich noch ein kleines Auto, einen alten Opel mit Anhänger.

„Habt ihr schon einen Platz, an dem ihr wohnen könnt?“, fragte er meinen Vater.

„Nein.“

„Dann kommt halt zu uns nach Leonberg“, erwiderte Herr Mörk. Ein gewaltiges Geschenk. Es wurde uns eine Unterkunft außerhalb Stuttgarts angeboten. So kamen wir nach Leonberg, der Stadt, in der mein Vater seit 1931 in der Bausparkasse tätig war. Julius Mörk bot uns an, die noch brauchbaren Sachen, das Holz, die Matratzen, das Besteck, die Kommode, den runden Tisch usw. mit seinem kleinen Anhänger nach Leonberg zu bringen. Wie dankbar waren wir dafür!

Die alte „Altenburg“, die Gemeinschaft der Nachbarn war ausgelöscht. Jeder versuchte, irgendwo und irgendwie außerhalb Stuttgarts einen Unterschlupf zu finden. So verlor man sich aus den Augen und nur wenige fanden sich in den späteren Jahren wieder.

In Leonberg bot uns Julius Mörk drei Zimmer im Dach seines Hauses an – drei intakte Dachzimmer! Daneben gab es eine Kammer, in der wir versuchten, zusammen mit Flaschner Soller eine Art Küche einzubauen. Leitungen wurden verlegt, Gewinde gedreht, Anschlüsse mit Hanf abgedichtet. Ja, man konnte hier kochen!

Das Leben ging tatsächlich weiter, die Fliegerangriffe der Engländer und Amerikaner auch. Oft gab es bereits morgens um zehn Uhr Alarm bis zum Spätnachmittag, ohne dass etwas geschah. Jeder versuchte, seine Arbeit auch während des Fliegeralarms weiterzumachen. Leonberg war doch für die Alliierten kein lohnendes Ziel, dachten wir.

Bin ich feige?

Doch eines Tages stand ich bei hellem Sonnenschein mit meinem Freund Norbert an der Straße Richtung Eltingen. Plötzlich tauchten Jagdbomber am Himmel auf. Sie schossen auf eine Familie, auf Frauen und Kinder, die auf dem freien Feld nach Eltingen unterwegs waren. Ich hatte Angst. Die „Jabos" flogen so nieder, dass sie ihr Ziel unbedingt sehen mussten. Offenbar war alles, was sich bewegte, für sie Ziel genug, um beschossen zu werden.

„Du musst hin, um zu helfen", rief es in mir! „Sie sind nur 300 Meter weg!" Aber ich hatte nicht den Mut dazu. „Was könnte ich schon helfen?" Ich redete mir ein, ich könnte nicht helfen, ich bin doch kein Sanitäter! Aber es war Angst.

Dann kam der furchtbare Angriff auf Pforzheim. Es war abends. Wir sahen von Leonberg aus den Himmel hell erleuchtet über der Stadt. „Die Stadt brennt, wenn der Himmel so hell erleuchtet ist", sagten alle, die wie ich aus sicherer Entfernung Zeugen wurden.

Viel später erfuhren wir, dass bei der Feuersbrunst etwa 18.000 Menschen innerhalb von 20 Minuten ihr Leben verloren.

Der Bruder von Frau Anna Mörk lebte mit seiner Familie in Heilbronn. Wenig später wurde auch diese Stadt zum Ziel der Bomber. Natürlich nahm Anna auch diese Familie in ihr Haus auf, als diese ihre Wohnung verloren hatte. Man konnte ja zusammenrücken und zu viert in zwei Zimmern wohnen, was wir gerne taten. So lebten drei Familien in einem Einfamilienhaus zusammen. Es ging gut. Jeder half dem andern, so gut er konnte, auch mit Geschirr, mit Wäsche und allem, was eine Familie mit einem Kleinkind brauchte.

Mir ging immer wieder durch den Kopf: „Wenn nur einmal der Bombenkrieg aufhört. Alle anderen Belastungen würden wir durchstehen können." Er zehrte ungeheuer an den Nerven. Wir waren den Bomben absolut ausgeliefert, Tag und Nacht.

KZ in Leonberg?

Fast alle meine Klassenkameraden waren schon eingezogen, einer bei Berlin schon gefallen. Mein Stellungsbefehl kam nicht! Das war ungewöhnlich. Ich war als 17-Jähriger noch daheim. Die meisten Oberschüler in meinem Alter mussten ja Stuttgart mit der FLAK verteidigen.

Es gab in diesem Winter auch einiges an Schnee, etwa 10 bis 15 cm hoch. Als ich ein Paar Ski ausleihen konnte, zog ich bei schönstem Sonnenschein los an den Südrand der Stadt. Ich war guter Dinge und begeistert, wieder einmal auf Skiern zu stehen. Aber richtige Skihänge gab es ja hier nicht. Da muss man schon ins Allgäu, dachte ich.

Plötzlich sah ich in etwa 100 Meter Entfernung einige Gestalten in der gestreiften KZ-Kleidung im Boden graben. Ich hielt an. „Die graben tatsächlich in diesem Schnee im Boden? Wozu denn? Wie kann man im Winter bei Schnee einen Telegrafenmasten setzen wollen, das ist doch Dummheit", dachte ich. Ich schüttelte den Kopf und fragte mich: „Wer kann ihnen einen solchen Auftrag erteilt haben? Der hat doch keine Ahnung, wie sehr der Boden gefroren ist. Da muss man doch bis März, April warten!" Nachdenklich fuhr ich weiter.

„Es stimmt, es gibt hier ein Arbeitslager. Aber ein KZ? Ich habe davon gehört. Die Häftlinge müssen im Engelberg-Autobahntunnel Tragflächen für Flugzeuge montieren. Vor einigen Tagen hatte ich in der Dämmerung gesehen, wie ein Lastwagen mit Anhänger vom Tunnelmund wegfuhr, voll beladen mit halben Flugzeug-Tragflächen, die mit Abstandshölzern übereinandergestapelt waren. Das Lager ist eingezäunt und bewacht. Wie viele Männer dort arbeiten, weiß ich nicht, interessiert mich auch nicht. Es geht ihnen auf jeden Fall besser als meinen Freunden, die als Soldaten an der Front stehen und ihr Leben riskieren. Täglich hört man ja, dass von dieser oder jener Familie der Sohn, der Vater oder der Bruder gefallen ist."

Als ich nach dem Krieg nach Leonberg zurückkam, hörte ich Gerüchte, zunächst unter der Hand, dass in diesem Arbeitslager Menschen gestorben seien. Ich konnte es nicht glauben, doch es bestätigte sich mehr und mehr. Es musste stimmen. Jahre später schuf die Stadt ein Mahnmal genau an dem Platz, an dem ich achtlos auf meinen Skiern vorbeigefahren war. Eine große Platte erinnert heute in Französisch und Deutsch an die 389 Opfer aus vielen Ländern, die im letzten Kriegsjahr hier in einem Massengrab verscharrt wurden. Also hatten die Gestalten in den gestreiften Anzügen, die ich im Winter gesehen hatte, nicht Telegrafenmasten setzen sollen, sondern Mithäftlinge begraben und ich hatte es nicht gemerkt! Die Toten wurden inzwischen umgebettet auf den städtischen Friedhof.

Die Arbeitsbedingungen im Tunnel und im Lager waren unmenschlich, nach allem, was wir nach dem Krieg erfuhren. Es waren Zwölf-Stunden-Schichten. Wenn eine Schicht zur Arbeit in den Tunnel musste, kam die andere Schicht zurück, um die gleichen Schlafstellen für ihre Zwölf-Stunden-Ruhepause zu benützen. Dass sich unter solchen Bedingungen auch Krankheiten wie Typhus verbreiten konnten, ist klar. Viele sind daran gestorben.

32 Jahre danach zogen wir als Familie nach Leonberg. Ich hatte in Stuttgart eine Arbeit gefunden. Durch Dekan Stöffler und seine Mitarbeiter wurde offen über das Schicksal der Häftlinge aus vielen Nationen gesprochen, die im letzten Kriegsjahr im Engelbergtunnel arbeiten mussten. Die Leonberger, auch ich, begannen langsam, sich mit diesem Teil der Geschichte ihrer Stadt zu befassen. So ging ich eines Tages mit meinem Schulfreund, Hermann Kromer, aufs Rathaus.

„Gibt es irgendwelche Namen der Toten des Arbeitslagers?“, fragten wir.

„Ja, die Originalliste wurde zwar am Kriegsende vernichtet, aber wir haben eine Liste gefunden, die eine Sekretärin auf eigene Faust als ‚Zweitliste‘ der Verstorbenen angelegt hatte. Diese ist aber nicht vollständig“, wurde uns gesagt – später stellte man fest, dass es keine Zweitliste einer Sekretärin war, sondern Sterbemeldungen des Standesamtes an das Nachlassgericht Leonberg.

Hermann Kromer entwarf für unsere Gemeindekirche am Blosenberg, die 1960 ganz in der Nähe des alten Lagers erbaut worden war, ein würdiges Mahnmal aus Zinnguss. Es erinnert im Vorraum der Kirche durch ein Buch, in dem die uns bekannt gewordenen Namen der verstorbenen Häftlinge verzeichnet sind, an das, was hier im letzten Kriegsjahr geschehen war. Und seither konnten wir mit einigen der früheren Häftlinge aus verschiedenen Ländern Europas Verbindung aufnehmen, sie einladen und sie auch hier in Leonberg begrüßen.

1. März 1945 – Bomben auf Leonberg

Wieder einmal war Fliegeralarm seit zehn Uhr am Vormittag. Strahlender Sonnenschein. Der Frühling kündigte sich an. Es blieb ruhig, trotz des Alarms. – Doch als ich am Nachmittag gerade mit Norbert bei unserem Haus unterwegs war, hörten wir ein leises Brummen, das lauter und lauter wird.

„Da kommen sie, vom Osten her, schau“, rief Norbert. 30 bis 40 Flugzeuge sahen wir in der Sonne glitzern und plötzlich schwarze Punkte aus ihnen fallen.

„Schnell in den Keller!“ Wir waren kaum unten, da krachte es schon. Gewaltige Einschläge, kurz hintereinander. Nach wenigen Minuten war alles vorbei. Wahrscheinlich waren es Bomber auf dem Rückflug von einem Angriff, die alle restlichen Bomben, die sie noch an Bord hatten, über Leonberg, unserem kleinen unbedeutenden Städtchen, abladen wollten.

Nun wagten wir uns wieder heraus aus dem Keller. Unser Dach war durchlöchert, alle Fensterscheiben zerstört, doch das Haus hatte keinen Volltreffer erhalten. Wir wurden verschont. Die nächste Bombe war 20 oder 30 Meter vor dem Haus in den Acker gefallen.

Norbert und ich rannten hinüber über den Acker zur Bausparkasse. Links vom Haupteingang ein großer Bombentrichter. Da schrie einer um Hilfe! Ja, am Rand des Bombentrichters bewegte sich etwas, ein junger Mann mit Luftschutzhelm lag da, zugeschüttet mit Erde. Wir gruben ihn aus. Er hatte Wache am Haupteingang, als die Bomben fielen. Er lebte! Zu unserem großen Erstaunen war er nicht verletzt. Er konnte gehen – er konnte tatsächlich weggehen. Er musste in den Schatten der Druckwelle geraten sein, sodass er überlebte, ganze fünf oder acht Meter vom Zentrum der Sprengbombe entfernt, die einen mehrere Meter tiefen Bombentrichter gegraben hatte.

Norbert eilte hinauf ins Dachgeschoss, wo er mit seinen Eltern wohnte. Das Dach war völlig durchlöchert von den Splittern der Bomben. Eine war direkt hinter dem Gebäude, eine andere direkt davor niedergegangen. Beide hatten Teile der Mauern um das Treppenhaus zum Einsturz gebracht. Doch seine Eltern lebten! Sie waren beim Mittagsschlaf in den Betten von den Bomben überrascht worden. Kein Splitter hatte sie verletzt, trotz aller Schäden am Dach. „Ein Wunder, eine große Bewahrung." An anderen Stellen der Stadt waren in diesen wenigen Minuten 18 Menschen ums Leben gekommen, wie wir später erfuhren. Zwei weitere waren in den Tagen danach ihren Verletzungen erlegen.

Das Arzthaus, zwei, drei Häuser weiter oben in der gleichen Straße, hatte einen Volltreffer erhalten und war völlig zerstört. Einige Tage später war ich dabei, mit zwei jungen russischen „Zwangsarbeitern" die Trümmer dieses Hauses abzubrechen und abzuräumen. Diese Zwangsarbeiter waren keine Kriegsgefangenen, sondern von den deutschen Truppen in Russland als Zivilisten aufgegriffen und als „Arbeitskräfte" in unser Land gezwungen worden. Ich war etwa gleich alt wie die beiden jungen Russen. So wollte jeder von uns dem anderen zeigen, dass er stärkere Muskeln hatte, indem er größere Betonbrocken zerschlagen konnte. Mit Fäustel, Meisel, Vorschlaghammer, Pickel und Schaufel ging es an die halb zerstörten Ziegelwände und Betonfundamente des Hauses. Schrittweise kamen wir an den Außenwänden tiefer und an die Kellerwände im Erdreich. Dort, beim Abräumen des Schutts im Keller, entdeckten wir plötzlich einen Körper, einen Menschen, der bei diesem Angriff gestorben war. Ich kannte ihn nicht. Es war der Großvater meines späteren Schulfreundes Frieder S. Er hatte es nicht mehr in den Bunker geschafft. Das Haus ist absolut zerstört. Er hatte keine Chance.

Reden mit einem Häftling?

Während wir in den folgenden Tagen die Reste des Gebäudes abräumten, kam plötzlich ein bewachter Trupp Häftlinge aus dem Arbeitslager/KZ. Sie hatten Befehl, uns an diesem Tag zu helfen, statt Tragflächen für Flugzeuge im Tunnel zu montieren.

Ich frage einen der Häftlinge in seinem gestreiften Anzug:

„Woher kommen Sie?"

„Aus der Tschechoslowakei."

„Was sind Sie von Beruf?"

„Arzt."

Diese Antwort haute mich um. Konnte es sein, dass ein Arzt in Sträflingskleidung in Deutschland landete? Das war doch unmöglich! Jeder kannte die gestreiften Anzüge. Aber ein Arzt im KZ? Dort konnten doch nur Verbrecher sein, niemals ein vernünftiger Mensch! – dachte ich nach allem, was uns bekannt war. Ich hatte Fragen über Fragen, doch konnte ich keine stellen, da ein Bewacher gemerkt hatte, dass ich mit einem Häftling redete. Das war verboten und durfte nicht passieren. Mit der Waffe in der Hand holte er den Arzt weg an eine andere Ecke des Schutthaufens. Den ganzen Tag über wurde ich getrennt von den Häftlingen. Ein Gespräch war nicht mehr möglich. Als die Häftlinge zurück ins Lager mussten, ertönte das Kommando: „Antreten!" Eine Marschkolonne wurde formiert, wobei durch kleine Stöße der Wachmannschaften mit den Gewehrkolben in die Hüften der Häftlinge für Disziplin und Ordnung gesorgt wurde. Eigentlich wollte ich sagen: „Wozu gehen Sie so mit den Gewehrkolben gegen die Häftlinge vor? Das ist doch unnötig!" Ich wollte es sagen, ich sollte es sagen, aber ich wagte es nicht. Ich hatte nicht den Mut. Natürlich hätte ich einen Rüffel bekommen. Aber ich konnte nicht verstehen, dass man unnötigerweise so mit Menschen umging.

April 1945 – Noch kämpfen?

Wir hörten das Grollen der Geschütze aus Richtung Pforzheim. In Leonberg wurden die wenigen alten und jungen Männer, die noch in der Stadt waren, zum „Volkssturm“ eingezogen. Ich musste mich mit anderen im Rathaus der Stadt melden, das allerletzte Aufgebot. Im Keller des Rathauses waren noch alte Uniformteile aus dem Ersten Weltkrieg gefunden worden. Diese wurden uns verpasst. Es gab ja sonst nichts mehr. Wir sollten einigermaßen militärisch aussehen. Dazu bekam jeder von uns einen alten, erbeuteten französischen Karabiner.

Dann kam der Befehl, Leonberg durch Panzersperren an den Ausfallstraßen zu verteidigen. So zogen einige von uns Jungen mit Sägen, Äxten, Schaufeln und Beilen bewaffnet in die Feuerbacher Straße bis zum Ende des Städtchens in Richtung Höfingen und Ditzingen. Am höchsten Punkt der Straße, an einer Kurve, sollte eine Panzersperre entstehen. Links und rechts der Straße standen große Bäume. Sie wurden angesägt, um sie auf Kommando in kurzer Zeit fällen zu können.

Mein Vater, der den Ersten Weltkrieg mitgemacht hatte, sagte: „Wenn du als Volkssturmmann von den Franzosen oder Amerikanern gefangen genommen wirst, hast du nicht den Schutz der Genfer Konvention. Also melde dich noch einmal freiwillig zu einer regulären Truppe.“ Ich nahm seinen Rat an, nachdem ich mich schon im Herbst 1944 freiwillig zur Luftwaffe gemeldet hatte. Jetzt kam der Stellungsbefehl schnell. Ich musste „einrücken“ in die Panzerkaserne in Böblingen. Norbert begleitete mich dort hin.

Nach einer Nacht in der Kaserne mit rascher Einkleidung in die Uniform des Reichsarbeitsdienstes, ging es weiter nach Oberschwaben, nach Memmingen. Hier bekam jeder ein Fahrrad und ein Gewehr. Es gab sogar etwas Ausbildung. Wir sahen ein Maschinengewehr aus der Nähe, durften uns schon einmal dahinter legen und mit Platzpatronen schießen. Wir wussten alle, dass der Krieg verloren, dass unser Einsatz sinnlos war. Aber nach all den Opfern, die erbracht worden waren, kam Aufgeben nicht in Frage.

Nächster Befehl: „Abfahren in Richtung Kempten, Sonthofen, Hindelang". Orte, die mir nicht ganz unbekannt waren.

Offen sprechen?

„Junker, kommen Sie rüber und machen Sie unsere Stiefel sauber!" Der Befehl kam eines Abends. Die Herren Offiziere im Arbeitsdienst wussten natürlich, dass ich auf der Ordensburg gewesen war. Wir galten als stolz und eingebildet, was zum Teil auch stimmte. Unser Schulführer in Sonthofen hatte oft gesagt: „Ihr seid die Hoffnung für unser Land." Daher war es den Offizieren ein Vergnügen, mich zu besonderen Diensten heranzuziehen. Sie wollten mich spüren lassen, dass ich nichts Besseres war.

So putzte ich die Stiefel. Doch wie ich fertig war, sagte einer der Offiziere: „Sie können dableiben." Also in der Runde der Vorgesetzten dabei zu sein, eine ungewöhnliche Geste gegenüber einem einfachen RAD-Mann. Natürlich war ich der Jüngste mit 17 Jahren. Die Offiziere waren auch nur ein paar Jahre älter. – Es war Abend. Man saß in einem kleinen Raum beieinander, vielleicht fünf oder sechs unserer Vorgesetzten. Die Beleuchtung war spärlich, fast düster, die Stimmung gedrückt. Einer der Offiziere hatte für genügend Bier und Wein gesorgt – in einer solchen Runde, gewissermaßen „unter sich", sprach man schon etwas offener über das, was uns in den nächsten Tagen bevorstehen würde. Es beschäftigte jeden. Jeder wusste, dass Deutschland schon zu einem großen Teil in Feindeshand war. Hoffnung auf den berühmten „Endsieg", der oft zitiert wird, gab es nicht mehr.

Einer der Offiziere erzählte von Peenemünde auf der Insel Rügen, wo die Abschussrampen für die V-Waffen, die „Vergeltungswaffen", stationiert waren. Die V1 und V2 wurden hauptsächlich gegen London eingesetzt. Er war dort gewesen und erfuhr, dass man daran war, „mehrere Geheimwaffen zu entwickeln. Dazu gehören auch Radar-Geräte, mit denen man feindliche Objekte wie U-Boote unter Wasser genau feststellen kann." Die Frage war, ob diese noch zum Einsatz kommen würden. (Sie waren von den Engländern schon entwickelt und im Einsatz. Viele deutsche U-Bootbesatzungen fielen ihnen zum Opfer.)

Plötzlich wendete sich einer der Offiziere direkt an mich.

„Für uns Ältere ist klar, dass das Leben irgendwie weitergeht. Aber für euch Jüngere bricht eine Welt zusammen!"

„Sie haben Recht. Wir haben nichts anderes als das ‚Dritte Reich' erlebt. Für uns bricht eine Welt zusammen!" – das sagte ich. Aber: „Weil es einen Gott gibt, bin ich überzeugt, dass das Leben weitergeht!" – das wollte ich eigentlich sagen, das hätte ich sagen sollen, doch ich hatte nicht den Mut. Wie könnte ich in einem solchen Kreis als der Jüngste den Älteren so etwas sagen?

Begegnung mit einem Janusgesicht

Auch wenn man nicht darüber sprach, nicht sprechen wollte, hatte jeder für sich entschieden, wie er diese letzten Tage durchstehen wollte, was immer geschehen würde. An das „Danach", was dann geschehen würde, dachte ich nicht, wagte ich nicht zu denken, konnte ich nicht denken. Das „Jetzt", das „Heute" war schwer genug zu bestehen.

Im letzten deutschen Tal vor Österreich, bei Hinterstein angelangt, versuchten wir abends in verschiedenen Heuschobern unterzukommen. Die Sonne stand schon hoch am Himmel, als wir uns am nächsten Morgen aus dem Heu herausschälten. Plötzlich kam die Nachricht: „Die Amerikaner kommen! Schnell fertig machen!“ Sichtbar war noch kein Amerikaner, auch kein Gewehr- oder Kanonenfeuer war bisher zu hören. Doch wir packten alles zusammen und schnallten es auf unsere Fahrräder, bereit loszufahren, sobald der Befehl dazu kam. Doch der kam nicht. Unser Zugführer war weg, wie vom Erdboden verschwunden. Offenbar hatte ihn der Schrecken in die Flucht gejagt – einer hatte ihn wegfahren sehen.

Wir sahen uns an: „So einer war dieser Zugführer?“ Er, der uns immer gerne „geschliffen“ hatte, vielen von uns das Leben schwer gemacht hatte, der war als Erster weg, wenn es gefährlich wurde! Mich hatte er besonders aufs Korn genommen, in dem er mich oft zum „Kartoffelschälen“ abkommandiert hatte. Doch jetzt waren wir uns alle einig: Wenn dieser Zugführer wiederkäme, dann hätte er bei uns nichts mehr zu lachen und nichts mehr zu sagen. War er doch einer, der bei der ersten kritischen Lage sofort den Schwanz einzog und sich aus dem Staub machte.

Nach einiger Zeit kam Entwarnung. Die Amerikaner waren offenbar doch nicht so nahe, wie befürchtet. So erhielten wir den Befehl, nach Immenstadt zu fahren und nördlich davon eine Panzersperre zu bauen. Wir hatten als Arbeitsdienstleute neben unseren französischen Beutegewehren noch ein Maschinengewehr und einige Panzerfäuste, hatten aber damit noch nie geschossen.

Also wieder los. Unterwegs sahen wir plötzlich einen LKW-Anhänger der Wehrmacht am Wegrand stehen, der Lebensmittel geladen hatte. Das war unsere Rettung. Tagelang hatten wir nichts mehr zu essen bekommen und gehungert. Und jetzt stand ein Verpflegungswagen verlassen in der Gegend? Jeder versorgte sich schnell und weiter ging ’s nach Immenstadt. Unser Zugführer blieb wie vom Erdboden verschluckt. Wir sahen ihn nie wieder.

Heimlich – unheimlich

Es wurden die letzten Tage des Krieges. Ein junger Hauptmann der Wehrmacht hatte das Kommando übernommen. Einige fronterfahrene Soldaten und wir, etwa 30 junge, unerfahrenen RAD-Leute, waren seine „Kampfeinheit". Wir hatten befehlsgemäß in einer Schlucht mehrere Bäume gefällt, die nun die schmale Straße blockierten. Neben der Straße hatten wir Schützenlöcher gegraben, um von diesen aus mit der Panzerfaust die gestoppten Panzer des Gegners anzugreifen.

Es war dunkel. Wir befanden uns in einer Scheune. Der Hauptmann sprach über den zu erwartenden Angriff der alliierten Truppen. Die Stimmung war gedrückt. Keiner sagte ein Wort. Unserem Kommandeur war es ernst bei seiner Aussage: „Wenn ich morgen in französische Gefangenschaft komme, schieße ich mir eine Kugel durch den Kopf. Diese Schmach nehme ich nicht auf mich!" Wir Jüngeren waren nicht dieser Meinung. So leicht wollten wir unser Leben nicht hergeben.

Mein Bruder war ja vor einem Jahr gefallen. Konnte ich da aufgeben? Konnte sich einer von uns drücken? Wir wussten, dass alles aussichtslos war und dem Ende zuging. Aber dem Kampf ausweichen? Das war unmöglich. Zu viele meiner Nachbarn und Freunde waren in den letzten Monaten gefallen, hatten ihr Leben eingesetzt und verloren. Für mich kam nicht in Frage, sich zu drücken.

„Wir müssen feststellen, wo die feindlichen Truppen stehen und ob es Franzosen oder Amerikaner sind, die uns bald angreifen werden. Wer meldet sich freiwillig für einen Spähtrupp heute Abend in die Dörfer nördlich von uns?"

Ich, als ehemaliger Adolf-Hitler-Schüler, ausgebildet auf den Ordensburgen Sonthofen und Vogelsang, musste doch Mut zeigen und beweisen. Das war uns jahrelang eingehämmert worden. Jetzt war der Ernstfall da. Jetzt galt es zu beweisen, was wir gelernt hatten, wovon wir überzeugt waren, wofür wir unser Leben einsetzen würden. Bisher war ich dazu eingeteilt, aus einem Erdloch unserer Stellung mit einer Panzerfaust einen feindlichen Panzerangriff abzuwehren.

Ich kämpfte mit mir und meldete mich. Einer meiner Kameraden müsste meine Position mit der Panzerfaust bei einem Angriff in der Zwischenzeit übernehmen. Auch andere meldeten sich. So gingen wir zu viert los, hinaus in die dunkle Nacht.

Nach einigen Kilometern stießen wir auf ein Dorf. In einem Haus war Licht. Wir klopften an und fragten die Leute, ob sie wüssten, wo die gegnerischen Truppen sind. „Ja", sagten sie, „die Amerikaner waren heute Mittag hier und fuhren vor dem Dorfgasthaus vor, in dem eine ganze Abteilung des Arbeitsdienstes beim Mittagessen saß. Alle wurden einfach gefangen genommen, auf Lastwagen verladen und fortgebracht. Dann schossen sie wild herum in einige unserer Häuser, zogen aber wieder ab."

Das also war die Front. Wenigstens heute Mittag war es die Front. Was sollten wir tun? Wir fragten nach dem nächsten Dorf und zogen durch den Wald zur nächsten Ortschaft. Die lag im Westen. Hier waren die Franzosen gewesen, soweit wir feststellen konnten. Also lag unsere Einheit direkt an der Grenze zwischen Amerikanern und Franzosen.

Gegen drei Uhr in der Frühe suchten wir wieder den Weg zu unserer eigenen Abteilung. Wir hatten sie noch nicht erreicht, als es gegen fünf Uhr morgens plötzlich losging: Motorengeräusch. Das waren wohl die feindlichen Panzer im Angriff? – Gewaltige Explosionen und Schießereien erschütterten die Luft. Wir pirschten uns durch den Wald von hinten an unsere eigene Stellung heran und prüften die Lage. In der ersten Morgendämmerung sahen wir die Stellung unten im Tal liegen.

Ich erkannte französische Panzer und Soldaten, die auf den Fahrzeugen saßen. Ich hatte einen Karabiner. Ich konnte zielen. Sollte ich auf einen oder zwei dieser Soldaten schießen? Das war mein Auftrag. Aber ich zögerte. Sie waren eine ganz klare Zielscheibe für mich, da wir höher im Wald in Deckung lagen und nicht gesehen werden konnten. Ich könnte mühelos einen nach dem anderen von ihnen treffen. Ich schoss, aber bewusst daneben. Ich wollte keinen Menschen töten. Musste ich das tun? Bisher war dies alles theoretisch klar, aber jetzt? – Schließlich wurden es meine einzigen drei Schüsse, die ich im Krieg abgegeben habe.

Die Panzer kamen nicht durch. Sie waren gestoppt. Unsere Panzersperre hatte ihren Zweck erfüllt. Sie schalteten den Rückwärtsgang ein und sobald sie einige hundert Meter zurückgefahren waren in den höheren Wald, kam ihre Artillerie zum Einsatz. Es krachte in allen Richtungen. Die Granaten explodierten zwischen den Bäumen, Äste und Zweige flogen von allen Seiten durch die Luft. Wir konnten jederzeit getroffen werden. Unsere Stellung war ihnen jetzt bekannt. Sie wussten genau, wo wir waren.

Also kam der Befehl: „Sofort zurückziehen in Richtung Immenstadt!“ Hinunter ins Tal, denn hier lagen wir auf dem Präsentierteller. Wir gingen hinunter nach Immenstadt, durch die menschenleeren Straßen des Ortes und hinauf in die Berge. Es begann zu schneien. Es war spät am Abend und wir mussten überlegen, wo wir die Nacht zubringen konnten. Bei diesem dichten Schneetreiben wäre es gefährlich, draußen zu bleiben.

Wie standen wir die Nacht durch? Wir suchten. Gab es mitten im Schneegestöber nicht doch ein Dach, eine Hütte? Ja, dort lag eine Alm, vielleicht auch eine Hütte? Wir gingen näher heran, öffneten die Tür: Die Hütte war voll mit deutschen Soldaten! Hier waren wir richtig. Natürlich gab es auch noch Platz für uns, keine Frage.

Am nächsten Morgen hatte es aufgehört zu schneien. Strahlender Sonnenschein über den glitzernden Bergen. Unser kleiner Trupp setzte sich in Bewegung höher hinauf. Wir müssten unbedingt etwas zu essen finden, denn schon tagelang hatte es nichts mehr gegeben – mitten im tief verschneiten Wald entdeckten wir eine kleine Hütte. War hier irgendetwas Essbares? Wir brachen die Tür auf. Tatsächlich: Auf einem Regal lagen ein paar Eier! – Ein Geschenk. In dieser Situation schmeckten rohe Eier wie der schönste Sonntagsbraten!

Weiter hinauf. Auf der obersten Alm entdeckten wir eine bewirtschaftete Hütte. Der Wirt konnte uns eine Suppe bieten, mehr nicht. Also weiter nach Oberstaufen. Dort sollte es ein Verpflegungsdepot der Wehrmacht geben. Das wäre doch ein Ziel. „Da müssen wir hin!“

Doch einige deutsche Soldaten kamen uns entgegen, genau von Oberstaufen.

„Das Verpflegungsdepot wollt ihr stürmen? Das schafft ihr nie! Das ist schon fest in der Hand der Franzosen.“ Als unser Zugführer dies hörte, löste es bei ihm neue Gedanken aus.

„Keine Chance?“

So gab er uns den Befehl, aufzugeben und uns von unseren Waffen zu trennen. Die alten Knarren wurden kurzerhand auf die Almwiese geworfen. Hinter uns lagen nur noch einige Kilometer Berge und Wald bis zur Grenze nach Österreich. Das also war das Ende des Krieges, das Ende des Krieges für uns.

„Jeder schlägt sich nach Hause durch“, lautete die Parole.

Der Hunger trieb uns ins Tal. Oben auf den Bergen gab es nichts mehr. Also gingen wir zu viert hinunter und fanden einen Bauernhof.

„Dürfen wir bei Ihnen im Stall übernachten?“

Der Bauer sagte: „Ja“. Wir waren vier junge Arbeitsdienstleute. Also machten wir es uns bequem unter den Futterkrippen der Kühe. Der Bauer kam und sagte: „Ihr dürft in die Stube kommen.“ Es gab etwas zu essen. Mit den Bauersleuten und ihren Kindern saßen wir um den großen Tisch. Jeder bekam einen Löffel. Alle aßen aus der gleichen Schüssel. Es gab Milchsuppe. Die schmeckte ausgezeichnet nach den Tagen ohne etwas zwischen den Zähnen. Doch Brot gab es nur wenig, nicht genug für alle, das war den Kindern vorbehalten.

„Klar, die brauchen es viel mehr als wir."

Mitten im Essen wurde die Türe aufgestoßen. Mit vorgehaltener Pistole rief ein Mann in gebrochenem Deutsch:

„Attention! Achtung! Sofort Pferde und Wagen! Très rapide, rapide, schnell! Ich will nach France!"

Wir saßen wie gebannt da mit der ganzen Familie. Der Bauer stand auf und drängte den Franzosen hinaus, um Frau und Kinder zu schützen. Wir Uniformierten gingen sofort raus aus der Stube in den Stall und spürten, dass es besser war, diesen Hof und die Familie so bald wie möglich zu verlassen, um sie nicht in noch größere Gefahr zu bringen. In der Morgendämmerung verließen wir den Hof in Richtung Immenstadt, den Alpsee entlang.

Sie haben uns!

„Da vorne sind doch Leute!", rief einer, nachdem wir schon einige Kilometer hinter uns hatten.

„Ja, es sind vielleicht Franzosen." Ich schlage vor, rechts den steilen Hang hinaufzuklettern und so die Blockade der Straße am Alpsee zu umgehen.

„Wir sind doch so jung und nur Arbeitsdienst, die werden uns nicht gefangen nehmen," meinten die andern.

Wenige Minuten später erwies sich dies als Trugschluss. Wir waren sofort willkommen in der Gefangenschaft bei den Franzosen, denn hier war die Straße von unseren Leuten gesprengt worden und musste nun repariert werden, damit die Fahrzeuge wieder durchkamen. Wir wurden abgetastet, nach Waffen durchsucht und mussten, wie andere Gefangene, sofort mit bloßen Händen Steinbrocken herbeischleppen und die Fahrbahn notdürftig ausbessern.

Über Nacht, als die Arbeiten nicht mehr weitergeführt werden konnten, kamen wir mit anderen Gefangenen in die verglaste Veranda eines Gasthofs. Es war bitter kalt. Also legten wir uns alle dicht an dicht auf den Holzboden und versuchten zu schlafen. Decken gab's natürlich keine, aber man konnte sich gegenseitig etwas wärmen, wenn sich alle auf die gleiche Seite legten. Nach zwei Stunden kam Bewegung in das Ganze. Wir drehten uns alle auf die andere Seite und lagen wieder dicht an dicht gedrängt, sodass wir uns auf diese Weise gegen die Kälte schützten.

Unsere Bewacher waren Marokkaner. Am folgenden Morgen wurden wir auf einen französischen Lastwagen gepackt und in einen anderen Ort verlegt. Die Straße führte durch eine Schlucht – unsere Schlucht – bei Immenstadt. Dichter Schnee verhüllte alles, was hier vor wenigen Tagen geschehen war. Von unserer Stellung ragten nur noch Holzreste und eine zerschossene Hütte aus der Schneedecke heraus. Lagen hier vielleicht noch einige gefallene Kameraden, über die der Schnee sein mildes, weißes Tuch gebreitet hatte?

Vieles ging mir durch den Kopf, immer wieder auch die Frage: „Hat meine Entscheidung, mich zum Spähtrupp zu melden, mir das Leben gerettet?“

Soll ich fliehen?

Wir standen mitten in einer geschlossenen, dunklen Scheune und warteten – zum Nichtstun verdammt. Jeder hatte nur einen Gedanken: „Wie lange dauert das noch? Das halte ich nicht lange durch! Wie komme ich raus?“ Das große Tor vorne war gut bewacht von marokkanischen Soldaten. – Aber hinten? Da gab es doch eine kleine Schlupftür gegen den Berghang, die wohl kaum bewacht war? Während ich Pläne schmiedete, wie ich an der Hangseite durch die Schlupftür entwischen könnte, wurde es mir schlecht. „Also nicht der Zeitpunkt zur Flucht“, sagte ich mir. „Mit einem Schuss wäre ich erledigt!“

Da wurde das große Scheunentor aufgerissen: „Raus, auf den Wagen! Allez rapide!“ Es ging irgendwo hin. Die Soldaten waren alle Marokkaner, die Offiziere Franzosen. Die Spannung zwischen den beiden blieb uns nicht verborgen. Die Marokkaner zeigten Gefühle, lachten manchmal, wenn etwas schief ging. Sie hatten fast ein Herz für uns als Gefangene, sie fühlten ein wenig mit uns, die Offiziere nicht!

Es war kalt, die Straßen waren nass, ein schmuddeliges Wetter. Wir standen dicht gedrängt auf der Ladepritsche eines LKWs. Keiner konnte umfallen. Unsere Bewacher aber saßen auf einem Anhänger, um uns immer im Blick zu haben und im Notfall auch schießen zu können – diese Position hatte für sie große Nachteile. Bei den nassen, verschneiten Straßen wirbelte unser LKW viel Dreck, Matsch und Schnee von der Straße auf, der unseren Bewachern direkt ins Gesicht geschleudert wurde. Ein wenig Schadenfreude konnten wir uns bei diesem Anblick nicht verkneifen.

Tagelang nichts zu essen. Schon vor der Gefangenschaft hatten wir ziemlich gehungert, da jede normale Versorgung zusammengebrochen war. Vor vielleicht zehn Tagen hatte unser Feldwebel noch ein großes Käserad auftreiben können, so wie der Käse auf der Alm hergestellt wurde. Es wurde ein großes Fest. Jeder bekam ein Stück davon. Ein Teil wurde gleich verschlungen, der Rest wurde zur eisernen Ration. War jetzt schon der Moment, sie anzubrechen?

Unsere Fahrt ging durch mehrere Dörfer. Am Straßenrand standen immer wieder Frauen, die ein eingewickeltes Vesperbrot zu uns auf die Ladepritsche warfen, was mit großem Jubel aufgenommen wurde. Der Gedanke an ihre Söhne oder Männer, die jetzt in der gleichen Lage waren wie wir, hatte sie dazu bewogen. – Die Franzosen waren natürlich mit den Massen von deutschen Gefangenen überfordert. Wie sollten sie uns alle gleich mit Nahrung versorgen können? An Hunger waren wir gewöhnt, er war nicht das größte Problem. Jeder von uns hatte seine eigene Angst und seine Sorgen.

In Isny hielt der LKW vor einem großen zwei- oder dreistöckigen Gebäude aus roten Backsteinen, offenbar eine Fabrik.

„Absteigen! Hinauf die Treppen!“ Dort saßen schon einige hundert Soldaten, die bereits mehrere Tage hier verbracht hatten. Schnell erkannten wir, was in dieser Fabrik hergestellt wurde: Peitschen! Jeder der Bewacher hatte mehrere Peitschen am Gürtel hängen. Für alle Fälle – für uns Gefangene.

Jeder fragte sich: „Wie wird es weitergehen?“ Da entdeckte ich, mir genau gegenüber unter dem schrägen Dach auf dem Boden kauernd, einen älteren Mann, ein Gesicht, das mir bekannt vorkam.

„Ist das nicht ... ist das nicht der Vater meines früheren Schulfreundes Dieter?“ Schließlich fragte ich: „Sind Sie nicht der Vater von Dieter?“

„Ja, der bin ich! Und du bist der Frowin“, kam es sofort. „Wir haben uns viele Jahre nicht mehr gesehen und jetzt finden wir uns unter solchen Umständen wieder! Welcher Zufall!“

„Wo wurden Sie geschnappt?“

In dieser Lage war jeder Bekannte, jeder Freund eine große Hilfe. Ein, zwei Stunden später fragte ich ihn: „Sollte ich je vor Ihnen entlassen werden, was möglich ist, könnte ich Ihrer Frau ein Lebenszeichen von Ihnen bringen. Schreiben Sie mir die jetzige Adresse von ihr auf mit einem Gruß!“

Kurz darauf rief einer unserer Bewacher: „Alle, die unter sechzehn sind, sollen sich melden. Sie werden entlassen!“ –

„Unter sechzehn?“

Das war ich nicht, sondern Siebzehneinhalb. Natürlich hatten die Franzosen eine solche Menge Gefangene gemacht, dass sie die Jüngsten loswerden wollten. Ich überlegte. Es war einen Versuch wert, vielleicht mit den 15-Jährigen entlassen zu werden. Ich wollte es versuchen.

„Unmöglich, du kommst nie durch“, sagten meine Kumpel, mit denen ich ja einiges erlebt hatte.

„Mehr, als mich zu schlagen mit den Peitschen, können sie eigentlich nicht“, entgegnete ich und versuchte es.

Unten im Hof bildete sich eine Marschkolonne von 40 oder 60 Gefangenen in Dreierreihen. Ich stand zufällig in der Mitte zwischen zwei andern und ziemlich am Ende der Kolonne. Ein französischer Offizier mit dem typischen hohen, runden Offiziershut und ein deutscher Offizier, der seine Achselstücke nicht abgemacht hatte, gingen der Kolonne entlang. „Papiere? Wehrpass? Welche Einheit? Wie alt sind Sie?“ Jeder wurde gefragt. Der deutsche Offizier sprach natürlich für jeden von uns: „Bei dieser Einheit war die Ausstellung eines Wehrpasses nicht mehr möglich!“; „Dort konnte eine solide Verwaltung nicht mehr aufrechterhalten werden“; „Diese Einheit musste in größter Eile zusammengestellt werden!“

Der französische Offizier zweifelte, aber ging weiter. Beide kamen näher.

„Wie alt sind Sie?“, wurde der Mann links von mir gefragt.

„15 Jahre!“ Dann der Mann rechts von mir: „Wo ist Ihr Wehrpass?“

„Ich habe nie einen bekommen!“

Und ich, ich wurde nicht gefragt! Einfach nicht gefragt! War es mein Milchgesicht – ohne Bart?

Wir, die durchgekommen waren, wurden daraufhin in dieselbe Seitenstraße geführt, in der wir Tage zuvor unsere Taschenmesser, unsere Uhren und unser Geld hatten abgeben müssen. Dort stand eine Baracke, eine Art Kommandantur. Um nicht aufzufallen, hatte ich mein Taschenmesser in die aufgehaltene Zeltplane geworfen. Keiner wusste, dass ich meine Uhr in einem Verbandspäckchen versteckt hatte. Mein restliches Geld hatte ich beim Warten in eine Hecke gesteckt. „Irgendein Kind wird es schon finden!"

„Heimatadresse?"

Ich erhielt einen französischen Passierschein einer marokkanischen Division. Er erlaubte mir, nach Leonberg in die List-Straße 44 zu gehen. Ich war frei, tatsächlich frei!

Warum ich?

Ich stand an der Straße in Isny. Ich konnte es kaum glauben – ich war raus! Meine Kumpel hatten es nicht gewagt, sich zu melden. Aber ich war draußen! Da begann ein langer Zug von Gefangenen an mir vorbeizuziehen nach Westen. Es waren meine Kameraden – und ich kam mir vor wie ein Verräter. Warum war ich frei? Womit hatte ich das verdient?

Schließlich waren die Letzten an mir vorbeigezogen. Es gab hier für mich nichts mehr zu tun. So setzte ich mich in Bewegung auf der Landstraße aus Isny heraus nach Norden. Memmingen war mein nächstes Ziel.

Ich überholte einen jungen Soldaten, der vor mir auf der Straße trottete.

„Wo willst du hin?"

„Nach Weil der Stadt!"

„Dann können wir zusammen gehen. Ich will nach Leonberg!" An etwas Essbares zu kommen, war unser nächster Gedanke.

Autos gab es keine, höchstens mal ein Militärfahrzeug. Doch links und rechts der Straße sahen wir immer wieder leere Schachteln, die von den Besatzern weggeworfen wurden. Bald entdeckten wir beim Aufmachen, dass darin oft noch ein oder zwei Kekse drin waren, offenbar Reste der „eisernen Ration", die jeder Soldat bei sich führte. So durchsuchten wir Schachtel um Schachtel auf beiden Seiten des Weges und wurden immer wieder fündig. Das rettete uns fürs Erste.

Schließlich erreichten wir Memmingen. Die Adresse des Bauern, bei dem ich meine Zivilklamotten gelassen hatte, war mir noch bekannt. So konnte ich wieder meine alte Windjacke und meine „Skihose" anziehen, sodass ich auf der Straße unauffälliger war, 1945 ein großer Vorteil. Unsere Bäuerin beschenkte uns hungrige Wanderer mit einem reichlichen Essen. Wir konnten im Heu übernachten. Meine Uniform blieb bei der Familie. Sie konnte noch im Stall oder auf dem Feld Verwendung finden.

Weiter ging es zum nächsten Dorf. Unsere Taktik mit den Schachteln links und rechts der Straße bewährte sich immer mehr. Als ein neues Dorf auftauchte, fragte uns eine Frau am Ortseingang: „Habt ihr den Karl Bauer oder den Gerhard Metzger gesehen?"

„Nein", können wir nur antworten. „Wo waren die zuletzt stationiert?"

Es war klar, unter den vielen Tausend Soldaten, die in diesen Tagen unterwegs in die Heimat waren, wäre es der größte Zufall, wenn wir einen dieser Namen gekannt hätten. So mussten wir die fragenden Frauen immer wieder enttäuschen. Jede Familie hatte ja einen oder zwei Söhne, Väter oder Brüder bei der Wehrmacht. Wo diese zuletzt waren, ob sie überlebt hatten, war alles ungewiss. Post gab es schon lange keine mehr.

Doch fast immer schloss sich an jedes Gespräch eine Einladung an: „Kommt herein, ihr kriegt eine Suppe oder etwas zu trinken." Die Frauen hofften natürlich immer, dass ihren Angehörigen, wenn sie wie wir unterwegs waren, auch etwas angeboten würde.

Das alte Ulm ist weg!

Wir zogen weiter nach Norden.

„In Ulm fährt sicher ein Zug!", wird uns gesagt.

„Sicher?"

Wir hofften es. Denn die Schuhe drückten und die Blasen an den Füßen machten sich bemerkbar. Doch als wir dem Bahndamm entlang hineinkamen nach Ulm, standen zwar noch einige Mauern vom Bahnhof, aber von Zugverkehr war weit und breit nichts zu sehen oder zu hören. Alles war zerstört, zerbombt, am Ende. Vom Bahnhof aus sah man den Turm des Münsters. Er ragte aus dem Ruinenfeld empor. Der Turm stand noch, ein Zeichen der Hoffnung. Doch sonst war alles flach, ein Schutthaufen am andern. Die Stadt war völlig zerstört.

Nächstes Ziel: Blaubeuren. Dorthin war die Mutter meines Schulfreundes Dieter aus Cannstatt „evakuiert" worden. Ihren Mann hatte ich ja unter dem Dach der Peitschenfabrik in Isny als Mitgefangenen entdeckt. Dorthin mussten wir. – Mit offenen Armen wurden wir aufgenommen, brachten wir doch gute Kunde, dass ihr Mann noch lebte. Also nahmen wir die Einladung, einen Tag bei ihr Station zu machen, dankbar an. Die Füße konnten sich so ein bisschen erholen für den weiteren Weg. Wir waren überglücklich. Das Gröbste war überstanden.

Mit frischer Kraft ging es am übernächsten Tag weiter nach Zainingen. In diesem Dorf auf der Alb durfte ich bei der Försterfamilie Schilling als Kind oft eine Woche Ferien machen. Auch in dieser Familie ein überaus herzlicher Empfang. Wir kamen wieder zu Kräften. Erinnerungen an glückliche Tage mit dem Förster im Wald auf dem Hochstand wurden wach. Auch das Honigschleudern oder das Bearbeiten eines Geweihs zum Aufhängen an der Wand, alles wurde wieder lebendig, wie wir es als Kinder in dieser wunderbaren Familie erlebt hatten. Es war eine „heile Welt“ gewesen. Und jetzt? Warum war so viel Furchtbares geschehen? Warum brach alles zusammen?

Doch nun gab es für so viele Väter nur eines: Wie kamen wir heim zu unseren Familien? Wir zogen weiter hinunter nach Urach.

„Ist da nicht ein Bauernfuhrwerk auf dem gleichen Weg wie wir?“

Ja, auch er will nach Urach. Also durften wir aufsitzen und ein Stück unserer Wanderung bequemer zurücklegen.

Urach – ein weiteres Stück Heimat lag vor uns. Hier war mein Vater vor 51 Jahren zur Welt gekommen.

„'s Schwobaländle hot ons wieder.“ Dieser Gedanke beflügelt jeden Schritt. Weiter zum Sieben-Mühlen-Tal. Letzte Übernachtung in Musberg bei fremden Leuten, die uns gerne für eine Nacht Quartier anboten.

Ab jetzt führte der kürzeste Weg nach Leonberg über die Autobahn. Autos gab es ja keine mehr, Benzin auch nicht. Und auf dieser Straße fuhr auch kaum ein Militärfahrzeug. Bald wussten wir, warum: Die große „Rohrbachbrücke“ im Kammerforst war gesprengt und das Ende der Fahrbahn am Brückenkopf nur notdürftig abgesichert – doch kein Problem für uns, die 30 bis 40 Meter tiefe Schlucht zu durchqueren.

Es war Sonntagmorgen, Pfingstsonntag. Alles war still, herrlicher Sonnenschein. Da tauchte endlich das kleine Städtchen Leonberg auf und damit die List-Straße 44, die ich erst vor wenigen Wochen verlassen hatte.

Noch einmal davongekommen!

Meine Mutter, mein Vater, meine Schwester Ilse und ich – wir fielen uns in die Arme. Ich war am Leben, daheim und frei! Der große Sturm war vorüber. Wir vier hatten alles überstanden, mein Bruder nicht.

Doch wie weiter? Das war die nächste Frage. Und sie löste sich sehr schnell. Überall waren die Wunden des Krieges sichtbar und „harrten der Heilung“: Wohl die Hälfte aller Dächer von Leonberg hatte Kriegsschäden. – Also fing ich an als Praktikant im Baugeschäft Mörk. Herr Mörk hatte uns ja vor Monaten nach Leonberg eingeladen, als er auf unseren Schutthaufen in Cannstatt gekommen war. Und die erste Aufgabe war: Ziegeldächer wieder dicht machen, wenn möglich mit alten Reserveziegeln, bei „Biberschwänzen“ mit Holzschindeln unter den Fugen. So hatte ich und Maurermeister Boger in der Firma mehr als genug Arbeit für Wochen und Monate. Und pro Stunde gab es sogar Geld: 43 Pfennig je Arbeitsstunde!

Meister Boger war meist still. Er sprach nicht viel, ein ruhiger Arbeiter, der aber immer weiter wusste und notfalls improvisieren konnte, in manchen Situationen von unschätzbarem Wert. – Auch das Dach der mittelalterlichen Stadtkirche in Leonberg war von einer Granate getroffen worden. Ein großes Loch klaffte über dem Chor auf der Südostseite. Also hieß es, auf 18-20 Meter Höhe über das alte, gotische Gewölbe des Chores hinaufzusteigen. Dort lagen die zersplitterten Dachsparren, Latten und Ziegel. Zwei Zimmerleute hatten das beschädigte Dach abgestützt, den steilen Gratsparren abgesägt und durch einen neuen Sparren ersetzt, sodass die tragende Konstruktion wiederhergestellt war. Jetzt lag es an uns Maurern, die Ziegel wieder so einzudecken und mit Reserveziegeln zu ergänzen, dass das Dach dicht war.

Gerüst gab es natürlich keines. So turnten wir geschickt in 20 Metern Höhe auf dem steilen Dach hin und her, in dem wir die Latten als festen Stand verwendeten und immer wieder festnagelten. Etwas Mut und Schwindelfreiheit waren erforderlich, aber ich schaffte es. Meine Mutter konnte die Baustelle aus einer Entfernung von etwa 500 Metern von ihrem Küchenfenster aus beobachten. Was würde ihr wohl durch Kopf und Herz gehen, wenn ihr Sohn dort Tag für Tag auf dem steilen Dach herumkletterte?

Gibt es normales Leben?

Im Lauf des Sommers 1945 stellte sich langsam so etwas wie „normales Leben" ein. Mit meinem Verdienst konnte ich im Laufe des Monats etwa 80 Reichsmark heimbringen. Ich war ein bisschen stolz darauf, dass ich auf diese Weise zum Unterhalt unserer geschrumpften Familie beitragen konnte – viel war damit nicht zu kaufen, es gab ja auch fast nichts. Mehl, Brot und Fett waren Mangelware, aber lebenswichtig. So konnten wir nach der Ernte Ähren lesen auf den Feldern zwischen Leonberg und Eltingen. Wie reich fühlte man sich, wenn wieder ein Säckchen Körner zusammengekommen war!

Aber das notwendige Fett oder Öl, um etwas kochen oder backen zu können? Dafür gab es Bucheckern unter den Buchen am Waldrand. Für ein kleines Säckchen Bucheckern konnte ich in der Mühle vielleicht einen halben Liter Öl eintauschen. Stolz kam ich ab und zu mit einem solchen Schatz wieder heim.

Aber wie heizen im bevorstehenden Winter? Wir brauchten Holz! Oft war ich mit meinem Vater unterwegs im nächsten größeren Wald, dem Kammerforst, um Holz zu sammeln, das uns gute Dienste leisten würde. Ein „Leiterwagen", den man ziehen konnte, ist jetzt ein wertvoller Besitz geworden. Man konnte ihn ja von den stolzen Besitzern leihen. Natürlich half jeder dem anderen, wenn er in Not war. Einige Male erhielten wir ein „Flächenlos", das den Einschlag kleiner Bäume in einem bestimmten Waldabschnitt erlaubte. Dieses Holz gab ja bekanntlich „dreimal Wärme“: Einmal beim Einschlagen, Sägen und Heimholen, einmal beim Spalten und einmal beim Heizen.

Meine Eltern hatten auch mit einer Familie im nahen Gebersheim Freundschaft geschlossen. So wanderten wir oft einige Kilometer am Sonntagnachmittag zur Familie Bolay, die einen Bauernhof hatte. Das war Gold wert. Meist kamen wir mit einigen Eiern, mit einem Brot oder etwas Gemüse wieder zurück.

Im Herbst 1945 nahmen die Schulen im Land wieder ihren Betrieb auf. Da wir in Sonthofen im letzten Jahr nur eine „Schnellbleiche“ erhalten hatten, war mir klar, dass ich versuchen sollte, ein normales Abitur zu machen. Hinter dem Zeugnis sollte ja auch das notwendige Wissen stehen. Außerdem hörte ich, dass manche unserer Mitschüler Schwierigkeiten hatten, mit unserem Abschlusszeugnis wegen seiner politischen Färbung das Studium an einer Universität beginnen zu können.

Das nächste Gymnasium für uns war in Korntal, die „Ulrich-von-Hutten-Oberschule für Jungen“. Mit einigem Herzklopfen ging ich mit meinem Vater zu dem entscheidenden Gespräch mit dem Direktor der Schule. Schulleiter Simpfendörfer gab mir eine Chance!

ZWEITE WELT

1945-1969

Wie mit dem Geschehenen fertig werden?

1953

Abenteuer zu dritt

Acht Jahre später saßen ein Bergmann, ein junger Norweger und ich aufgeregt bei einem großen Abendessen in Bonn mit Freunden aus der Schweiz, aus England, Skandinavien und Deutschland. Nach dem Essen fielen sich viele um den Hals. Großer Abschied. Morgen ging es los nach Japan. Mein erster Flug und gleich nach Japan! Für wie viele Monate, Jahre? – Es war offen. Am Tag drauf saßen wir drei im Flugzeug von Frankfurt nach Tokio, erreichten unsere Flughöhe. Ein Gipfel nach dem andern zog unter uns vorbei. Ein phantastisches Bild. Bald waren wir über Italien und der Adria. Die Aufregung legte sich. Abendessen wurde gereicht. Ich gewöhnte mich an das gleichmäßige Summen der Motoren, das uns jetzt tagelang begleiten würde.

Wir drei waren ein außergewöhnliches Gespann. Wir waren sehr verschieden, aber gute Freunde und arbeiteten seit Jahren zusammen. Jens aus Norwegen, etwas älter als ich. Er war über viele Schanzen gesprungen, hatte Humor und viel Lebenslust. Er kannte wie ich inzwischen viele Bergleute, Betriebsräte, Gewerkschaftler und Marxisten im Ruhrgebiet.

Max, früher Kommunist, war der Älteste von uns dreien, Bergarbeiter, Betriebsratsvorsitzender seiner Zeche in Moers. Nach über 20 Jahren Mitgliedschaft in der kommunistischen Partei KPD wurde Max Bladeck ausgeschlossen, als er durch den Kontakt mit uns nicht mehr der Parteilinie des Klassenkampfes folgte. Einigen seiner Parteigenossen, mit denen wir Freunde geworden waren, ging es ebenso. Sie wurden ausgeschlossen. Ein Schock für die Partei.

Statt des alten Klassenkampfes suchten wir im Bergbau die konstruktive Zusammenarbeit aller voranzubringen. Dies war nach dem totalen Zusammenbruch 1945 für den Wiederaufbau in Deutschland wesentlich. Nur so hatte auch die Demokratie bei uns eine Chance.

Die Landesregierung in Düsseldorf unterstützte uns. Ministerpräsident Karl Arnold wies seine Mitarbeiter im Zimmer 237 der Landesregierung an, uns bei unserer Tätigkeit behilflich zu sein. Dabei ging es um Kontakte, um Räume für die Aufführung unseres Schauspiels „Der vergessene Faktor", um Übernachtungsmöglichkeiten für Gäste aus dem In- und Ausland und um Essen. In den zerbombten Städten fehlte es an allem.

Viele Menschen wussten nicht, wie es weitergehen sollte, außer dass wir die Ruinen im Ruhrgebiet wieder aufbauen müssten. Jetzt kamen Engländer, Amerikaner, Norweger wie Jens und andere und boten uns Zusammenarbeit an. Sie sagten, nur durch die Änderung jedes Einzelnen sei eine Veränderung der Gesellschaft zu erreichen. Es gehe um Gottes Plan für unser eigenes Leben und für unser Land. Sie machten uns Hoffnung und fanden ein starkes Echo in der Öffentlichkeit.

In Japan hatte man von dieser positiven Entwicklung im Ruhrgebiet gehört. Diese Erfahrungen könnten auch dort beim Aufbau der jungen Demokratie eine Hilfe sein. Das führte zu der Einladung für uns drei. Wir sollten unsere Erfahrungen den Japanern weitergeben.

Im Flugzeug saß jetzt Jens neben mir, Max am Fenster.

„Kannst du irgendwelche Lichter sehen?" fragte Jens.

„Nein, es ist dunkel, man sieht nichts!"

Doch das Drosseln der Motoren zeigte an, dass wir zu einer Landung ansetzten. Mitten in der Nacht tauchten plötzlich Lichter auf. Damaskus. Unsere Propellermaschine brauchte wohl neuen Sprit. Nach kurzem Aufenthalt wurden die Motoren wieder angeworfen. Unser Vogel bewegte sich, leicht zitternd, zur Startbahn. Die Motoren heulten richtig auf und mit Vollgas rumpelte die schwere Maschine über die Betonpiste. Plötzlich hörte das Zittern der Maschine auf und wie auf einem weichen Luftpolster hoben wir ab von der Erde.

Ein erster Blick aus dem Fenster am frühen Morgen zeigte eine flache Landschaft mit Bohrtürmen. Es wurde Öl gefördert. Wir waren im Orient angekommen mit seinen völlig anderen Landschaften und Städten. Wir landeten schon wieder, diesmal in Basra, einer Stadt am Persischen Golf.

Jeder hängte seinen Gedanken nach. Was erwartete uns in dem unbekannten Land Japan? Wie bewältigten die Japaner die Folgen des Krieges? Wie bei uns wurde ja auch dort die demokratische Staatsform von der Besatzungsmacht eingeführt. Sie aber zu akzeptieren und mit Leben zu füllen, war vielleicht auch dort nicht einfach. Es brauchte auch bei uns Jahre, bis Wahlen stattfinden konnten, der Bundestag zusammentrat und eine Regierung gebildet wurde.

Schon bald musste unser Flugzeug wieder zwischenlanden, um zu tanken. Diesmal in Bahrein, einem der Emirate am Persischen Golf. Gleißende Sonne und Sand, Sand und nochmals Sand, dazu das tiefblaue Meer des Golfs begleiteten uns den ganzen Tag. Ich dachte zurück, wie ich vor Jahren, es war 1948, mit meiner Schwester nach München eingeladen wurde und auf eine internationale Gruppe stieß, die eine Revue zeigte. Der Titel hieß: „The good Road“ (Der gute Weg). Damals saßen wir zwei am nächsten Tag mit einem jungen Paar aus Amerika im „Haus der Kunst“ beim Kaffee zusammen. In diesem Gebäude hatte ich die früheren Ausstellungen in Uniform besucht. Loring Swaim und seine Verlobte nahmen sich Zeit für uns. Ich hatte noch nie einen Amerikaner ohne Uniform gesehen, geschweige denn gesprochen. Loring, schlank, blond, hoch gewachsen und seine Braut, sehr hübsch, beeindruckten mich. Waren die Alliierten, die unsere Städte zerbombt haben, nicht nur „Materialisten“ und „Kapitalisten“? Waren sie letztlich Menschen wie wir? Wir saßen lange beieinander ... In der Revue, die wir am Vorabend gesehen hatten, waren historische Vorbilder verschiedener Nationen dargestellt worden: Abraham Lincoln oder Thomas Jefferson für die USA mit der „Declaration of Independence“ (Unabhängigkeitserklärung), William III. für England mit der „Bill of Rights“, die „Jeanne d'Arc“ für Frankreich.

Und Deutschland? Wir wurden nicht angeklagt, wie üblich in der Zeitung, sondern an Johann Sebastian Bach erinnert, an das, was die Welt ihm verdankt. Dann zog ein alter, gebrochener Mann mit einem Leiterwagen über die Bühne, unsere Realität, das Flüchtlingselend. Es traf mich.

Ich selbst war 1945 verzweifelt wie viele. Wenn alles, das wir Jugendlichen geglaubt hatten, was uns die Lehrer gesagt hatten, nicht mehr richtig sein sollte, nicht mehr gelten sollte, wo ist dann eine unerschütterliche Grundlage, die sich nicht irgendwann in Luft oder in einer tiefen Verzweiflung auflöste? Was hatte Bestand? Die Kirchen waren voll. Aber wer konnte einen Weg zeigen? Wer war ehrlich? Ich suchte und suchte. Alle suchten wohl irgendeine Erklärung, einen gangbaren Weg. Ging es den Japanern ähnlich?

Das gleichmäßige Brummen der Motoren begleitete uns. Nächste Zwischenlandung in Bombay und weiter nach Delhi. Max saß am Fenster und meldete Jens und mir immer wieder, was er Neues unter uns sah: die Küste, die Städte, die Achttausender des Himalajas. Durch eine Schlechtwetterfront mussten unsere Piloten den Kurs ändern. So flogen wir Stunden um Stunden auf der Südseite des Himalajas entlang. Das „Meer“ der schneebedeckten Berggipfel auf der Nordseite, links von uns, war endlos. Es wurde zum zweiten Mal Nacht. Zwischenlandung in Kalkutta, einer riesigen Stadt. Die vielen Lichter der Zufahrtstrasse zum Flughafen ließen nicht die Armut und Not der Menschen erkennen, von denen man immer wieder hörte.

Not kannten wir ja auch, vor allem direkt nach dem Krieg. Alle hatten gehungert. Doch wir hatten angefangen, alles wiederaufzubauen, und einiges erreicht. Damals, Ende der Vierzigerjahre, hatte ich eine Baronin kennengelernt, die schon vor dem Krieg internationale Kontakte besaß. Sie versuchte, uns Jugendlichen durch die Bibel Hoffnung zu geben. Ich lernte auch ihre Tochter kennen, Frau Rathgens, deren Mann als Offizier nach dem Attentat auf Hitler am 20. Juli 1944 mit anderen ermordet worden war. Zum ersten Mal hatte ich Kontakt mit jemandem aus dem Widerstand. Standen solche Menschen hinter dem Attentat? In München half ich beim Auf- und Abbauen der Bühne. Dabei lernte ich Max Lassmann aus Frankreich kennen. Er hatte 16 Mitglieder seiner Familie in KZs verloren. Er sprach nicht darüber. – Wir arbeiteten gut zusammen. Ich traf Leif Hovelsen, der ein KZ in Oslo knapp überlebt hatte. Sie alle waren Teil dieser Gruppe, die auf mich den Eindruck einer weltumspannenden Familie machte. Meine Schwester und ich, wir wurden wie selbstverständlich in diese bunte „Familie" aufgenommen und zur Mitfahrt nach Stuttgart eingeladen. Dort waren wir nun– mit allen – Gäste in der Villa Reizenstein: Empfang durch den Ministerpräsidenten von Württemberg, Dr. Reinhold Maier.

Einer nach dem andern im Flugzeug stand auf, um die Beine zu bewegen. Wohin mit ihnen? Die Sitze waren eng beieinander. Max hatte weniger Probleme. Er war kleiner und von der Arbeit in der Zeche an enge Verhältnisse gewohnt, Jens und ich waren es nicht. „Da kommt unser Frühstück", meldete ich. Das weckte uns auf. Das Frühstück schmeckte. Wir wurden gesprächiger. „Weißt du noch, als wir uns vor Jahren kennenlernten? Wer von uns hätte damals von einer solchen Reise träumen können?"

In Bangkok, Thailand, mussten wir wieder tanken. Wir durften raus aus dem Flugzeug ins Empfangsgebäude. Ich ging die Gangway hinunter, zog meine Jacke an. Sie musste in der Nähe der Heizung gehangen haben, so warm war es. Auf dem betonierten Rollfeld sah ich plötzlich Krebse, die seitwärts liefen und sich durch uns Menschen nicht stören ließen. Da wurde mir bewusst: So warm war es eben in Thailand. Es war nicht die Heizung!

Kurzer Blick hinaus aus dem Gebäude: War das nicht ein Wasserbüffel, der träge in einem kleinen Flüsschen neben der Straße im Wasser lag? Ja, dem war auch zu warm hier, wie uns. Weiterflug über Vietnam. Ich sah viele kleine Dörfer in Wäldern. Hier waren wohl die Kämpfe der Vietnamesen gegen die französische Kolonialmacht. Der Name Dien Bien Phu hatte sich tief eingebrannt – es war das Ende der französischen Fremdenlegion als Besatzungsmacht. Einer unserer Vorfahren soll vor Jahrzehnten hier verschollen sein.

Ich dachte daran, wie alles anfing. Es war meine Begegnung 1948 mit John Pribram, dem Amerikaner, der eigentlich Tscheche war. Er wirkte immer fröhlich, obwohl er mit seiner Prothese Probleme beim Gehen hatte. In den USA kam er im Lazarett in Kontakt mit dieser internationalen Gruppe, die sich Moral Rearmament (Moralische Aufrüstung) nannte – ein merkwürdiger Name, wohl vor dem Krieg im Gegensatz zur militärischen Aufrüstung entstanden.

Bild 9: John Pribram.

Damals, 1948, lehnte ich seine Aufforderung zur Mitarbeit ab und begann mein Studium an der Technischen Hochschule Stuttgart. Mein Vater hatte Bedenken, ob ich tatsächlich das Zeug hätte zum Architekten. Das wollte ich beweisen. Im Frühjahr 1949 nach dem ersten Semester tauchte John plötzlich wieder in Leonberg auf und fragte, ob ich jetzt Zeit hätte.

„Für 14 Tage, ja, bis zu meinem nächsten Semester."

Tags darauf stand er mit einem alten „Stationwagen", einem Auto mit lackiertem Holzaufbau vor unserer Haustür. Ich packte meine Sachen und ging mit.

Wir fuhren über die Autobahn nach Mannheim, wo die internationale Gruppe jenes Schauspiel mit dem Titel „Der vergessene Faktor" zeigte. Unterwegs kamen wir bei Pforzheim an einer amerikanischen Tankstelle vorbei. John hielt den Wagen an und sprach von einem „Milkshake". Ich wusste nicht, was das war, war aber angetan, als ich die Mischung aus Eis und Sahne auf den Tisch bekam. John lud ein. Für uns Deutsche war die Raststätte damals gesperrt. Köstlichkeiten wie „Milkshakes" waren unerreichbar.

In Mannheim konnte ich wieder beim Aufbau der Bühne mithelfen und wurde eingeladen, im „internationalen Chor" mitzusingen. Für die Tage dort konnte ich bei einer Familie wohnen, die ich nicht kannte, die aber für die „gute Sache" ein Quartier anbot. Die Mannheimer waren angetan von den Gästen und ihrem Schauspiel. Nach einer Woche ging es weiter nach Freiburg, später nach Tübingen. Meine Eltern kamen. Sie wollten wissen, was ich mache. Ich fragte mich: „Ist diese Arbeit, Brücken zwischen Menschen und Völkern zu bauen, wichtiger als mein Studium?" Es gab einen Kampf, hin und her. Hier ein Weg aus der tristen Nachkriegszeit heraus, dort der nächste Schritt zu meinem Berufsziel. Ich sprach mit meinen Eltern und beschloss, ein Urlaubssemester einzulegen. Ich schrieb einen entsprechenden Brief an die Hochschule. Das Urlaubssemester wurde genehmigt.

Mein Vater war dagegen, meine Mutter unterstützte mich. So zog ich weiter mit diesem Schauspiel durch Städte wie Koblenz, Köln, Düsseldorf, Essen und andere im Ruhrgebiet.

Nach dem Urlaubssemester wurde ich eingeladen zu einer Weltkonferenz in Caux in der Schweiz. Für uns damals ein Schlaraffenland: keine zerbombten Städte, keine Ruinen, keine dauernde Auseinandersetzung mit unserer Vergangenheit. Es war, wie wenn ein Fenster zur Welt aufgestoßen wurde.

Bild 10: Mountain House in Caux sur Montreux, Schweiz

In der traumhaften Bergwelt über dem Genfer See, begegneten sich bei der Konferenz etwa 500 Gäste aus aller Welt und kamen miteinander ins Gespräch. Ich konnte jetzt genügend Englisch, um für Bergleute aus dem Ruhrgebiet, für Gewerkschaftsführer aus England und Deutschland, für schwarze Freiheitskämpfer aus Johannesburg in Südafrika oder für Inder und Japaner im Gespräch mit deutschen Politikern übersetzen zu können. Dies geschah oft bei Mahlzeiten, bei einem Spaziergang, bei gemeinsamer Arbeit in der Küche oder beim Empfang neuer Gäste. Eine ganze Reihe unserer Politiker der Nachkriegszeit, auch Konrad Adenauer, Robert Schuman, Minister verschiedener Regierungen, Mitglieder des Bundestages und Ministerpräsidenten der Bundesländer kamen und ergriffen in Caux die Möglichkeit, mit Verantwortlichen anderer Nationen Kontakt aufzunehmen. Eine Frau aus Frankreich hatte mich am meisten beeindruckt: Irene Laure. Sie erzählte ihre Geschichte und bat uns Deutsche um Vergebung für den Hass und die Bitterkeit, die sie jahrelang gegen uns gehegt hatte. – Uns um Vergebung bitten? Das war neu. Ich erfuhr mehr, was dahintersteckte. Sie hatte in Marseille während des Krieges Hungermärsche gegen die Besatzung angeführt. Sie wurde verhaftet und verhört. Das Schwerste: Ihr Sohn wurde vor ihren Augen gefoltert, um aus ihr die Namen von Widerstandskämpfern zu erpressen. Gibt es etwas Schwereres für eine Mutter?

Bild 10a: Mme. Irene Laure.

Ihr Hass gegen alles Deutsche war zu verständlich. Zwei oder drei Jahre nach dem Krieg war sie nach Caux eingeladen worden. Sie war Vorsitzende der Sozialistsichen Frauen Frankreichs und Abgeordnete von Marseille im Parlament. Als sie entdeckte, dass auch Deutsche da waren, wollte sie am nächsten Tag wieder abreisen. Eine gute Freundin stand ihr zur Seite und fragte, wie Europa nach diesem Inferno wiederaufgebaut werden könnte – ohne die Deutschen?

Sie hatte sich zurückgezogen in ihr Zimmer, war einen Tag und eine Nacht dortgeblieben, ohne zu schlafen und zu essen. Am Morgen des zweiten Tages war sie schließlich bereit, mit einer deutschen Frau zu frühstücken. Sie überschüttete die andere mit allem, was sie gefühlt und durchlebt hatte. Die Deutsche war Clarita von Trott. Ihr Mann, Adam von Trott, war einer der Männer des 20. Juli 1944 gewesen. Nach dem Fehlschlag des Attentats war er hingerichtet worden.

Nachdem die beiden Frauen lange gesprochen hatten, rang sie sich dazu durch, über das Erlebte öffentlich zu sprechen. Es geschah vor vielen hundert Menschen. Sie erklärte, sie hätte Deutschland so gehasst, dass sie sich wünschte, dass es von der Landkarte verschwinden würde. Dann bat sie die anwesenden Deutschen um Vergebung für ihren Hass.

Nach diesen Worten sei eine Deutsche zu ihr nach vorn gekommen und habe ihre Hand genommen. Irene Laure sagte, sie habe ein solches Gefühl der Befreiung empfunden, dass ihr war, als nähme ihr jemand ein schweres Gewicht von den Schultern. In diesem Augenblick hätte sie gewusst, dass sie die Botschaft von Vergebung und Versöhnung in die Welt tragen müsste. Sie tat es.

Damals gab es ja noch keine Bundesregierung, nur Bundesländer. Doch Ministerpräsidenten wie Reinhold Maier von Württemberg, Karl Arnold von Nordrhein-Westfalen und Edzard Reutter von Westberlin luden sie ein. Sie sprach in zehn von elf Landtagen. Es kam zu bewegenden Veranstaltungen in verschiedenen Städten, wie ich hörte, wenn sie vor Tausend oder Zweitausend Menschen über ihre Erfahrung berichtete und die Anwesenden um Vergebung für ihre Bitterkeit gegen uns Deutsche bat. Der Rundfunk sorgte damals dafür, dass ihre Botschaft, ihre zur Versöhnung ausgestreckte Hand, von vielen gehört wurde.

Wieder einmal mussten wir runter, um zu tanken. Hong Kong war das nächste Ziel. Von der Stewardess erfuhr ich: „Der Anflug hier ist sehr schwierig. Der Pilot muss tief über einen Sattel zwischen zwei Bergen fliegen und sofort die Landung mit einer Kurve einleiten, sonst erreicht er das Flugfeld vor dem Meer nicht.“

Wir landeten sicher. Wir waren tatsächlich in der berühmten Stadt. Übernachtung in einem Hotel in Kowloon, dem Stadtteil auf dem Festland. Unser Flugzeug konnten erst am kommenden Morgen weiterfliegen. Das unterbrach endlich das lange Sitzen! Hong Kong lag auf einer Insel, einem felsigen Eiland. Also reichte es für einen kurzen Abstecher dorthin.

Wir setzten über auf die Insel der Wolkenkratzer mit einer Fähre, die den Passagieren ein Ober- und ein Unterdeck anbot. Europäer blieben meist am Oberdeck. Doch wir waren neugierig, wollten wissen wie es unten aussah. Zu dritt fühlten wir uns auch jeder Überraschung gewachsen. Natürlich war es naiv, sich in irgendeine kritische Situation ohne einen einheimischen Freund zu begeben.

Pulsierendes Leben in der Stadt. Die Hauptstraßen gut beleuchtet. Wir warfen auch einen Blick in kleine, enge, schummrig wirkende Nebenstraßen, in denen alles Mögliche angeboten wurde. Langsam wurde uns aber klar: Dies war nicht der beste Ort für uns drei „Greenhorns". Jeder sah von weitem, dass wir Fremde waren. – Max juckte es trotzdem. Er musste etwas einkaufen für seine Grete. So standen wir schnell in einem kleinen Laden. Er bekundete sein Interesse für ein schönes Geschenk. Doch er war schlau. „Much too expensive" (viel zu teuer), sagte er. – Wir verließen den Laden.

Wie erwartet, kam uns der Händler nach einer Minute nachgelaufen und bot Max einen erheblich günstigeren Preis an. Der Einkauf klappte. Max war mit vielen Wassern gewaschen. Er war klein von Statur, hatte eine große Denkerstirn und war immer zu einem Scherz aufgelegt. Das würde uns in Japan helfen.

Zurück im Hotel bestellten wir ein landesübliches Abendessen. Der Kellner servierte. Doch die Frage war: „Wie isst man diese Köstlichkeiten mit chinesischen Stäbchen?" Höflich und geduldig zeigte er uns, wie das eine Stäbchen mit den Spitzen von Daumen, Zeigefinger und Mittelfinger fest und zugleich beweglich angefasst wird. So konnte man tatsächlich mit den beiden Stäbchen in einer

Hand eine bewegliche Zange bilden, um eine Portion Reis, weich und klebrig gekocht, Nudeln oder Gemüse wie Bambussprossen aufzunehmen.

Wir hatten große Schwierigkeiten. Aber das Essen schmeckte. Wir gaben nicht auf, bis wir es gepackt hatten, ohne Messer und Gabel zu essen. Ein langes Abendessen, vielleicht zwei Stunden. Doch wir wollten uns auf Japan vorbereiten. Am nächsten Morgen ging es früh los. Das ruhige, gleichmäßige Summen der Motoren begleitete uns wieder.

Ich dachte an die Zeit in England 1951/52. Ich war in vielen Familien in Ost-London zu Gast, wo in den ersten Kriegsjahren die meisten „V-Waffen" niedergegangen waren. Trotzdem wurde ich als junger Deutscher immer herzlich aufgenommen. Eines Tages wurde ich eingeladen, in einer Gewerkschaftsversammlung der Hafenarbeiter zu sprechen. In einem der Londoner Doppelstock-Omnibusse fuhr ich vorbei an der St. Pauls Kathedrale, immer noch mit mir ringend, was sollte, was kann ich als Deutscher hier öffentlich sagen? Die vielen zerstörten deutschen Städte, die unter dem englischen und amerikanischen Bombenhagel gelitten hatten, gingen mir durch den Kopf. Natürlich auch alles, was uns bis dahin über Auschwitz und andere KZs bekannt geworden war.

Schließlich rang ich mich durch zu der Position: Die Engländer sind vor Gott für ihre Taten verantwortlich, wir für unsere. Dazu musste ich stehen. So sprach ich offen aus, was ich empfand. Am Schluss kam der Vorsitzende der Gewerkschaft auf mich zu und lud mich ein, anschließend in seine Familie zu kommen. Wir fanden Vertrauen zueinander, obwohl er sich als Besatzungssoldat bei uns in der englischen Zone geschworen hatte, nie mehr mit Deutschen Kontakt zu haben! Aber jetzt sollte ich seine Frau und Kinder kennenlernen.

Unvergesslich ist mir, wie ich eines Tages als junger Deutscher dem Chef der polnischen Exilarmee im Krieg, General Bor Komorowski, vorgestellt wurde. Er hatte den Aufstand seiner Landsleute im Warschauer Ghetto gegen die Deutschen geleitet, der von unseren Truppen blutig niedergeschlagen wurde. Er war befreundet mit meinen Gastgebern in England. Damals gab es ja so gut wie keinen Kontakt zwischen Deutschen und Polen. Zu viel war geschehen, lag zwischen beiden Völkern. Was heute leicht erscheint, war damals fast unmöglich.

Wir flogen lange über dem Meer. Plötzlich tauchte auf der linken Seite, der westlichen Seite zwischen den Wolken und den Nebelschwaden ein Schneeberg auf, der Fujiyama, der „Heilige Berg" Japans. Majestätisch wirkt er, wann immer man ihn sieht mit seiner Kegelform und dem Vulkankrater an der Spitze. Wir waren unserem Ziel sehr nahe!

1953–1955

Tokio – Wie in einer anderen Welt!

Haneda – Airport – wir waren am Ziel. Einige Japaner und Amerikaner begrüßten uns, die Japaner mit ihrer sprichwörtlichen Höflichkeit, Verbeugungen ohne Ende, an die wir uns sehr gewöhnen mussten. In alten amerikanischen Wagen ging es schnell hinauf zu einem etwas höher gelegenen Stadtteil der riesigen Hauptstadt, nach „Azabu Fujimicho" (Azabu Fuji-Blick). Ein Tor öffnete sich zu einem von Mauern begrenzten Grundstück. Wir waren da.

Mitten in dem großen Garten stand ein stattliches, zweigeschossiges Gebäude mit der typisch japanisch-chinesischen Dachform, bei der die Ziegel am Dachrand wieder einen kleinen Schwung nach oben erhalten. Im Garten sah man merkwürdige Skulpturen aus Stein, die wie große Laternen aussahen. Eine andere, fremde Welt. – Später erfuhr ich, dass dieses Haus früher die chinesische Botschaft in Japan war. Das erklärte manches, ein Haus mit Geschichte.

Jens, Max und ich bekamen als Domizil zwei kleine Zimmer, davon eines mit Stockbetten im Anbau an eine Garage zugewiesen. Das war also unser erstes Zuhause in Japan. Im Hauptgebäude wohnten etwa ein Dutzend Männer und Frauen, die uns in ihrer „internationalen Großfamilie" willkommen hießen. Hausherrn waren Dr. Tojo Sohma und seine Frau, zusammen mit einem älteren Ehepaar aus den USA. Die anderen, jüngeren Mitarbeiter und Mitarbeiterinnen kamen aus Dänemark, England und Japan. Eine bunte Gesellschaft mit viel Spaß, aber auch großen Zielen.

Bild 11: J. Wilhelmsen, F. Junker und M. Bladeck (v.l.n.r.)

Alles war neu und ungewohnt. Am ersten Tag versuchte ich, die engste Umgebung des Hauses zu erkunden. Überall nur unverständliche japanische Schriftzeichen. So musste ich mir genau merken, wie ich wieder zurückfand, falls ich irgendwo verloren wäre. Denn ich konnte hier nicht erwarten, dass Passanten auf der Straße Englisch verstanden. Also notierte ich mir die japanischen Schriftzeichen, die auf einem öffentlichen Bus angegeben waren, der in der Nähe hielt.

Zwei Tage später wurden wir drei Neuankömmlinge von einem japanischen Geschäftsmann eingeladen, ein Stück des echten, alten Japans kennenzulernen. Wir fanden uns in einem wunderschönen Park mitten in Tokio wieder und gingen auf ein kleines „Teehaus" zu, alles gebaut mit natürlichen Materialien und viel Holz.

Die Eingangstür war sehr niedrig, man musste sich tief bücken. „Warum" war unsere erste Frage? – Die Begründung überraschte: Wer zur Teezeremonie kam, musste draußen sein großes Schwert ablegen, musste ohne Waffen erscheinen. So also war es Sitte bei den alten Samurai-Kriegern.

Wir saßen mit gekreuzten Beinen auf Strohmatten. Vor uns, etwas erhöht, eine Japanerin, eine „Geisha", wunderschön gekleidet in einem farbenprächtigen Kimono, die langen schwarzen Haare kunstvoll mit Hölzern hochgesteckt. Die erlesenen Blumen, der Farbton der Wände, der Decke, alles war mit viel Geschmack und bis ins letzte Detail überlegt, gestaltet. Sie würde uns in die traditionelle Teezeremonie einführen.

Sie brachte Wasser zum Kochen und rührte ein besonders ausgewähltes japanisches Teepulver in das kochende Wasser ein. Alles geschah in reizvoll verzierten, dunkelbraun lackierten Holzschalen. Der Tee wurde immer wieder mit einem außergewöhnlichen „Schneebesen", der wie ein Rasierpinsel aussah, geschlagen, bis er nach einiger Zeit zum Trinken gereicht wurde. Er wurde „gereicht". Alles musste seine besondere Form haben.

Ich versuchte, das Getränk zu genießen. Doch der Geschmack war für uns westliche Besucher völlig ungewohnt, bitter. Aber wir waren uns der Verpflichtung des Besuchers bei dieser Zeremonie bewusst, auch wenn die Knie bei der ungewohnten Sitzhaltung auf dem Boden auf die Dauer kaum mithielten.

Jens und ich rutschten hin und her auf den Strohmatten. Wo sollte man die Beine hintun, wenn man diese Art des Sitzens nicht gewohnt war? Max hatte es da leichter. Als Bergmann im Kohlenpott musste er oft tagelang auf den Knien in der Hocke die Kohle aus dem Gestein heraushauen. Aber wir waren Gäste. Wir waren höflich und ließen uns so wenig wie möglich anmerken.

Dies also war die Einführung in die Jahrhunderte alte Tradition der japanischen Teezeremonie. Den Tee selbst sollten wir in den kommenden Monaten und Jahren noch sehr schätzen lernen.

Wir sind in Kyoto, der alten Hauptstadt Japans

Einige Tage darauf wurden wir in die frühere kaiserliche Hauptstadt eingeladen. Für einen angehenden Architekten ein Leckerbissen, da diese Stadt einen Einblick in die traditionelle Baukunst des Landes gewährte wie wohl keine andere. Doch viel Zeit für solche Überlegungen und Architektenträume gab es nicht. Wir wurden erwartet von der Industrie- und Handelskammer Kyotos zu einem Empfang in einem historischen Restaurant der Stadt.

Wie kamen wir zu dieser Ehre? Wir waren ja keine Vertreter deutscher Firmen. Doch die Japaner hatten mit großem Interesse vom Wiederaufbau in Deutschland nach dem Krieg gehört. Dazu konnten Max und Jens einiges berichten, vor allem über die Zusammenarbeit von Gewerkschaftern, Betriebsräten und Direktoren des Bergbaus in dem Versuch, für die Bergleute wieder neue Häuser zu erstellen. Es ging auch darum, die Produktion in den Kohlengruben des Ruhrgebiets zu verbessern, Grundlage der wirtschaftlichen Erholung Deutschlands nach 1945.

Die Tafel war reichlich gedeckt, so sorgfältig und reichlich, wie ich es noch nie in meinem Leben gesehen hatte. Jeder Gast fand mehrere Teller an seinem Platz und mehrere Gläser um sein Gedeck. Als der Gastgeber bei seiner Begrüßung in japanischer Tradition der übertriebenen Bescheidenheit darauf hinwies, dass uns nur ein kleiner „Snack" (Imbiss) gereicht werden könnte, entfuhr mir auf Englisch die Bemerkung: „Wahrhaftig, ein kleiner Snack!", – doch das war ein großer Fehler, wie ich später erfuhr. Diese ironisch gemeinte Bemerkung wurde von den Japanern nur negativ verstanden, also nur herabwürdigend, nicht als Humor. Man konnte so seinen Gastgeber leicht verletzen.

Ich lernte bald mehr: Wenn ein Japaner einen Gast zu sich nach Hause einlud, drückte er dies auf Japanisch etwa so aus: „Darf ich Sie in meine armselige Hütte einladen?“ Und wenn er einem Geschäftsfreund seine Frau vorstellte, sagte er etwa: „Darf ich Ihnen meine dumme Frau vorstellen?“ Denn nie durfte er sagen, dass etwas, das zu ihm gehört, gut oder schön oder groß war.

Langsam lernten wir die japanische Höflichkeit kennen, fühlten aber gleichzeitig, dass wir uns sicher an vielen Stellen unhöflich benahmen, ohne uns dessen bewusst zu werden. Ohne unsere Übersetzer und japanischen Begleiter wären wir in dieser Umgebung verloren.

Unser nächster Termin war ein Besuch der bekannten Firma Mazda, die heute in der ganzen Welt ihre Autos verkauft, doch damals nur kleine Lieferwagen auf drei Rädern für Handwerker herstellte. Es waren im Grunde Motorräder mit einer Ladepritsche hinter dem Führerhaus, das überdacht war. Ähnliche Dreirad-Lieferwagen wurden vor dem Krieg auch in Deutschland hergestellt.

Wir waren untergebracht in einem kleinen Hotel japanischer Tradition. Ich stieg aus vor dem Hotel, da kam eine ältere Japanerin, eine Hotelangestellte im Kimono, an meine Seite und mochte mir den Koffer abnehmen, als es die Treppen zum Hoteleingang hinaufging. Ich war überrascht und fand es nicht angebracht, dass mir jungem Mann aus Europa von einer älteren Dame der Koffer getragen würde. Also lehnte ich höflich ab, hatte als Greenhorn natürlich noch keine Ahnung von den Gepflogenheiten dieses Landes und konnte es auch noch nicht auf Japanisch sagen, wo es heißen müsste: „Ije, domo arigato gozaimas!“ (Nein, vielen Dank!)

Die nächste Überraschung erlebten wir in unserem Zimmer. Ein wunderbarer „Tatami“-Fußboden aus geflochtenem Stroh, in zarten Farben gehaltene Wände aus verschiebbaren Wandelementen, mit „Japanpapier“ bespannt, erwarteten uns. Die Decke bestand aus eindrucksvoll gemaserten, sehr breiten Holzbrettern, die dem Gast nach japanischem Stil durch ihre abwechslungsreiche, natürliche Holzoberfläche auch im Liegen ein angenehmes, entspanntes Gefühl vermittelten. Alle Farben waren dezent, zurückhaltend, natürliche Materialien, sehr harmonisch. Wie kam sich ein Japaner wohl bei uns in Europa vor, wo er nur eine weiße Decke über sich sähe? Wir in Europa setzten ja viel mehr auf Kontrast bei der Gestaltung, allerdings nicht an der Decke. Und unsere Raufasertapeten würden vermutlich als sehr „langweilig, einfallslos" empfunden.

Für jeden von uns, auch für die Gäste aus Europa, lag ein japanischer Kimono bereit. Es wurde erwartet, dass man nach der Ankunft seine westlichen Kleidungsstücke ablegte und sich wie die Japaner für den Abend kleidete.

Plötzlich tauchte eine Angestellte des Hotels in unserem Zimmer auf und bot uns an, uns beim Auskleiden zu helfen. Wir lehnten dankend ab, genossen aber den grünen Tee, der uns zur Begrüßung gereicht wurde. Wir drei im Kimono mit unserem Begleiter, das musste ein Bild geben. Wir waren bester Laune und gespannt auf die nächste Überraschung.

Sie ließ nicht lange auf sich warten: Wir wurden eingeladen zu einem Bad, wie es üblich war, wenn man ankam. Max wagte sich als erster hinunter ins Bad. Nach wenigen Minuten tauchte er schon wieder auf. „Das ist unmöglich! Da baden Frauen und Männer ohne Badehosen oder Badeanzug in einem kleinen Schwimmbecken!" Wir waren in Japan, wir hatten es mit ganz anderen Sitten und Gebräuchen zu tun als bei uns in Europa. Es zeigte sich wieder, dass man in einem fremden Land ohne Begleiter oder Freunde auf ziemlich verlorenem Posten war. Wir verzichteten höflich auf das übliche Bad, das auch eine Art „Heizung" war und jeden Abend die Durchblutung und Entspannung förderte, aber wir genossen das köstliche Abendessen, auch wenn alles für uns sehr ungewohnt schmeckte.

Am kommenden Tag hatten wir nach einer kurzen Führung durch das Werk die Möglichkeit, in kleineren Gruppen mit den Arbeitnehmervertretern, mit der Geschäftsleitung und mit mehreren Arbeitern aus verschiedenen Abteilungen ins Gespräch zu kommen. Natürlich interessierten uns die Arbeitsbedingungen in diesem Land. Umgekehrt wurden wir ausgefragt nach unseren Erfahrungen im Bergbau und in den Betrieben in Deutschland.

Bild 12: F. Junker bei einem Vortrag vor Eisenbahnarbeitern in Aretsu.

Max konnte als Betriebsratsvorsitzender seiner Zeche in Moers von konkreten Beispielen im Kampf für bessere Arbeitsbedingungen berichten.

Bild 13: Erste Übernachtung in einem japanischen Hotel. F. Junker, J. Wilhelmsen, M. Bladeck, E. Goulding (v.l.n.r.).

Es wurde ein voller Tag. Wir mussten viele Fragen beantworten und konnten von positiven Erfahrungen aus dem Ruhrgebiet berichten, wenn Arbeitgeber und Arbeitnehmer ihr verständliches Misstrauen gegeneinander in Frage stellen ließen. Oft standen ideologische Hindernisse im Weg. Wurden sie erkannt und zugegeben, wurde das gemeinsame Ziel des Wiederaufbaus leichter und schneller erreicht.

GASTFREUNDSCHAFT JAPANISCHER FAMILIEN – DAS JAPANISCHE BAD

Wir waren noch nicht lange im Lande, da lernte ich das japanische Bad, das „Ophurowa“ kennen, ein besonderes Vergnügen. Es war Teil eines Lebensstils in den Familien.

Das Bad bestand aus einem Holzzuber, ähnlich wie die alten, die einst auch bei uns üblich waren. Er stand im Badezimmer. Ein kleines Gasfeuer unter einem Teil des Zubers heizte das eingelaufene Wasser auf eine Temperatur, die für uns mindestens sehr gewöhnungsbedürftig war. Es war richtig heiß.

Ein älterer Japaner, Sumi, führte mich ein in die „hohe Kunst“ des japanischen Bades. Es ging nicht so einfach wie bei uns in Europa. Als Erstes schöpfte man mit einer schönen hölzernen Schöpfkelle etwas aus dem heißen Wasser und goss es über sich hinunter, so gut es ging, auch etwas eine Kunst. Dann seifte jeder sich ein, bis er richtig sauber war und spülte den ganzen Seifenschaum wieder mit einer Schöpfkelle heißen Wassers ab. Jetzt begann das eigentliche Bad.

Mein Freund Sumi setzte sich in den Zuber über dem kleinen Gasfeuer. Längst war im ganzen Raum Wasserdampf verteilt, wir sahen uns kaum mehr. Nach einigen Minuten stieg er wieder heraus. Ob es jeweils fünf, acht, zehn oder 15 Minuten waren, bis einer wieder herausstieg, hing von seiner Konstitution ab. Wie lange hielt er es aus?

Sumi kam etwa nach zehn Minuten aus dem Wasser, rot gefärbt, aber fröhlich. Also versuchte ich es auch. Wenn er als älterer Herr das überstand, würde ich es auch überstehen, sagte ich mir. Doch lange hielt ich es nicht aus. Ich wurde bestens durchblutet und rettete mich nach wenigen Minuten wieder aus dem heißen Zuber.

Natürlich hatte ich mich vorher vorschriftsmäßig mit heißem Wasser übergossen, eingeseift und abgespült. Das war strenges Gesetz. Denn, wie ich es bei meiner Gastfamilie erlebte, wurde ich, der Gast des Hauses, als erster zu einem Bad eingeladen. Nach mir kamen die Kinder und die Eltern daran und zwar im gleichen Zuber mit demselben Wasser, das aber durch die gründliche vorherige Reinigung mit der Schöpfkelle recht sauber war. Das Bad war eigentlich ein Teil des Rituals in jeder Familie am normalen Abend nach der Arbeit. Man blieb zuhause, hatte sich von jeder unbequemen westlichen Kleidung, wie einem Anzug, befreit und zog seinen gemütlichen, warmen Kimono an, eine Art gefüttertem Bademantel. Dann war man bereit für die Abendmahlzeit. Das Ganze hatte noch eine andere Bedeutung: In Japan war es zwar im Winter nicht so kalt wie in Mitteleuropa. Aber es gab Tage, da fiel auch in Tokio auf Meereshöhe Schnee mit Temperaturen um den Gefrierpunkt. Da die alten japanischen Häuser keine Heizung besaßen, waren sie nicht sehr warm und das abendliche Bad ersetzte durch seine gute Durchblutung jedes Familienmitglieds diese Wärmequelle. So verbrachte man die Abendstunden sehr angenehm in seinem Kimono.

Mitten im Winter wurde ich eingeladen, bei den Eltern von Hideo zu wohnen. Hideo war Student, sehr höflich und zurückhaltend. Wenn er es möglich machen konnte, nahm er sich frei, um für mich oder Jens und andere von uns, die der Sprache nicht mächtig waren, zu übersetzen. Er war sehr bescheiden und still, sodass man aufpassen musste, dass man ihn nicht in irgendeiner Weise verletzte oder brüskierte. – Wir Europäer haben ja oft den Eindruck, dass wir nicht wissen, was hinter dem Gesichtsausdruck unseres Gegenübers in Japan oder China tatsächlich vor sich geht. Doch langsam bekam ich auch dafür ein Gespür.

Bis jetzt wohnte ich in einem Haus mit massiven Steinwänden, das eine Heizung besaß. Doch das Haus von Hideos Eltern war ein normales japanisches Holzhaus ohne Heizung. Als ich gerade erst angekommen war und mir ein Zimmer zugewiesen wurde, richtete ich mich etwas ein und wartete höflich, bis ich von der Familie zu einer Tasse Tee oder etwas anderem eingeladen wurde. Es war kalt, richtig kalt. Ich überlegte, ob ich ins Bett gehen müsste, um mich warm zu halten, oder was ich unternehmen sollte gegen eine mögliche Erkältung.

Da kam endlich die Rettung: Ich wurde eingeladen, ein Bad zu nehmen. Das Wasser war für mich heiß gemacht worden und ich wusste jetzt, wie ein Bad in Japan abzulaufen hat. Von dem Moment an war der Abend gerettet, ein schöner, warmer Kimono wurde mir angeboten und ich fühlte mich sofort sehr wohl in dieser Familie.

Mit dem Vater kam ich mehr und mehr ins Gespräch in Englisch. Langsam fand ich heraus, dass er eigentlich Chinese war, hoher Offizier unter der nationalchinesischen Regierung und eine Japanerin geheiratet hatte, die Mutter meines Freundes Hideo. Er wollte wissen, was mich als jungen Deutschen und meine Freunde dazu gebracht hatte, nach Japan zu kommen, und was unsere Ziele waren. Sicher hatte er von Hideo schon viel erfahren, wie wir versuchten, mit Studenten, Gewerkschaftern, Politikern und anderen Teilen der Gesellschaft in Kontakt zu kommen in dem Versuch, die junge japanische Demokratie bei ihrer Entwicklung zu stützen.

Wie erfreut war ich, als mein Gastgeber mich einlud, mit Jens und Max zum Mittagessen in eines seiner China-Restaurants zu kommen. Da erfuhr ich, dass er mehrere Restaurants aufgebaut hatte. Er war offenbar ein erfolgreicher Geschäftsmann. Beim Essen wurden wir natürlich ausgefragt, wen wir in der Stadt an diesem oder jenem Tag gesprochen hatten und mit welchem Ergebnis. Unsere Arbeit interessierte ihn und er lud uns ein, jederzeit, wenn wir Hunger hätten, in eines seiner Restaurants zu kommen. Er würde dann, wenn immer möglich, zu uns stoßen, um das Neueste zu erfahren.

Von der Geschichte Chinas hatte ich natürlich keine Ahnung. Erst sehr viel später konnte ich mir ein Bild von dem machen, was nach dem „Langen Marsch" unter der Führung von Mao geschehen sein musste. Mao hatte mit dem Rest seiner Truppen eine Strecke von etwa 10.000 km in den Norden Chinas zurückgelegt und dabei unzählige seiner Soldaten verloren. Von etwa 100.000 Mann sind nur etwa 4.000 angekommen. Doch sie wurden der Kern für seinen späteren Sieg über die Nationalchinesen unter Chiang Kai-Shek.

1953, etwa vier Jahre nach dem Sieg Maos, war mein Gastgeber überzeugt davon, dass sich noch versprengte Truppen der Nationalchinesen in den Weiten der chinesischen Wälder und Berge aufhalten würden.

Zu Gast bei Familie Kataoka

Mehrere Monate konnte ich bei Familie Kataoka wohnen, einer Familie mit drei Kindern. Der Hausherr kannte unsere Arbeit. Er wollte mehr erfahren, wie durch Ehrlichkeit in Betrieben Vertrauen und Zusammenarbeit wachsen können. Er setzte sich dafür ein, dass die Ziele der Moralischen Aufrüstung in seinem Land immer mehr Raum griffen. Sein Sohn studierte, war sehr fleißig und überraschte mich manchmal, wenn ich spät abends nach Hause kam und er noch über seinen Büchern saß.

Unvergesslich ist für mich ein Abend, als ich etwa um 23 Uhr heimkam und in seinem Zimmer noch Licht sah. Ich meldete mich und fragte, wie es ihm gehe.

„Gut!" Da stellte er mir die Gegenfrage: „Wie stehen Sie zu Hegel und Schopenhauer?" – Ich fiel aus allen Wolken! Er saß da über deren Bücher in deutscher Sprache und dachte natürlich, dass jeder Deutsche deren Bücher gelesen haben musste. Aber als angehender Architekt hatte ich mich nicht mit diesem Teil unserer

Geistesgeschichte befasst, eher mit dem Zeichnen von interessanten Bauten.

So musste ich ihm gestehen, dass ich zwar von der Bedeutung Hegels und Schopenhauers etwas wusste, aber in ihre philosophische Gedankenwelt nicht eingedrungen war. Ich konnte ihm nicht viel sagen. Im Philosophie-Unterricht vor dem Abitur hatten wir uns nicht eingehend mit ihnen beschäftigt. Trotzdem wurden der Sohn Kataoka und ich gute Freunde und konnten ab und zu miteinander Tennis spielen. Dies sah besonders sein Vater gern, da der Sohn in seinen Augen viel zu viel über den Büchern saß.

Vater Kataoka, ein stattlicher, beleibter Herr, war Generalinspektor der Japanischen Staatsbahn. Er hatte eine natürliche Autorität, war höflich, zurückhaltend, aber wenn er etwas sagte, hatte es Gewicht. Einmal durfte ich ihn auf einer Dienstfahrt begleiten. Es ging von Tokio nach Norden, an die Nordwestküste Japans, nach Nigata. An jeder Station, an der unser Zug hielt, kam der Bahnhofsvorsteher an unser Zugabteil und begrüßte den Generalinspektor mit größtem Respekt und vielen Verbeugungen. Oft ließ er dann für diesen und seine Begleiter ein Eis oder eine andere Erfrischung an den Zug bringen.

Von den fachlichen Gesprächen, die er führte, verstand ich natürlich absolut nichts. Doch ich wurde da und dort gefragt, warum ich in Japan sei, und konnte mit Hilfe eines Übersetzers berichten von der hoffnungslosen Situation in Deutschland nach dem Krieg und unseren Schwierigkeiten, eine demokratische Staatsordnung aufzubauen. Das stieß auf großes Interesse.

In Tokio hatte Familie Kataoka eines Tages einen besonderen japanischen Gast zu einem traditionellen Abendessen eingeladen. Ich durfte dabei sein. Es war kalt draußen, aber wir saßen im Wohnzimmer, der Gastgeber und ich im Kimono nach alter Tradition mit einem „Hibachi“ (gesprochen Hibatschi) – der übliche offene Holzkohleofen in einem großen Tongefäß. Der kleine Ofen stand glühend in einer quadratischen Vertiefung (ca. 100 cm breit und 50 cm tief) mitten im Zimmer, darüber ein niederer, schön polierter Holztisch, gerade so hoch über dem „Tatami"-Fußboden (aus Stroh geflochtene Matten), dass man die Beine unter den Tisch stellen konnte. So waren die Füße immer warm und die Mahlzeit konnte beginnen.

Dann kam die Hausfrau, Mutter Kataoka, vom Flur an die Tür des Zimmers, schob leise die Tür (mit Seidenpapier bespannte Holzrahmen) auf die Seite und reichte das Essen. Dies geschah mit höflichen Gesten, teilweise auf den Knien. Mir war etwas komisch zumute, da ich ja hier in der Familie bereits richtig zuhause war, aber so lernte ich die alte Tradition dieses Landes kennen.

Auf dem niederen Holztischchen befand sich eine weitere kleine Holzkohlen-Feuerstelle. Man spürte die Wärme und kannte den besonderen Duft, der sich dann im Zimmer verbreitete. In einer Pfanne über den glühenden Holzkohlen wurden Bambussprösslinge und anderes, wohlschmeckendes Gemüse in Sojasoße erhitzt. Jeder konnte verschiedene Gemüsearten, die in Schalen bereitstanden, in die Pfanne einlegen und sie waren in kürzester Zeit gar. An jedem Platz stand eine wunderschöne Porzellanschale mit frischen Holzstäbchen bereit für den Gast, um den einzelnen Speisen zu Leibe rücken zu können. Für jeden gab es auch ein rohes Ei, das man in einer anderen Schale aufschlug und mit den Holzstäbchen solange bearbeitete, bis Eierschaum entstanden war.

Das sehr dünn geschnittene Fleisch, das jeder für sich in die heiße Pfanne mit Sojasoße einlegen konnte, war nach wenigen Minuten braun gebraten. Mit den Holzstäbchen konnte man es gut in kleinere Stücke zerteilen, in die Schale mit dem schaumig geschlagenen Ei eintauchen und zum Mund führen. Einfach köstlich. Natürlich gab es dazu auch den obligaten Reis, oft stundenlang gekocht und klebrig. Dadurch konnte er auch leichter mit den zwei Holzstäbchen erfasst werden. Auch der berühmte japanische grüne Tee fehlte natürlich nicht. Alles schmeckte ausgezeichnet, eben „Sukiaki". Die Mahlzeit wurde zu einem richtigen kleinen Fest.

Nach einigen Wochen fühlte ich mich richtig zuhause in der Familie und lernte mehr und mehr, wie sich ein Gast in Japan verhielt. Abends, wenn ich nach Hause kam, gehörte es sich, die Hausfrau mit dem Wort „Tadaima" zu begrüßen. Das heißt etwa: „Ich bin wieder da." Darauf antwortete die Hausfrau jedes Mal: „Okaerinasai." Die Bedeutung dieser Antwort wurde mir nie übersetzt, aber ich konnte sie mir zusammenreimen. Ich wurde beinahe wie ein Sohn der Familie behandelt und aufgenommen, auch wenn ich nur wenige Brocken der japanischen Sprache beherrschte. Die Gastfreundschaft der Familie war einfach großartig und herzlich, auch wenn Frau Kataoka nur wenige englische Worte kannte. Mit Herrn Kataoka konnte ich mich einigermaßen in Englisch unterhalten. Wir haben auch viel über den Glauben von uns Christen gesprochen. Manches Mal konnte ich Erfahrungen mit dem Wort der Bibel weitergeben.

Monate später – ich war nicht mehr im Hause Kataoka zu Gast – konnte ich mit Herrn Kataoka ein längeres Gespräch führen. Da berichtete er mir von der schweren Aufgabe, die er nach einer Katastrophe der Japanischen Staatsbahn 1954 hatte übernehmen müssen. Bei der Überfahrt der Eisenbahnfähre „Toya Maru" von der Hauptinsel Honshu zur nördlichen Insel Hokkaido war die Fähre am 26. September in einem Orkan gesunken. Dabei waren 1.153 Menschen, Besatzung und Passagiere, ums Leben gekommen.

Die Direktion der Staatsbahn sandte Herrn Kataoka zur Unglücksstelle. Er musste im Namen der Staatsbahnen die Verantwortung gegenüber den Angehörigen übernehmen und, soweit möglich, helfen und Trost spenden. Eine übermenschliche Aufgabe. Wie weit er dieser gerecht werden konnte, weiß sicher niemand. Doch sagte er mir, dass er die Bibel dabeihatte, um die Angehörigen der

Opfer mit ihrer Botschaft zu trösten. Hatte er doch mehr aus der Bibel aufgenommen, als er uns sagte?

Wohin steuert die japanische Jugend?

Fusaichi Yamazaki, kurz genannt „Zaki", übersetzte für mich oft aus dem Englischen ins Japanische und umgekehrt. Seine Augen funkelten eigentlich immer voller Tatkraft, als fragten sie: „Was machen wir als Nächstes?" Er sprach zwar nicht besonders gut Englisch, aber so gut, dass er mich verstand und ich ihn. Es kommt ja nicht auf den perfekten Satzbau im Englischen an, zumal dies weder meine, noch seine Muttersprache war. Aber wichtig war, dass er das Wesentliche erfasste und weitergeben konnte.

Zaki war auch für einen Japaner eher klein, aber dynamisch und lustig. Wir wurden Freunde – es ist ja nicht sehr klug, als Europäer mit Japanern zu reden, selbst wenn sie Englisch können, ohne einen japanischen Freund bei sich zu haben. Man bleibt zu einem gewissen Grad immer der „Weiße", der „Europäer", keiner von „uns Japanern".

Eines Tages sagte er zu mir: „Wir sollten unbedingt den ‚NIHON SEINENDAN' kennenlernen!"

„Was ist das", fragte ich?

„Es ist die größte Jugendorganisation in unserem Land, die unbedingt von uns hören sollte."

Also stimmte ich zu, dass er einen Termin mit einem Verantwortlichen dieser Organisation vereinbarte. Zu viert zogen wir los zu diesem Gespräch: Don Libby, ein junger Amerikaner, der in Peking aufgewachsen war, Maas Mitani, ein japanischer Theologe, Zaki, mein Übersetzer, und ich.

Wir trafen einen Mann mit Namen Yoshiaki Sagae, vielleicht 30 oder 35 Jahre alt, in der Zentrale dieser Jugendorganisation. Er war höflich, wirkte aber verschlossen. Ich erfuhr, dass fast die gesamte

Jugend Japans, vor allem die Landjugend, in dieser Organisation Mitglied war, etwa 4.300.000 Jugendliche. – Offenbar wurde diese Organisation aus der Zeit vor dem Krieg in vielem einfach weitergeführt. Nach der üblichen, sehr höflichen gegenseitigen Vorstellung bei einer Tasse Grüner Tee wurde an mich als Deutscher die erste grundsätzliche Frage über die Ziele unserer Organisation in Japan gestellt: „Wie stehen sie zur Atombombe?"

Das hatte ich nicht erwartet. Ich musste schlucken. Was dachte er von uns? Wir hatten in Deutschland den Bombenkrieg zu genüge erlebt und es gab an dieser Stelle absolut keinen Kompromiss: „Nie mehr dürfen Atombomben irgendwo abgeworfen werden."

Die zweite Frage von Herrn Sagae an mich: „Wie stehen Sie zu China?" – Mao Tse Dung hatte mit seinen kommunistischen Resttruppen den berühmten „Langen Marsch" in den Nordwesten Chinas hinter sich gebracht und 1949 gegen die Nationalchinesen gesiegt. Das gesamte chinesische Festland war nun unter seiner Kontrolle.

„In dieser Ideologie sehe ich keine Zukunft für Japan nach allem, was wir in Deutschland von Karl Marx, Lenin und ihren Nachfolgern in Russland und in Ostdeutschland erlebt haben und wissen," antworte ich.

Die dritte Frage lautete: „Wie haben Sie in Deutschland den Wiederaufbau nach der Zerstörung im Krieg meistern können?"

Da konnte ich aus unserer Erfahrung im Ruhrgebiet berichten, von der beginnenden Zusammenarbeit zwischen den Gewerkschaften und den Direktoren im Kohlenbergbau mit dem Ziel, das zerstörte Ruhrgebiet wiederaufzubauen. Ich erzählte auch von ersten Schritten der Versöhnung zwischen Frankreich und Deutschland und von Erfahrungen mit anderen unserer ehemaligen Kriegsgegner. Das Gespräch wurde intensiver. Yoshiaki Sagae begann sich zu interessieren für die Inhalte und Motive unserer Arbeit: „Warum sind Sie nach Japan gekommen?"

Nach einem intensiven, bewegenden Gespräch kamen wir heraus aus dem großen Gebäude dieser zentralen Jugendorganisation und fragten uns: „Was treibt diesen Mann an? Was sind seine Ziele? Was vermittelt er der Jugend seines Landes?"

Wir schwankten zwischen „überzeugter Marxist" oder „verbitterter Nationalist". Keiner wusste es genau, aber das Gespräch hatte uns aufgewühlt. Es beschäftigte mich noch lange. Erst viel später sollten wir mehr erfahren.

Immer wieder dachte ich an diesen Mann und besuche ihn mit Zaki. Wenn ich morgens einen Abschnitt in der Bibel gelesen hatte und darüber nachdachte, welche Ziele für die Jugendlichen im Lande wichtig wären, plante ich wieder einen Termin mit ihm. Mehr und mehr stellte sich heraus, dass er wohl „der Vordenker" für die gesamte Jugendorganisation „Seinendan" war. Ich versuchte, in den Gesprächen auch meine Erfahrungen mit Gott weiterzugeben. Er hörte sehr aufmerksam zu, ließ aber nicht viel von dem heraus, was in ihm dabei vor sich ging. Doch wir wurden Freunde.

Viele Monate später konnten wir ihn einladen zu einer internationalen Konferenz in Mackinac in den USA – er lehnte ab.

„Nie im Leben werde ich nach Amerika gehen."

Da brach es aus ihm heraus, was er als Soldat im Krieg mitgemacht hatte: Wie die amerikanischen Truppen die Japaner durch ihre Materialüberlegenheit von einer Insel im Pazifik zur andern treiben konnten. Bitterkeit war das vielleicht stärkste Motiv geworden in seinem Leben. Man konnte es ein Stück weit verstehen. – Ging es nicht vielen bei uns in Deutschland ebenso? Warum hatten Kriegsheimkehrer so selten, so schwer von dem berichtet, was sie erlebt hatten? Aber wie stand es um die Schuld und Verantwortung Japans gegenüber Korea, den Philippinen, China, Indochina, Thailand, Indonesien und anderen Ländern Asiens? Wie hatten sich die japanischen Soldaten dort benommen? Wie hatten sie die Bevölkerung behandelt?

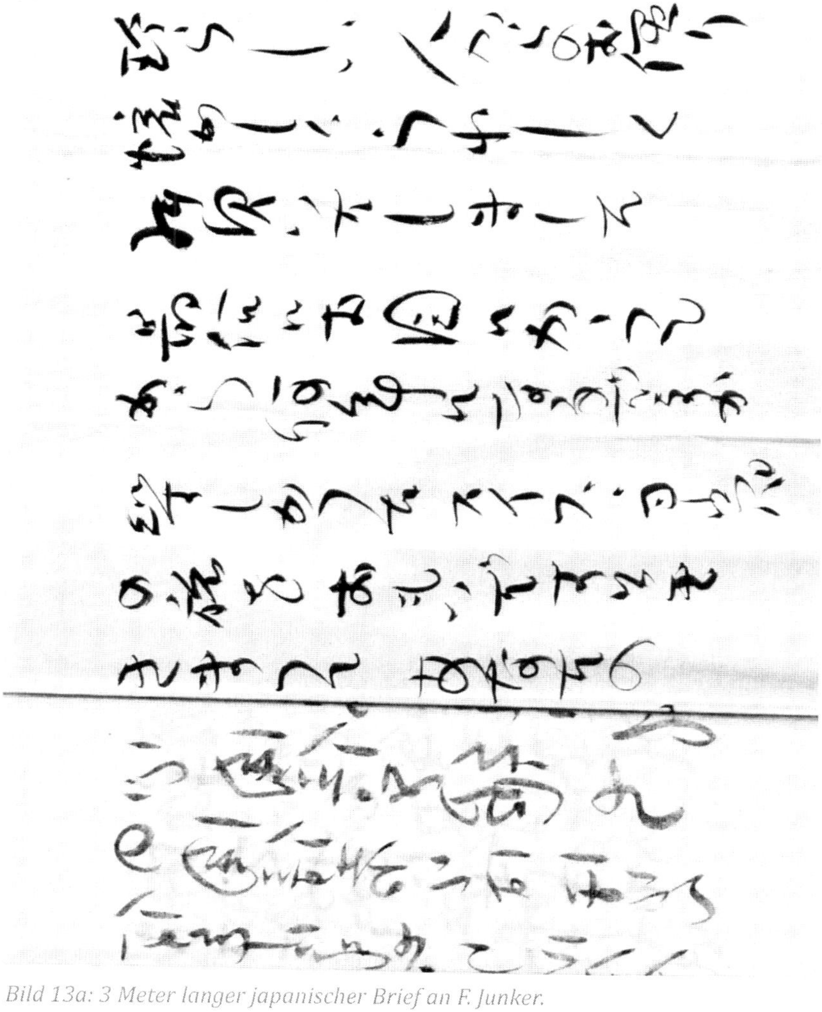

Bild 13a: 3 Meter langer japanischer Brief an F. Junker.

Durch Zaki, meinen Übersetzer, erfuhr ich, dass eine Reihe von Gedanken, die ich mit Yoshiaki Sagae in den Gesprächen angeschnitten hatte, ihren Weg in die Zeitschrift der großen Jugendorganisation gefunden hatten.

Wer diese Stadt einmal besuchen konnte oder in ihre Nähe kam, kann sich der Erinnerung an das Ungeheuerliche nicht verschließen. Mitten im Zentrum weist die bekannte Ruine mit den offenen Stahlträgern eines Kuppeldachs auf die Stunde der Zerstörung am 6. August 1945, früh am Morgen, hin. Keiner weiß die Zahl derer genau, die in dem Inferno den Tod fanden. Nach Schätzungen waren es am Tag des Abwurfs etwa 70.000 Menschen und in der Folge noch einmal die gleiche Zahl an Opfern.

Wie viele leiden heute noch unter den Folgen dieses Abwurfs?

Einer unserer Freunde, Katsuji Nakajima, Gewerkschaftsfunktionär der Metallarbeitergewerkschaft, befand sich zum Zeitpunkt des Abwurfs der Bombe am Rande der Stadt. Er hatte überlebt, doch die Strahlung hatte auch ihn erfasst. Er war verheiratet. Über Freunde erfuhr ich, dass er immer wieder zur ärztlichen Kontrolle gehen musste und ebenso seine Kinder. Denn sie hatten vom Vater das schwere Erbe der Strahlenschädigung als Hypothek mitbekommen.

Alle Welt kennt das berühmte Mahnmal in Hiroshima, wo nahe dem Zentrum des Atombombenabwurfs eine offene, parabelförmige Betonschale den Gedenkstein überwölbt. Auf diesem Stein steht eingemeißelt, wie es mir übersetzt wurde:

„Ruht in Frieden! – Wir werden den
Fehler nicht wieder begehen!"

Bild 14: Mahnmal in Hiroshima. Oberbürgermeister Hamai mit Gattin, E. Goulding, F. Junker, D. Libby, M. Bladeck (v.l.n.r.).

Der Oberbürgermeister von Hiroshima, Shinzo Hamai, hatte diese Worte in den Gedenkstein einmeißeln lassen. Er hatte vor Jahren von der Moralischen Aufrüstung gehört und fand ihre Botschaft zur Versöhnung zwischen ehemaligen Feinden wichtig für die Einwohner seiner Stadt. So hatte er auch Amerikaner in seine Stadt eingeladen und an internationalen Konferenzen der MRA teilgenommen. Am 6. August 1950, fünf Jahre nach dem Abwurf der Bombe, hatte er in einer Radiosendung über CBS in den USA erklärt: „Wir Bewohner von Hiroshima sind nicht verbittert gegen irgendein Land oder eine Nation, denn wir haben erkannt, dass solche Tragödien in einem Krieg geschehen. Das Einzige, um was wir die Welt bitten, ist, dass alle Menschen erkennen, was in Hiroshima geschehen ist, wie und warum es geschehen ist. Und dass sie alles in ihrer Macht stehende unternehmen, dass so etwas nirgends in der Welt wieder geschieht. Wir müssen die Fronten, die wir eigenwillig in unseren Herzen gezogen haben in Bezug auf Rassen, Nationalitäten und Klassen abbauen durch eine Änderung der Herzen."

Im Sommer 1954 wurde ich zu einem Treffen von etwa 120 Jugendführern aus ganz Japan eingeladen. Zaki, mein Übersetzer und ich waren untergebracht in einem Hotel in der Nähe des Jugendlagers. Aus unserem Zimmer sah man auf eine große Terrasse voll mit kleinen Bonsai-Bäumen, ausgewachsenen Bäumen, die nach japanischer Sitte über Jahre immer wieder beschnitten worden waren und sich somit zu kleinen Miniaturbäumen entwickelt hatten.

Außer uns beiden war auch ein Professor aus China im gleichen Hotel, ebenfalls eingeladen zur Tagung der Jugendführer. Ich war der einzige „Weiße" bzw. Nichtasiate, dessen war ich mir bewusst – nach meiner Einschätzung ging es darum, ob der Gast aus China die Jugendführer für den Kommunismus chinesischer Prägung gewinnen würde, was er sicher vorhatte, oder ob ich mit meinem japanischen Freund sie von der Demokratie und dem Weg der Freiheit überzeugen könnte. Es gab Gespräche und Diskussionen, natürlich ohne unmittelbar feststellbare Ergebnisse.

Im Rahmen dieser Konferenz wurde am Abend ein japanischer Film über den Abwurf der Atombombe auf Hiroshima gezeigt. Er hatte mich ergriffen. Man sah, wie Schulklassen mit ihren Lehrern versuchten, dem Inferno zu entfliehen, indem sie in den Fluss, der durch die Stadt fließt, flüchteten. Sie hatten keine Chance. Einer nach dem anderen der Lehrer und Schüler versank in den Fluten. Die Strahlung der Bombe war so vernichtend.

Der Film war so hart, so realistisch, dass er von der Regierung mit einem Verbot für die Öffentlichkeit belegt wurde. Niemand in Japan durfte ihn sehen. Aber den verantwortlichen 120 Jugendführern aus dem ganzen Land wurde er gezeigt!

Ich war noch aufgewühlt, als nach der Filmvorstellung am Abend alle um ein großes Lagerfeuer saßen. Als einziger „Gaijin" (Weißer) versuchte ich nachzuempfinden, was in den jungen Japanern vorgehen musste. Ihre Väter waren in diesem Krieg gewesen, waren Teil der japanischen Armee. Ihr Land hatte den Krieg gegen die USA am 7. Dezember 1941 mit dem Überraschungsangriff auf die amerikanische Flotte in Pearl Harbor auf Hawaii vom Zaune gebrochen. – Nach einiger Zeit rang ich mich durch und sagte mit Hilfe meines Freundes Zaki den Jugendführern, wie sehr ich getroffen sei, dass Gaijin dies den Menschen ihres Landes angetan haben.

Mit Kuribajashi, dem Vorsitzenden der Jugendorganisation, hatte ich noch lange Verbindung und von Yoshiaki Sagae erhielt ich Jahre später noch Briefe, die mit dem Pinsel auf „Japan-Papier" gemalt waren, richtige Kunstwerke. Jeder Brief hatte am Anfang und am Ende ein kleines Aquarell, ein oder zwei Vögel darstellend oder alte Japaner in ein typisch japanisches Gesellschaftsspiel vertieft. Es ist die höfliche Art, jemand in Japan mit einem Brief anzusprechen.

Gibt es Versöhnung zwischen Japan und seinen Kriegsgegnern?

In den 50er-Jahren waren in Japan Fragen der Vergangenheitsbewältigung noch sehr heiß, ähnlich wie bei uns in Deutschland. Alles war noch zu nah, zu direkt mit den jetzt Lebenden verbunden. Vor allem die Beziehungen zwischen Japan und seinen Nachbarn Korea, China und den Philippinen waren extrem belastet durch das, was im Krieg geschehen war. Es gab jedoch erste Ansätze, der Vergangenheit ehrlich ins Auge zu blicken. Bei internationalen Konferenzen der Moralischen Aufrüstung in Caux in der Schweiz, in Baguio in den Philippinen und in den USA gab es Kontakte und Gespräche zwischen den verfeindeten Nachbarn, wo bisher Eiszeit in den Beziehungen herrschte.

Japan war von 1905 bis 1945 Besatzungsmacht in Korea. Dies ging so weit, dass Korea als japanische Provinz eingestuft wurde und den Koreanern verboten worden war, ihre eigene Sprache in der Öffentlichkeit zu sprechen. Es führte Mütter dazu, in der Nacht ihre Kinder zu wecken, um mit ihnen ihre Muttersprache zu lernen. Ab und zu kam ich auch in Tokio in Kontakt mit Japanern, die mir im Gespräch nach näherem Kennenlernen sagten, sie seien eigentlich Koreaner. Sie hatten sich jedoch äußerlich voll in die japanische Gesellschaft integriert.

Während des Krieges waren auch koreanische Kunstschätze nach Japan gebracht worden und in private Hände gelangt. Niro Hoshijima, einflussreicher Abgeordneter der Regierungspartei im Japanischen Parlament, machte einen ersten Schritt zur Wiedergutmachung, indem er eines dieser Kunstwerke, eine aus Stein gehauene „Laterne“, nach Korea zurückgab. Er verband damit die Hoffnung, dass andere seiner Landsleute diesem Beispiel folgen würden.

Als 1955 eine internationale Delegation von Japan in die Philippinen reiste, konnte Niro Hoshijima als japanischer Politiker zum ersten Mal seit dem Zweiten Weltkrieg dort öffentlich in seiner, in der japanischen Sprache sprechen. Augenzeugen berichteten, der Anblick eines Japaners auf der Bühne habe unter den Zuhörern bereits einen Schock ausgelöst. Als er seine ersten Worte sagte, erhob sich ein drohendes Gemurmel unter den Anwesenden. Die Übersetzerin, Yukika Sohma, habe Tränen in den Augen gehabt, als sie seine Worte ins Englische übertrug: „Bitte, vergeben Sie mir“, sagte er und bat demütig um Vergebung für die Grausamkeiten, die die Japaner den Filipinos angetan hatten. „Die Moralische Aufrüstung ist daran, ein neues Japan zu schaffen und mit ihr kann ganz Asien zur Einigkeit zurückfinden.“ – Die Stille habe in großem Beifall geendet.

Kann Demokratie in Japan Wurzel schlagen?

Natürlich hatte Japan – im Gegensatz zu Deutschland – noch nie irgendeine Erfahrung mit parlamentarischer Demokratie als Staatsform gemacht, als diese ihm nach dem Krieg von Amerika als Marschroute vorgegeben oder aufgezwungen wurde. Doch in der großen Friedenskonferenz von San Francisco im Jahr 1951 erhielt Japan – im Gegensatz zu Deutschland - seine volle Souveränität zurück. Dies betraf alle früheren Teile des Landes bis auf die Inselkette der Kurilen im Norden. Der Friedensvertrag wurde von 49 Staaten unterzeichnet, allerdings nicht von der Volksrepublik China, nicht von der Sowjetunion und nicht von Indien. Der damalige Premierminister der Volksrepublik, Zhou Enlai, bezeichnete den Friedensvertrag als ungültig. Mit Inkrafttreten des Vertrags 1952 war jedoch die Zeit der Besatzung Japans durch die USA seit 1945 beendet. Dass der japanische Kaiser, der Tenno, als oberster Repräsentant des Staates, nicht völlig entmachtet wurde, dafür hatte sich der amerikanische Oberbefehlshaber, General Mac Arthur, aus seiner Kenntnis des Landes, eingesetzt.

Die ersten Schritte Japans auf dem Weg zur Demokratie waren schwierig, ähnlich wie in Deutschland. Es ging zunächst um Wege der politischen Willensbildung und den Aufbau politischer Parteien. Dies hatte in Japan dazu geführt, dass sich drei große politische Lager im Parlament gegenüberstanden: die konservative liberaldemokratische Partei, die rechtssozialistische und die linkssozialistische Partei Japans. Die beiden letzteren waren sich spinnefeind und völlig zerstritten, sodass viele Jahre lang die liberaldemokratische Partei immer die stärkste Kraft war und die Regierung stellen konnte. Erst bei den Wahlen im Jahr 2009 schien sich die Lage geändert zu haben. Nach fast 50 Jahren in der Opposition erhielten die Sozialisten zum ersten Mal die Chance, eine Regierung zu stellen.

Als Abgeordnete der beiden sozialistischen Parteien Max Bladeck kennenlernten, waren sie interessiert an den Erfahrungen, die in Deutschland nach dem Krieg gemacht worden waren. Als ehemaliger Kommunist, Bergmann, Gewerkschaftsfunktionär und Vorsitzender des Betriebsrats in seiner Zeche wurde er eingeladen, über seine Sicht der politischen Entwicklung in Deutschland zu berichten. Dabei ging es natürlich auch um den Klassenkampf und dessen Überwindung im Kohlenbergbau des Ruhrgebiets. Da in Japan die Kluft zwischen den beiden sozialistischen Parteien sehr groß war, mussten die Vorträge von Max allerdings getrennt stattfinden!

Interessant war bei solchen offiziellen Einladungen, bei denen Max seine Rede in deutscher Sprache hielt, wie wir seine Aussagen durch eine besondere Technik des Übersetzens schnell ins Japanische übertragen konnten. Einer von uns, Jens oder ich, stand dabei hinter Max und übersetzte seine Worte ins Englische für die sehr gute japanische Übersetzerin. Sie musste sofort nach dem Ende eines deutschen Satzes mit dessen Übertragung ins Japanische loslegen. In den meisten Fällen ist es gelungen. Keiner von uns hatte ja die japanische Sprache gelernt, wofür man wohl zwei Jahre hätte ansetzen müssen.

Trotzdem sind für uns natürlich einige Brocken des alltäglichen Umgangs im Japanischen allmählich normal geworden. Jeder kennt das Wort „Sayonara", das unserem „Auf Wiedersehen" entspricht, oder das Wort „Ohio", das „Guten Morgen" heißt. Doch es gibt im Japanischen mindestens fünf verschiedene Höflichkeitsebenen der Sprache, je nachdem, ob ich mit einem Kind, mit einem Untergebenen, mit einem Gleichrangigen, mit einem Lehrer oder mit einer noch höher über mir stehenden Person spreche.

Unsere beste Übersetzerin war Frau Yukika Sohma. Sie stammte aus einer besonderen Familie. Ihr Vater hatte als Politiker schon in den Anfängen des 20. Jahrhunderts versucht, europäische Formen der Demokratie in Japan einzuführen und gleichzeitig die japanische Sprache zu vereinfachen. Es ist ihm nicht gelungen. Doch wurde ihm im Haus des Parlaments schon zu seinen Lebzeiten ein Standbild errichtet.

Der Mann von Frau Sohma gehörte zum Adel in Japan. Es ist die Oberschicht, die wir üblicherweise als die alten „Samurai" bezeichnen. Eines Tags kam ich überraschend in die Familie und wurde, da wir uns kannten, von den Kindern der Familie im Wohnzimmer begrüßt – ganz „unjapanisch". Sie fielen über mich her und es gab einen lustigen Ringkampf, wer wohl diesen Gaijin am schnellsten auf den Boden bringen könnte. Die Kinder waren sehr sportlich in vieler Hinsicht. Eine der Töchter, eine glänzende Reiterin, trug bei fast jedem Reitturnier in Japan den Sieg davon. So wollten ihre Konkurrentinnen nach einiger Zeit gar nicht mehr an den Turnieren teilnehmen.

Langsam konnten wir mit einzelnen Abgeordneten der verschiedenen Parteien Kontakt aufnehmen und ein gewisses Maß an Vertrauen gewinnen. Shidzue Kato, Abgeordnete der rechtssozialistischen Partei, war eine von ihnen, eine mutige Frau mit großem Einfluss. Als viele Jahre später die Regierung von Ministerpräsident Kishi durch massive Studentenunruhen und Demonstrationen auf den Straßen in immer größere Schwierigkeiten geraten war, nahm sie als Sozialistin und Angehörige der Opposition öffentlich im Fernsehen Stellung auf der Seite des Ministerpräsidenten. Sie machte klar, dass die Besetzung des Hauses des Ministerpräsidenten durch die Studenten nicht auf die Lösung von Problemen der Studenten zielte, sondern dass dies ein Angriff auf die demokratische Ordnung Japans sei. Daher müsse die Nation zusammenstehen über alle politischen Differenzen hinweg, um die Grundlagen der Demokratie zu erhalten.

Ihre mutigen Worte fanden ein starkes Echo in Presse und Öffentlichkeit. Die maßgeblichen politischen Kräfte fanden tatsächlich zusammen und die Krise konnte überwunden werden. Es war die Zeit der „Kulturrevolution" in China. Mao Zedong war voll an der Macht. Für politische Beobachter war klar, dass hier auch von außen versucht wurde, auf die Zukunft der japanischen Demokratie Einfluss zu nehmen.

Bei dem Versuch, für die japanische Öffentlichkeit Wege zur Konfliktlösung in Wirtschaft und Politik aufzuzeigen, konnten wir auf unser Schauspiel zurückgreifen, das in Amerika und auch in Deutschland mit großem Echo aufgeführt worden war. Eine Japanerin hatte es übersetzt, ein guter Regisseur wurde gefunden. Mein Gastgeber, Herr Kataoka, übernahm die Rolle eines Chefs in der Industrie. Sein Gegenüber, Yanagisawa, war im täglichen Leben Gewerkschaftsfunktionär einer Schiffbauergewerkschaft. So kam es in den fünfziger Jahren zur Aufführung in Tokio.

Das Echo war so groß, dass wir schließlich auch eine Sonderaufführung für Mitglieder des Kabinetts und der Regierung in einem Regierungsgebäude durchführen konnten. Auf behelfsmäßiger Bühne wurde „Der vergessene Faktor" für die Politiker aufgeführt.

Bild 14a: Residenz von Ministerpräsident Haytoyama.

Bild 14b: Szene aus dem Schauspiel „The Boss".

In diesem Zusammenhang, als ich die Bühne aufzubauen hatte, kam ich ins Gespräch mit einem hohen Regierungsbeamten. Es war im Vorzimmer des Ministerpräsidenten. Als er hörte, dass ich aus Deutschland komme, stellte er mir die Frage: „Warum führen Deutsche und Franzosen immer wieder Kriege, obwohl beide Länder doch vom Christentum geprägt sind?"

Ich war überrascht. So hatte ich diese Kriege der Vergangenheit noch nie gesehen. Ich weiß nicht mehr, was ich geantwortet habe, aber diese Frage ist mir im Gedächtnis geblieben. Hatte er nicht recht?

Einige Zeit war ich eingeladen, bei Familie Kimura zu wohnen. Herr Kimura war zu der Zeit Polizeipräsident von Tokio. Eines Abends kam ich wieder spät nach Hause. Mein Gastgeber saß gemütlich in seinem Kimono auf dem Boden über einer großen Landkarte der Sowjetunion. Auf meine Frage, was er studiere, erfuhr ich, dass er am kommenden Morgen dem Kabinett über die Atomkraftwerke in der Sowjetunion zu berichten habe. Das also war der Hintergrund seines Studiums. Es war mir klar, dass ich am besten keine weiteren Fragen stellen sollte. Ich war ja Gast. Ich horchte aber auf, als ich erfuhr, dass General Hayashi, der Chef der japanischen Verteidigungsstreitkräfte, sein Schwiegervater war. – Wie in Deutschland war die Frage der Wiederbewaffnung in Japan nach dem 2. Weltkrieg ein sehr heißes Eisen. Bei uns wurde diese Grundsatzfrage jahrelang in der Öffentlichkeit heiß diskutiert. Bundeskanzler Adenauer und der spätere Bundespräsident Gustav Heinemann vertraten in dieser Diskussion die beiden gegensätzlichen Positionen. Auch in Japan gab es starke Kräfte, die jede Art von Militär für immer ablehnten. Nach langen Auseinandersetzungen wurde jedoch eine „Truppe zur Verteidigung" zusammengestellt.

Doch was konnte die geistige Grundlage einer solchen Truppe sein? Das war eine Frage, die damals die Befürworter stark beschäftigte. Der verantwortliche General beneidete Deutschland, da es eine Verteidigungsstreitmacht auf dem Christentum als „gemeinsame geistige Grundlage" aufbauen könnte, was Japan fehle. – So beurteilte er die damaligen Bemühungen der Bundesregierung bei der Aufstellung der Bundeswehr. Dies erinnerte mich an manche Diskussionen in Deutschland über die sogenannte „Innere Führung" unserer Bundeswehr.

Wie lernt man dieses Land verstehen?

Für viele Besucher, die sich nur eine kurze Zeit in Japan aufhalten, bleibt dieses zunächst „ein Buch mit sieben Siegeln".

Eines Tages wurden Jens und ich zu einem außergewöhnlichen Frühstück in das beste Hotel in Tokio, in das „Imperial Hotel" eingeladen. Der berühmte amerikanische Architekt, Frank Lloyd Wright, hatte es zu Beginn des 20. Jahrhunderts gebaut und so genial konstruiert, dass es als einziges größeres Gebäude das schwere Erdbeben von 1927 in Tokio überstand, bei dem 3.020 Todesopfer zu beklagen waren.

Unser Gastgeber war der Präsident der Deutschen Industrie- und Handelskammer, Dr. Goldschmidt. Er überraschte uns mit der Frage: „Verstehen Sie dieses Land und seine Menschen? Ich bin nun schon eine Woche hier und was ich gesehen habe, gibt mir fast nur Rätsel auf."

Es trifft zu, dass vieles in Japan für uns Europäer nicht leicht zu verstehen ist, schon gar nicht innerhalb einer Woche. Bis man einigermaßen unterscheiden kann, ob mein Gegenüber nur höflich ist oder ob es sich um eine echte freundschaftliche Äußerung von ihm handelt, muss man schon länger in diesem Land gelebt haben.

Doch wir konnten unserem Gastgeber von vielen Gesprächen mit Politikern, mit Unternehmern und vor allem mit Gewerkschaftern berichten, mit denen wir im Laufe der Zeit richtige Freundschaften hatten aufbauen können. Als Hausgäste in vielen Familien begannen wir, die Denkweise und zu einem gewissen Grad auch die Gefühlswelt der Japaner zu verstehen.

Wie schwer es ist, in diese Gefühlswelt einzudringen, erfuhren wir auch von einem Geschäftsmann aus Holland. Er wollte als Fabrikant seine Produkte in Japan anbieten und verkaufen. Alles wurde von Holland aus schriftlich vorbereitet, sodass mit einem kurzen Besuch von einer Woche in Tokio damals alles erledigt sein sollte. Es fehlte nur noch die Unterschrift unter den vorbereiteten Vertrag. – Der Geschäftsmann wurde sehr freundlich empfangen und in ein schönes Restaurant eingeladen. Man war höflich und freundlich wie immer, doch Geschäfte sollten bei diesem ersten Kontakt nicht im Mittelpunkt stehen. So erfolgte die nächste Einladung auf den folgenden Tag. Auch dort wurde noch keine Unterschrift vollzogen, sondern ein weiterer Termin in einem anderen

Restaurant ausgemacht. So reihte sich Termin an Termin, Einladung an Einladung. Doch es kam zu keinem Abschluss. Der Vertrag wurde nicht unterzeichnet.

In seiner Verzweiflung wandte sich der Geschäftsmann an unsere engsten japanischen Freunde und Mitarbeiter, die natürlich viel Kontakt mit Vertretern anderer Nationen hatten. Da wurde ihm im Gespräch klar, dass Japaner aus Höflichkeit nicht Nein sagen dürfen, auch nicht in einer normalen, geschäftlichen Verhandlung. Offenbar erwarten sie, dass ihr Gegenüber aus Europa dies spürt und erkennt, ohne dass eine klare negative Antwort ausgesprochen werden muss. Wir halfen dem Holländer noch zu einem kurzen, intensiven Besuchsprogramm, damit seine Japanreise nicht völlig ergebnislos zu Ende gehen würde. Mehr konnten wir nicht tun.

Nicht nur die Sprache und die Gefühlswelt der Japaner sind für uns Europäer nicht leicht zu verstehen. Dies gilt auch für die japanische Schrift, die ursprünglich aus China kommt. Wie mir gesagt wurde, soll die Schrift etwa 50.000 Schriftzeichen umfassen, die aber kaum ein Mensch, auch kein Japaner, voll beherrscht. Doch für die Umgangssprache, die z. B. in den Zeitungen verwendet wird, sollen etwa 1000 Schriftzeichen ausreichen. Es gibt ja kein Alphabet mit Buchstaben, sondern nur Silben in der entsprechenden Zusammensetzung. Doch wer sich einige Zeichen merken kann, ist schon sehr weit. Ich selbst habe mit Mühe und Not schließlich die Schriftzeichen für meinen Namen in einer Art Lautschrift-Übertragung entziffern und schreiben können. Meine japanische Visitenkarte – eine Visitenkarte hat fast jeder Japaner – half mir dazu.

Dagegen lernte ich einen jungen Mann aus England kennen, der die Schrift weitgehend beherrschte und von London den Auftrag bekommen hatte, die Dokumente der japanischen Regierung aus der Kriegszeit ins Englische zu übertragen, eine gewaltige und sehr wichtige Aufgabe.

Doch wie sollte sich in Tokio ein Fremder zurechtfinden? Kein Bus hatte eine Nummer, die man sich hätte merken können. Es waren nur japanische Schriftzeichen über dem Fahrerhaus zu lesen. Also zeichnete ich mir die Schriftzeichen ab, die der Bus trug, der vom Bahnhof in Tokio zur Haltestelle in die Nähe unseres Zentrums fuhr. Diese Haltestelle hieß „Aik Byoin" nach dem dortigen Krankenhaus. Da ich mir den Namen für den Hauptbahnhof und Busbahnhof in Tokio „Tokio-To" merken konnte, war ich sicher, dass ich immer wieder nach Hause finden würde, sollte ich mich irgendwo in dieser Großstadt verirrt haben. Denn jeder Bewohner der Stadt konnte mir die Richtung zum Hauptbahnhof zeigen.

Ein anderes Merkmal für jeden Fremden in dieser Stadt ist die Haupteinkaufsstraße Tokios, die „Ginza". Dort war in den Geschäften alles zu finden, was das Herz begehrte bzw. der Geldbeutel erlaubte. Es war der Pulsschlag dieser Riesenstadt, die damals bereits nahezu 10 Millionen Einwohner hatte. Heute leben über 35 Millionen Menschen in der Metropolregion Tokio, der größten der Welt. Um Fremden das Zurechtfinden zu erleichtern, wurden an einigen Hauptstraßen die Namen der Straße in englischer Schrift angebracht, eine große Hilfe.

In den Bergen Japans

Eines Tages im Sommer entschlossen wir uns, eine Wanderung in die Bergregion der Hauptinsel Japans zu unternehmen. Roland Harker, ein Amerikaner, der schon lange Zeit in Japan lebte und die Sprache beherrschte, zog los mit uns. Es ging mit Bahn und Bus ins Landesinnere bis hinauf zu einer der berühmten „heißen Quellen". „Mansa Onzen" hieß sie. Ein kleines Dorf, in dem das Quellwasser die steilen Wege hinunterfließt und die Nase den scharfen Geruch nach Schwefel verkraften muss. Auch das Hotel fehlte nicht, das an solchen Quellen üblich war. Doch wir wollten weiter hinauf zu einem der vielen kleinen Vulkane.

Ich dachte an manche Wanderung im Allgäu, aber hier war alles anders: keine Almen, keine Berghütten, nur steile Felsen und kaum Wege. Nach kurzer Zeit kamen wir an Stellen, wo die Bäume vom letzten Vulkanausbruch in den zwanziger Jahren des letzten Jahrhunderts verbrannt waren und sich nicht erholt hatten. Überall schwarze, verkohlte Baumstümpfe, kein Grün mehr, nur noch Stein und Fels.

Schließlich erreichten wir den kleinen Krater, bei dem an manchen Stellen am Rand Schwefeldampf emporstieg. Die Nase wehrte sich gegen den beißenden Geruch. Eine grüne Brühe war im Kern des Vulkans zu sehen, ein totes Wasser. Da mochte ich ja nicht versuchen zu schwimmen. Doch ich wollte mit meiner Kamera den Krater erfassen.

Plötzlich fiel mir der Gelbfilter von meinem Objektiv in Richtung des Kratersees. Was sollte ich machen? Ich versuchte vorsichtig auf dem steilen, rutschigen Geröll von Schlacken einige Meter hinunterzusteigen. Es war mir seltsam zumute. Sollte ich je abrutschen, müsste ich versuchen, in dieser grünen Brühe zu schwimmen, was vielleicht unmöglich sein würde. Wer könnte mich retten?

Ich hatte Glück. Ich erwischte den Gelbfilter, ohne weiter abzurutschen. Doch wir hatten genug und versuchten auf einer anderen Hangseite des Vulkans hinunterzusteigen, die durch den letzten Ausbruch des Vulkans nicht so stark verbrannt war und sogar einige grüne Blätter an den Bäumen zeigte. So zogen wir fröhlich in der Sonne weiter und kamen plötzlich an einen Bergsee, einen blauen See mit „gesundem“ Wasser.

Also schnell die Kleider abgelegt und ein kühles Bad genommen. Plötzlich hörten wir laute, bösartige Rufe vom anderen Ende des Sees. Ich verstand nichts, aber merkte am Ton, dass der Rufer uns nicht gut gesonnen war. Wir hatten gedacht, dass kein Mensch uns in dieser Einsamkeit auf dem Berg entdecken würde.

Doch Roland, der schon lange in Japan lebte, verstand, was uns ein Japaner vom anderen Ufer zurief: „Was macht ihr in unserem Trinkwasser? Raus mit euch!"

Das also war der Grund für die Verärgerung in der Stimme. Wir kehrten sofort um, schwammen zurück und gelangten bald wieder ans Ufer. Als „Gajin" war es klug, sich so schnell wie möglich aus dem Staub zu machen. Roland erklärte uns, dass kein Japaner je auf den Gedanken kommen würde, in einer solchen Höhe, etwa 1.500 m oder 2.000 m, zu baden. Dieses Wasser war für jeden Japaner, der heiße Quellen kennt und schätzt wie auch den warmen Ozean, viel zu kalt.

Wenn es zu heiß wurde im Sommer in Tokio, versuchten wir, für eine oder zwei Wochen der Hitze zu entkommen, indem wir in einem Gästehaus in Karuizawa auf etwa 1000 m Höhe Urlaub machten. Hier wurde es wenigstens am Abend kühl und die Temperaturen waren einem europäischen Sommer nicht unähnlich. Dorthin flüchteten auch andere Europäer und Amerikaner.

Eines Tages gab es viel Unruhe dort oben. Langsam erfuhren wir durch unsere japanischen Freunde, dass der „Tenno", der in diesem Hochtal eine Residenz hatte, an diesem Morgen sein Haus verlassen und in den Kaiserpalast in Tokio zurückkehren würde. So unauffällig wie möglich versuchte ich, in der Menge der japanischen Zuschauer unterzutauchen. Doch von „untertauchen" war keine Spur. Denn ich war ja viel größer als alle in meiner Nähe.

Nach einiger Zeit geduldigen Wartens, was Japaner in ihrer großen Disziplin gewohnt sind, gab es plötzlich Bewegung. Alles verneigte sich – außer mir. Dadurch aber hatte ich freie Sicht und konnte mit meiner Kamera den Moment festhalten, als der Monarch aus dem Haus trat und in einen bereitstehenden, vornehmen Wagen stieg.

Sicher hatten alle in meiner Nähe gedacht, warum dieser „Gaijin" nicht bereit war, sich vor dem Kaiser zu verneigen? „Hat er so wenig Anstand?“, „Ist er so unhöflich?“ – doch die japanische Tradition verbietet es natürlich, einen solchen Gedanken einem Fremden gegenüber auszusprechen.

Religionen in Japan

Die japanische Staatsreligion war der Shintoismus, dem eine Ahnen- und Naturverehrung zugrundeliegt. In jedem Haus in Japan sah ich im Wohnraum eine Ecke oder Nische, die dem Andenken der Vorfahren der Familie gewidmet war. Sie wurde eingerahmt von einem senkrechten Holzpfosten, der eine außergewöhnlich schöne Maserung aufwies. Die Schauseiten dieses Pfostens waren nicht gesägt, sondern wurden bei der Herstellung besonders stark und lange von Hand mit Öl bearbeitet. So kam der natürliche Charakter des Holzes in einer Weise zum Ausdruck, die bei uns in Europa so gut wie unbekannt war. Dies galt besonders für Stellen, an denen noch ein Astansatz zu sehen war.

Neben dem Shintoismus fand auch der Buddhismus Einzug in das Land. So wie ich es erlebte, waren die meisten Japaner sowohl Shintoisten als auch Buddhisten. Sie interessierten sich für die guten Seiten beider Religionen, ohne sich im strengen christlichen Sinne an eine zu binden. Mein Eindruck war: Der durchschnittliche Japaner sagte sich, man kann nie genug Hilfe und Unterstützung von beiden bekommen.

Beide Religionen erschienen mir in ihrem Anspruch an den Einzelnen nicht vergleichbar mit unserer christlichen Tradition, die immer wieder eine Ausrichtung des eigenen Lebens nach den Grundlagen der Bibel, den Glauben an Jesus und an den Gott des Alten und Neuen Testaments einschließt.

Die Verehrung der Naturgewalten ging in Japan so weit, dass in Bäumen und vielen Elementen der Natur geistige, überirdische

Kräfte gesehen wurden. Wir alle kennen das Bild der im Wasser eines Sees errichteten großen Holztore mit geschwungenem Querbalken, genannt „Tori". Durch sie soll der Geist den Weg in den jeweiligen Shinto-Schrein finden.

Diese Anbetung der Natur begegnete einem in Japan auf Schritt und Tritt. Die Frau eines christlichen Missionars sagte mir, sie könne daher in diesem Land nicht mehr leben. Sie und ihr Mann mussten schließlich den Plan aufgeben, Japanern einen Weg zum Christentum zeigen zu wollen. Sie mussten die Heimreise antreten.

Obwohl die ersten Missionare (Jesuiten) bereits im 16. Jahrhundert nach Japan gekommen waren, hatte sich die japanische Bevölkerung nach einer ersten Phase der Offenheit gegenüber fremden, westlichen Auffassungen von Glauben und Religion weitgehend resistent erwiesen. Es gab Christenverfolgungen, Kreuzigungen und Verbrennungen einzelner Gläubiger. Heute bekennen sich nur knapp ein Prozent der Japaner zum Christentum. Dessen ungeachtet waren manche, sehr einflussreiche Japaner Christen. In den fünfziger Jahren gehörten einzelne Christen auch der Regierung an. Einer der Minister war ein überzeugtes Mitglied der Katholischen Kirche in Japan.

Trotz aller Spannungen und Schwierigkeiten mit westlichen Einflüssen in einem Großteil der Bevölkerung, war damals in der Nähe von Tokio die „International Christian University", kurz ICU gegründet worden. An ihr lehrte auch der bekannte Schweizer Theologe Prof. Emil Brunner. Neben seinen Vorlesungen an der Universität hielt er in der Hauptstadt öffentliche Vorträge, die ein starkes Echo fanden, über die Grundlagen einer modernen demokratischen, christlichen Gesellschaftsform. Ich konnte einige davon besuchen. Es war üblich, solche Vorträge durch die Polizei zu begleiten und zu beobachten. Das Interesse war so groß, dass die Vorträge auf Band aufgenommen und zur Schulung der Polizei in Tokio verwendet wurden.

In Kyushu, der großen Insel im Süden Japans, lernte ich einen deutschen Missionar kennen, der sich besonders den Industriearbeitern zuwandte. Er war früher jahrelang als Missionar in China gewesen, bis der Sieg Maos seine Weiterarbeit unmöglich machte. Er habe bei seinen Bibelstunden ein relativ großes Echo unter den Arbeitern gefunden, berichtete er. Doch eines Tages habe ihm einer seiner regelmäßigen Besucher, ein Student, eröffnet, er werde von der kommunistischen Partei bezahlt, um die Inhalte der Bibelstunden und seine Arbeit zu überwachen. Erfolgreiche Arbeit eines Missionars unter Industriearbeitern war der Partei ein Dorn im Auge.

Einmal wurde ich zu einem buddhistischen Beerdigungsritual eingeladen. Doch, ohne Japanisch zu beherrschen, konnte ich die Rituale nur äußerlich mit großem Interesse beobachten, ohne sie inhaltlich zu verstehen. Beeindruckend war für mich die Bedeutung, die dem Abbrennen von kleinen Stäben zugemessen wurde. Natürlich spürte jeder der Anwesenden, welch große Achtung dem Verstorbenen durch die Ausdrucksformen der japanischen Höflichkeit wie der Verbeugung zugemessen wurde.

Auf dem höchsten Berg Japans – Fujisan – „Herr Fuji"

„Fujisan", so wird der höchste Berg Japans liebevoll von den Japanern genannt. Jeder muss einmal im Leben den Gipfel des „Heiligen Berges" erklommen haben.

Drei von uns „Nichtjapanern" brachen also auf, um mit japanischen Freunden diesen Berg mit knapp 4.000 m Höhe zu erobern. Es war mitten im Sommer 1954. Von Tokio aus ging es mit der Bahn ein großes Stück heran an den schneebedeckten Berggipfel. Die nächstgelegene Bahnstation war Haltestelle für einen kleinen Bus, der uns auf die halbe Höhe des Berges brachte. Es sei die „Fünfte

Station", wurde mir erklärt, über 1.400 Meter. Übernachtung in einem kleinen Berggasthof. Nur wenige Stunden Schlaf, denn wir wollten ja am kommenden Morgen den Sonnenaufgang möglichst weit oben, nahe dem Gipfel, erleben.

Also hieß es noch bei völliger Dunkelheit raus aus den Federn. Jeder war gespannt auf den großen Tag. Es war drei Uhr oder vier Uhr morgens. Langsam gewöhnte man sich an das Dunkel und fand den Weg auch ohne Taschenlampe. Es dämmerte und wurde etwas heller. Starker Wind pfiff uns um die Ohren. Die Wolken waren zerrissen und jagten nur so am Himmel. Wir waren entschlossen, dass wir es schafften, auch wenn das Wetter nicht viel versprechend aussah. Es wurde sieben Uhr, weiter hinauf, nur nicht nachgeben. Acht Uhr, wir kamen gut voran, da wir noch frisch waren. Etwa um halb neun Uhr kamen wir in die höchste Zone mit Schneefeldern und konnten in den riesigen Krater blicken, der einen Durchmesser von vielleicht 500 bis 800 Metern hatte. Da und dort stieg Dampf aus der Steinwüste und dem Geröll empor, ein Zeichen, dass in diesem Berg noch viel Bewegung war, auch wenn es schon lange keinen Ausbruch mehr gab.

In Japan schleuderten einige Berge Jahr für Jahr immer wieder Lava und Asche in die Luft. Es war verboten, diese Berge zu besteigen. Trotzdem versuchten dies jedes Jahr einige Unentwegte und hofften auf ihr Glück, dass sie ohne Schaden wieder vom Gipfel herunterkamen. Nach den Zeitungsberichten erwischte es doch immer wieder einige unbelehrbare Wanderer.

Wir versuchten, auf dem Kraterrand zur gegenüberliegenden Seite zu gelangen. Der Wind wuchs allmählich zu einem Sturm aus. Kein Wunder, in dieser Höhe, in der man dem Wetter bedingungslos ausgesetzt war. Regen kam dazu. Es wurde nichts aus einem sonnenbeschienenen Abstieg, das wurde jedem klar. Wir mussten uns ranhalten bei dieser Wetterlage, dass wir den geplanten Abstieg auf der gegenüberliegenden Seite des Berges einigermaßen gut überstanden.

Der Sturm wurde stärker. Der Regen peitschte uns ins Gesicht. Wer einen Regenmantel hatte, fand ihn in kurzer Zeit zu Fetzen zerrissen von der Macht des Sturmes. Ich hatte eine Windjacke aus Leder, die aber völlig durchnässt wurde. Gott sei Dank war unsere Haut dicht.

Wir beeilten uns beim Abstieg, der doch unendlich dauerte. Es ging durch Schlacken, die erkaltete Lava. Bei jedem Schritt sanken wir bis zu den Knöcheln ein. Kein Baum war in Sicht, kein Weg, nichts, an dem man sich orientieren konnte. Nebelschwaden verhinderten jede Orientierung. Wir waren in den Wolken. Das einzige Ziel, das wir hatten, war herunterzukommen, abzusteigen, wohin, war gleichgültig. Aus diesem Sturm mussten wir heraus. Nach Stunden in diesem dichten Regensturm kamen wir wieder in die Nähe von begrünten Flächen, in die Nähe der Zivilisation. Wir suchten den Weg zu irgendeinem Ort, wenn möglich zu einer Bahnstation, die uns die Rückfahrt nach Tokio ermöglichte.

Erste Häuser und Hütten wurden sichtbar, der Sturm war in dieser Höhe nicht mehr so wild, er war abgeflaut. Da trafen wir auf andere Wanderer, die schon vor uns den Abstieg hinter sich brachten, alle durchnässt. Sie hatten ein offenes Feuer am Rand des Weges entfacht und versuchten nun, ihre völlig nassen Jacken und Hemden über diesem Feuer zu trocknen, ein hoffnungsloses Unterfangen.

Wir fanden den Weg zur Bahnstation, wir lagen richtig. Ein Zug brachte uns in wenigen Stunden zurück in die Metropole. Als wir uns in Tokio von den Sitzen erhebten und ausstiegen, sahen wir überall, wo wir gesessen hatten, Wasserlachen und nasse Sitzflächen. Doch Tokio war im Sommer warm mit Temperaturen über 25 Grad Celsius. So hatten alle den Temperaturwechsel vom schneebedeckten Gipfel in die Wärme des subtropischen Klimas und den Höhenunterschied von 3.776 Metern bis auf Meereshöhe in Tokio an einem Tag gut überstanden. Wir hatten „Fujisan" erobert, auch bei ungünstigen Voraussetzungen.

1957

Schwarze und Weiße in den USA

Zwei Jahre nach meiner Zeit in Japan kam ich mit der Illusion nach Amerika, dass dort natürlich alles besser sei, denn dort „herrscht ja seit langem die Demokratie“ im Gegensatz zu Deutschland – oder Japan. Aber wie war es wirklich? Als ich in Detroit die Einladung eines afroamerikanischen Lehrers in seine Privatwohnung annahm, war er überrascht und beglückt. Der Zustand des Hauses, in dem er wohnte, des Stadtviertels insgesamt, war natürlich völlig anders als bei dem „weißen“ Ingenieur, bei dem ich einige Tage im gehobenen Viertel der Stadt, in Dearborn, zu Gast war. Ich hatte ein gutes Gespräch mit ihm. Aber ich war überrascht, dass der afroamerikanische Lehrer nebenher als Kellner arbeiten musste, um finanziell über die Runden zu kommen. Offenbar war die Kluft zwischen Afroamerikanern und Weißen in fast allen Lebensbereichen größer, als ich gedacht hatte. Mit meinem Besuch hatte ich einen unsichtbaren Graben überschritten.

Natürlich wusste ich etwas von den Spannungen, die zwischen Weißen und Schwarzen bestand, seit diese als Sklaven in die Vereinigten Staaten kamen, damals europäische Kolonien. Auch die Abschaffung des Sklavenhandels, die Befreiung der Sklaven um 1865, führte zunächst weder rechtlich noch faktisch zu ihrer Gleichstellung. Es bestand bis in die 1960er Jahre ein umfassendes System der Segregation, durch das diese in fast allen Lebensbereichen benachteiligt waren. Eine rechtliche Gleichstellung konnte erst die Bürgerrechtsbewegung Mitte des letzten Jahrhunderts erkämpfen. Aber die wirtschaftliche- und Bildungsbenachteiligung der Afroamerikaner im Alltag beschäftigt die amerikanische Gesellschaft bis heute.

Little Rock in Arkansas mit seinen etwa 100.000 Einwohnern befand sich 1957 im Ausnahmezustand. Drei Jahre nach der Entscheidung des höchsten amerikanischen Gerichts, dass die Rassentrennung an öffentlichen Schulen gegen die Verfassung verstoße, wagten dort neun farbige Schüler und Schülerinnen, sich zum Schulbesuch an einer „weißen" Schule anzumelden. Doch sie konnten die Schule nicht besuchen. Ein hasserfüllter Mob von Weißen hinderte sie daran. Sie wurden ins Gesicht geschlagen und bespuckt. Durch den Eingriff von Präsident Eisenhower, der tausend Soldaten nach Little Rock schickte, um die Entscheidung des Obersten Gerichtshofes durchzusetzen, konnten die Schülerinnen und Schüler schließlich nach einigen Tagen das Schulgebäude betreten, jede und jeder wurde dabei von einem Soldaten als Leibwächter begleitet bis ins Klassenzimmer. Es dauerte noch bis 1959, dass ein normaler Schulalltag in der Central High School in Little Rock mit etwa 1900 weißen und schwarzen Schülern einkehrte.

Auf der Insel Mackinac in Michigan, dem Konferenzzentrum der Moralischen Aufrüstung, entstand in dieser Zeit ein Schauspiel mit dem Titel „The Crowning Experience" (Krönung des Lebens). Es zeigte das Leben einer besonderen afroamerikanischen Frau, Mary McLeod Bethune, deren Eltern noch als Sklaven in die USA gekommen waren. Sie brachte es bis zur Beraterin des Präsidenten. Als sie bei einer unserer internationalen Konferenzen die Schranken zwischen Schwarzen und Weißen als „überwunden" erlebte, sagte sie: „To be part of this great uniting force of our age is the crowning experience of my life!" (Dieser großen, einigenden Kraft unserer Zeit angehören zu können, ist die krönende Erfahrung meines Lebens).

Das Schauspiel „The Crowning Experience" wurde mit großem Erfolg in den USA aufgeführt. Wir zeigten es auch in Atlanta, einer Metropole des Südens. Bisher durften dort Schwarze im Theater nur auf der höchsten Empore Platz nehmen. Wir luden sie jetzt ein, auch im Parkett auf einer Seite des Saales zu sitzen, auf der anderen saßen die Weißen. Bei der nächsten Vorstellung erlaubten wir den Schwarzen, in einer Reihe nebeneinanderzusitzen, auch wenn die nächste Reihe von Weißen besetzt war. So wurde es in diesem Theater möglich, dass schwarze und weiße Amerikaner im Parkett nebeneinandersitzen konnten.

In unserer internationalen Gruppe waren auch eine Reihe von Studenten aus Nigeria und farbige Lehrer aus Südafrika. Sie zeigten im gleichen Theater ein afrikanisches Schauspiel mit dem Titel „Freiheit", in dem es ebenfalls um die Auseinandersetzung zwischen Schwarzen und Weißen ging, natürlich in einem internationalen Rahmen. Auch die Spannungen unter den Schwarzen waren dabei ein Thema. All das öffnete das Verständnis des Publikums in Atlanta.

Als wir die Stadt nach ein bis zwei Wochen verließen, erfuhren wir vom Polizeipräsidenten, er habe jeden Abend den Telefonanruf erwartet, dass es zu Ausschreitungen gekommen sei. Sie blieben aus. Er konnte daran gehen, auch in den öffentlichen Verkehrsmitteln die Trennung von Schwarzen (hinten) und Weißen (vorne) in den Bussen aufzuheben. Es gelang.

Wie kann eine solche Entwicklung in vielen Ländern angestoßen werden, wo doch ähnliche Spannungen überall existieren?

Es wurde beschlossen, aus dem Schauspiel einen Film zu machen. So gingen wir mit etwa 300 internationalen Mitarbeitern auf der Insel Mackinac daran, den Film zu drehen.

Auf der Insel mit einem Durchmesser von vielleicht fünf bis acht Kilometern nahe der Grenze zu Kanada, haben die Indianer seit einigen hundert Jahren immer wieder „die Friedenspfeife geraucht". Sie war ein Ort, der zur Schlichtung von Streit unter den Stämmen der Indianer aufgesucht wurde. Im Sommer ist die Insel ein Urlaubsparadies für alle. Aber im Winter? Die „großen Seen", die sie umgeben, sind dann fast vollständig zugefroren, die Insel ist also vom Festland abgeschnitten. Die Entfernung zum Festland beträgt etwa fünf bis zehn Kilometer. Der Weg über das Eis ist dann zu gefährlich, kein Mensch könnte dies wagen.

Also mussten wir uns für drei bis vier Monate mit allem an Vorräten eindecken, was zum Überleben von einigen Hundert jungen Leuten notwendig war. Alle Lebensmittel wurden ein-gefroren und mit Schiffen auf die Insel gebracht. Die einzige verlässliche Verbindung zum übrigen Amerika in Schnee und Eis war ein kleines Flugzeug mit zwei Sitzen, das auf der Insel starten und landen konnte. Es war gewagt.

Als Deutscher, der Architekt werden wollte, konnte ich mit einem australischen Architekten, einem englischen, hoch begabten Karikaturisten, einem Amerikaner und einem Kanadier die „Bühne" für die Aufnahmen aufbauen und immer wieder umbauen.

Es gab z. B. eine Szene in einem Frauenclub: Auf dem Teppichboden des großen Versammlungsraumes war ein Kaminfeuer anzuzünden, wobei eine Stahlplatte, darunter verschiedene Holzplatten und Matten dafür sorgten, dass auf dem Teppichboden keine Spur von dem immer wieder darüber entfachten Feuer sichtbar werden durfte. Wir schafften es.

Der Regisseur wollte durch einen Kronleuchter filmen: Also wurde einer in New York gekauft, auseinandergenommen, in Schachteln verpackt und mit dem Zweisitzer-Flugzeug auf die Insel geflogen. Dort wurde er wieder zusammengebaut.

Wir mussten im tiefsten Winter, eingefroren vom Eis, Blumen aus einem Gewächshaus herzaubern und für den Film jeden Tag neu herrichten. Wir bauten verschiedene Kulissen auf, vom Damenklub über eine Szene im Hafen von New York, in einem College, in einem Wartesaal auf dem Flughafen und vieles andere.

Natürlich gab es zwischendurch bei gutem Wetter auch Eishockeyspiele am Strand der Insel und Abende mit interessanten Leuten. Filmschauspieler aus Hollywood zeigten uns Filme, in denen sie mitgespielt hatten. Bunny Austin, der berühmte englische Tennisspieler, der zweimal in Wimbledon das Finale erreicht hatte und seine Frau, Phyllis Konstam, eine Schauspielerin, berichteten aus ihrem Leben. Muriel Smith, schwarze Sängerin und Schauspielerin, hatte mit Ann Buckles, einer weißen Schauspielerin, die Hauptrolle im Schauspiel wie auch im Film übernommen.

Bild 15: Muriel Smith, Hauptdarstellerin im Film „Krönung des Lebens".

Der Film kam in vielen Ländern zur Aufführung auch in Deutschland. Es war ein Versuch, althergebrachte Vorurteile infrage zu stellen. Doch diese Vorurteile sind bekanntermaßen sehr hartnäckig.

1959–1960

„Hoffnung" im Kalten Krieg

Es war die Zeit, als in den Vereinigten Staaten Präsident Dwight D. Eisenhower an der Macht war und in Moskau Chruschtschow die Zügel in der Hand hielt. In der DDR hatten Wilhelm Pieck und Grotewohl das Sagen. In Kuba war Fidel Castro nach der Flucht des Diktators Batista mit seinen Truppen in Havanna einmarschiert. In Persien herrschte Schah Reza Pahlewi und China hatte kurzerhand Tibet „annektiert". Der Dalai-Lama war nach Indien geflohen. In unserem Land war Theodor Heuss Bundespräsident und Bundeskanzler Adenauer lenkte die Geschicke des Staates von Bonn aus. Doch Berlin war mit dem Brandenburger Tor als Symbol ein Brennpunkt der geistigen Auseinandersetzung zwischen Kommunismus und der freien Welt geworden.

In diesen Monaten schrieb ein Bergmann im Ruhrgebiet einen Text über das, was ihn bewegte: Hans Hartung.

„Das kannst du doch nicht", sagte seine Frau. Doch Hans Hartung hatte es sich in den Kopf gesetzt, die Spannungen in einem Schauspiel darzustellen. Er wollte es. Wie üblich war er von seinem Vorhaben kaum abzubringen. Hans, vielleicht Mitte dreißig, groß, breitschultrig, trug eine starke Brille und hatte kräftige Arme, die zulangen konnten. So lernte ich ihn kennen. Er war Sozialdemokrat und Betriebsrat auf seiner Zeche in Gelsenkirchen. Er wollte das Schauspiel schreiben.

Als er schließlich einige Szenen fertiggestellt hatte, saß ich mit ihm und einigen seiner Freunde, alles Bergleute und ihre Familien, vor dem großen offenen Kamin im Haus Goldschmieding in Castrop-Rauxel abends nach der Arbeit. Wir lasen die Szenen in verschiedenen Rollen. Es ging um Streit in Familien, um Streit zwischen politischen

Auffassungen, um Streit zwischen Ost und West und um Wege zur Versöhnung. Dazu war ja Ehrlichkeit eine Voraussetzung.

Da Bergarbeiter nicht viel Worte machen, sondern Dinge klar beim Namen nennen, wirkten die kleinen Anfänge schon recht überzeugend, wenn sie von einem Kumpel, seiner Frau oder seinen Kindern vorgelesen wurden.

Ein Freund aus der Schweiz, Martin Flütsch, der einiges an Erfahrung mit Theaterstücken hatte, wurde eingeladen. Er sagte zu und kam. Die verschiedenen Szenen wurden mit seiner Hilfe durchgearbeitet und langsam nahm das „Schauspiel" tatsächlich Gestalt an. Es bekam den Namen „Hoffnung". Nach einigen Wochen mit Proben entschlossen wir uns zu einer Aufführung für die Öffentlichkeit in Castrop-Rauxel. Sie fand statt am 16. August 1959 in der „Kurbel", einem Saal mit vielleicht hundert Plätzen für Filmvorführungen.

Wir waren überrascht, als ein Bergassessor nach der Aufführung meinte: „Das beste Stück, das ich je gesehen habe!" Und ein Bäckermeister: „Ich habe viel gesehen, aber noch nie so etwas. Ich konnte nicht glauben, dass sie alle Bergleute sind."

Hans W., früher Mitglied der KPD, spielte selbst mit. „Ich habe noch nie etwas in 15 Minuten auswendig gelernt, außer diesem Text. Hätten wir dieses Stück früher schon hier gehabt, hätte Chruschtschow in Westdeutschland nicht so einen Vorrang bekommen. Es zeigt, wofür ich gekämpft habe. 1948 hatten wir Kommunisten etwa 100.000 bei einer Kundgebung. Ich war 30 Jahre bei der KP, hätte mein Leben dafür gegeben."

Der Direktor der Zeche Holland meinte: „Das Stück muss in jeder Stadt im Ruhrgebiet gezeigt werden." Wir hatten auch einen befreundeten Politiker, Dr. Otto Schmidt aus Wuppertal, MdB und Minister in NRW, eingeladen. Er kam. Die einfache, direkte Art der Bergleute überzeugte ihn. „Das sollten Sie allen Abgeordneten in Bonn zeigen", meinte er. Ohne sein Urteil hätten ich und alle, die dafür verantwortlich waren, wohl nicht den Mut dazu gehabt. Aber

wir wagten es. Das Echo in Bonn, dem damaligen Sitz des Bundestages, war stark. Es wurde ein Erfolg.
Eine wichtige Szene in dem Stück zeigt ein Streitgespräch zwischen zwei Brüdern, von denen der eine in Ostdeutschland lebt, der andere in der Bundesrepublik. Sie hatten nicht nur familiäre Spannungen, sondern hatten sich auch in ihren politischen Ansichten völlig auseinandergelebt, trotz der gemeinsamen Wurzeln. Dies war im „Kalten Krieg" in vielen Familien der Fall. Die unterschiedliche Informationspolitik in beiden Teilen Deutschlands trug ihren Teil dazu bei. Das Brandenburger Tor war so zum „Wahrzeichen" der Trennung geworden. Auf der Bühne des Schauspiels wurde es im Hintergrund sichtbar und jeder wusste sofort, was damit gemeint war.

Die Aufführung in Bonn war nicht das Ende. Abgeordnete meinten, es sollte auch in Berlin gezeigt werden – also reisten wir mit den Bergleuten nach Berlin. Es wurde dort am 27. und 28. Oktober 1959 in der Kongresshalle, anschließend im Titaniapalast und noch dreimal im „Corso" aufgeführt. Dort traf es ins Schwarze, waren doch in Berlin viele Familien auf Jahre, manchmal Jahrzehnte getrennt. Sie konnten sich gegenseitig nicht besuchen. Die Aufführungen von „Hoffnung" wurden ein voller Erfolg.

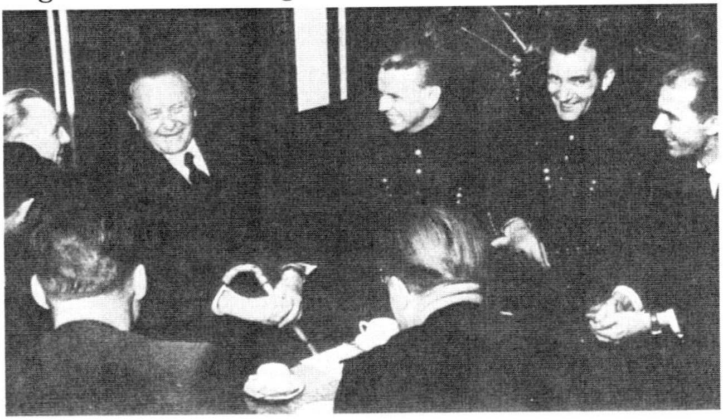

Bild 16a: Bundeskanzler Adenauer empfängt die Bergarbeiter vor ihrer Abreise nach England.

Bild 16: Aufführung der Bergleute im Schauspiel „Hoffnung".

Freunde in England, mit denen wir in Verbindung waren, hatten gehört von diesem Stück: Deutsche Bergarbeiter, die könnten in England den Bergleuten zeigen, wie die Lage im geteilten Berlin ist und wie Versöhnung aussehen könnte, im Kleinen wie im Großen. Das war ihre Überlegung. Sie sprachen eine Einladung an die Bergarbeiter aus und begannen, eine Tournee durch England, Schottland und Wales vorzubereiten. Die Menschen in England und in Deutschland waren sich seit dem Krieg noch nicht sehr nahegekommen. Es gab viele Vorurteile.

Das bedeutete für uns, alles für eine größere Tournee vorzubereiten. Ich weiß noch, wie ich beim Direktor einer Zeche in Castrop-Rauxel vorsprach, um für Willi, unseren Jüngsten der Bergleute, der eine zentrale Rolle in dem Schauspiel hatte, unbezahlten Urlaub für mehrere Monate zu erbitten. Er war sehr offen nach allem, was er gehört hatte. Es gab kein ernsthaftes Problem.

Die Familien mussten planen, wie Vater oder Mutter oder beide für Wochen oder Monate unterwegs sein könnten und wie die Kinder in der Zeit zu versorgen waren. Sie mussten natürlich weiter zur Schule gehen. Auch dafür wurde eine Lösung gefunden. Die Finanzierung der Tournee war zu schultern. Ein großes Wagnis. Doch viele unserer Freunde in ganz Deutschland brachten finanzielle Opfer, um es möglich zu machen. Es gelang. Wir konnten nach England aufbrechen.

England – Ostlondon – Schottland – Wales

Für die Engländer war der „Eiserne Vorhang" weit weg. Aber weil nicht Schauspieler, sondern Bergarbeiter auf der Bühne standen, überzeugte „Hoffnung" auch die Bergleute in Wales oder die Hafenarbeiter in Ostlondon. Wir waren überall Gäste in den Familien der „miners" und der „docker", was zu engeren Kontakten führte.

Nach Holland – Den Haag

Unsere nächste Station war Holland. Nachdem das Land im Krieg jahrelang von unseren Truppen besetzt war und die Menschen sehr gelitten hatten („Tagebuch der Anne Frank"), waren Deutsche dort allgemein unbeliebt. Die Aufführung in der Hauptstadt fand am 9. Dezember 1959 statt. Es waren seit dem Ende des Krieges noch keine 15 Jahre vergangen. Der deutsche Botschafter in Den Haag hatte große Sorge, wie die holländische Öffentlichkeit auf den Besuch einer deutschen Gruppe mit einem Schauspiel reagieren würde. Den Bergleuten war dies natürlich bewusst. Sie hatten sich entschieden, vor jeder Aufführung in einem anderen Land die dortige Nationalhymne zu singen. So standen als erstes an dem Abend in Den Haag die Kumpel in ihrer schwarzen Bergmannstracht mit goldenen Knöpfen auf der Bühne, die dazu gehörende Kopfbedeckung, den Bergmannshut in der Hand und sangen „Wilhelmus von Nassauen ..."

Das Eis war gebrochen. Das hatten die Holländer nicht erwartet. Alle Dialoge wurden simultan zum Vortrag in deutscher Sprache auf der Bühne ins Holländische übersetzt und durch Lautsprecher in den Saal übertragen. So geschah es bei jeder Aufführung, auch in England oder Frankreich und in allen Ländern, die wir noch besuchen sollten.

Im französischen Bergbaugebiet und in Paris

Weiter ging es nach Nordfrankreich. Unser erster Besuch galt dem dortigen Kohlenrevier. In einer kleinen Bergarbeiterstadt, Henan-Lietard, in welcher der Vorsitzende der KP Frankreichs zuhause war, sah man deutsche Bergarbeiter, die der Sprache nicht mächtig waren, von Haus zu Haus gehen mit einem Handzettel in französischer Sprache, einer schriftlichen Einladung zu unserer Aufführung am Abend: „Sil vous plaise ces soir?"

Das Echo war erstaunlich. Die Bergleute kamen in großer Zahl. So etwas hatte es ja noch nie gegeben. Und Kumpels in Nordfrankreich können vieles den Kumpeln im Ruhrgebiet nachempfinden, auch wenn eine Unterhaltung mit Übersetzung nur in Ausnahmefällen möglich war. Doch alles, was öffentlich vorgetragen wurde, geschah natürlich in beiden Sprachen. Es war keine Ablehnung zu spüren, sondern große Offenheit bei den Franzosen, von denen auch manche ursprünglich aus Polen eingewandert waren. Unsere

Bergleute taten sich natürlich schwer mit dem Lernen der „Marseillaise“. Aber die französischen Gäste bedankten sich spontan mit großem Beifall.

Bild 16b: Einige Bergarbeiter bei Guy Mollet, 1956/57 Ministerpräsident von Frankreich.

Später ging es über Arras, Lille und Calais nach Paris. Nach der Aufführung dort am 16.12.1959 kam es zu einer besonderen Einladung: Unsere ganze Gruppe von etwa 60 Deutschen, begleitet von schweizerischen, skandinavischen und englischen Freunden, wurde eingeladen, das Hauptquartier der Gestapo während des Krieges zu besuchen. Es lag auf dem „Mont Valerian“, einer Bergfestung nahe Paris. Eingeladen hatten:

Mme. Irene Laure, Vorsitzende der etwa drei Millionen Sozialistischer Frauen in Frankreich, Abgeordnete von Marseille, die als Widerstandskämpferin während des Krieges schwer unter der deutschen Besatzung gelitten hatte; Mme. Geneviev Anthonioz, Nichte von Präsident de Gaulle, die das KZ Ravensbrück überlebt hatte, Vorsitzende des Verbandes verschleppter Frauen Frankreichs; Mme. Ely, Gattin des Generals, der damals an der Spitze der französischen Streitkräfte stand; der Kommandant der Festung Mont Valerian und Prof. Gabriel Marcel, Philosoph und führender Vertreter des „Christlichen Sozialismus“ in Frankreich, der später, 1964, den Friedenspreis des Deutschen Buchhandels erhielt.

Wir waren die erste deutsche Gruppe, die an diesen geschichtsträchtigen Ort eingeladen wurde. So ist auch verständlich, dass Mme. Anthonioz Sorge hatte, wie dieser Besuch in der Öffentlichkeit aufgenommen werden würde.

Oben auf dem Plateau der Festung wurden wir zu einem Steinbruch geführt. Hier sind im Laufe des Krieges etwa 4.500 französische Widerstandskämpfer erschossen worden, wie uns erklärt wurde (nach einer neueren Datenbank waren es 1.014 Opfer). Es schnürte mir die Kehle zu. Keiner von uns konnte ein Wort sagen.

Weiter ging es durch die Kasematten und Räume, in denen die Gefangenen ihre letzten Stunden verbracht hatten. In einer kleinen Kapelle sah man Botschaften der Verurteilten an die Nachwelt in die Wände eingeritzt.

Zwei Stunden gingen wir schweigend durch die Zellen und Verließe. Dann wurden wir zu dem großen Appellplatz vor der Festung geführt, an dem das Lothringer Kreuz aufgerichtet ist. Es ist die Gedenkstätte des Widerstands in Frankreich, der Ort, an dem die Menschen immer wieder am 14. Juli, am Nationalfeiertag, der Kriegsopfer gedenken, auch Präsident de Gaulle.

Schließlich ergriff Hans Hartung, der Sprecher der Bergarbeiter, das Wort, indem er sich an Mme. Anthonioz und die anderen Repräsentanten des Landes wandte. Der Kernsatz seiner Worte lautete: „Wir können Sie nicht bitten, zu vergessen. Wir sind gekommen, Sie zu bitten, uns zu vergeben.“ Die Nichte von Präsident de Gaulle antwortete: „Es ist unser tiefer Wunsch, mit Ihnen und den Menschen guten Willens alles einzusetzen, damit die

Menschenrechte, die wir durch unseren Widerstand verteidigt haben, für immer gesichert werden." Am Ende ihrer Ausführungen bat sie Prof. Gabriel Marcel, dafür zu sorgen, dass Frankreich erfahre, was heute Morgen hier geschehen war.

Knapp drei Jahre später, am 9. September 1962, hielt Präsident de Gaulle, ihr Onkel, seine berühmte Rede an die deutsche Jugend in Ludwigsburg: „Sie alle beglückwünsche ich! Ich beglückwünsche Sie zunächst, jung zu sein ... Ich beglückwünsche Sie ferner, junge Deutsche zu sein, das heißt, Kinder eines großen Volkes. – Jawohl! – Eines großen Volkes! Das manchmal im Laufe seiner Geschichte große Fehler begangen hat. Ein Volk, das aber auch der Welt fruchtbare geistige, wissenschaftliche, künstlerische und philosophische Wellen beschert hat, das die Welt um zahlreiche Erzeugnisse seiner Erfindungskraft, seiner Technik und seiner Arbeit bereichert hat; ein Volk, das in seinem friedlichen Werk, wie auch in den Leiden des Krieges wahre Schätze an Mut, Disziplin und Organisation entfaltet hat. Das französische Volk weiß das voll zu würdigen, da es auch weiß, was es heißt, unternehmens- und schaffensfreudig zu sein, zu geben und zu leiden ... Die Zukunft unserer beiden Länder, der Grundstein, auf dem die Einheit Europas gebaut werden kann und muss, und der höchste Trumpf für die Freiheit der Welt bleiben die gegenseitige Achtung, das Vertrauen und die Freundschaft zwischen dem französischen und dem deutschen Volk."

Vorstellungen in Bern und in den katholischen Internatsschulen in Schwyz, in Einsiedeln und Sarnen schlossen sich an und stießen auf starkes Echo. Nach Aufführungen in Mailand und Rom ging es weiter nach Zypern. Dort war noch der heldenhafte Kampf der Zyprioten um die Unabhängigkeit von der britischen Besatzung unter Leitung von Erzbischof Makarios auf Schritt und Tritt zu spüren. Deutlich wurde dies in einem Kloster, in dem die verbrannten Schuhe und andere Gegenstände von General Grivas, dem Nationalhelden Zyperns, zu sehen waren. Er hatte sich zuletzt in einer Höhle versteckt und war mit Flammenwerfern getötet worden. – Trotz der anhaltenden Spannungen zwischen griechischen und türkischen Zyprioten hatten unsere Gastgeber Vertreter beider Seiten zu einem Empfang mit den deutschen Bergleuten ins berühmte Ledra Palace Hotel in Nicosia eingeladen. Nach einer längeren Periode von Bombenanschlägen war dies das erste Mal, dass sich die Kontrahenten wieder öffentlich begegneten. Uns war bewusst, dass auch jetzt noch im Februar 1960 jederzeit eine Bombe losgehen könnte. Ich war – wie alle – etwas aufgeregt, aber es passierte nichts.

Einige Jahre später, 1974, erfolgte die Besetzung des Nordteils der Insel durch das türkische Militär und schuf die bis heute unversöhnlichen Fronten. Die Demarkationslinie erinnert an den „Eisernen Vorhang" bei uns. Sie ist auch heute noch für Zyprioten nur unter großen Schwierigkeiten eingeschränkt zu überschreiten. – Die Botschaft des Schauspiels der Bergarbeiter mit dem symbolischen Brandenburger Tor als Hintergrund traf auch hier genau ins Schwarze. Sie wurde mit großem Interesse aufgenommen.

Rajmohan Gandhi, ein Enkel des Mahatma, Professor, Journalist, Autor verschiedener Bücher und einflussreicher Politiker im Kampf gegen die Korruption, lud die deutschen Bergleute ein, ihr Schauspiel auch in Indien zu zeigen. Natürlich konnten wir nur wenige Wochen in drei Städten des Kontinents das Schauspiel aufführen, in Mumbay, Trivandrum und Chennai.

Die ersten Begegnungen waren ein Schock. Ein mit Geschwüren übersäter, abgefaulter Unterarm eines etwa 14-jährigen, bettelnden Jungen vor dem Fenster unseres Busses in Mumbai katapultierte mich in die Realität Indiens. Wir waren gerade angekommen – sieht so Armut aus?

Wir, die Privilegierten, die Europäer, was sollten wir hier? – Ich stieg wie benommen aus, suchte meinen Koffer. Wir alle würden in einem Hotelzimmer diese Nacht vielleicht ruhig schlafen können. Andere hatten unsere Unterkunft vorbereitet, Geld gespendet, geplant, dass die deutschen Bergleute ihre Botschaft mit dem Schauspiel „Hoffnung“ auch in einigen Städten dieses riesigen Subkontinents in den nächsten drei oder vier Wochen weitergeben können. – Mit welchem Ziel? Diese Armut, dieses Leiden der Menschen, das einem auf jedem Meter des Gehwegs entgegensprang, wie konnte es behoben werden, wie konnte ein gangbarer Weg für über eine Milliarde Menschen in Indien aussehen?

Wir hatten keine Ahnung von diesem Land, wurden aber herzlich begrüßt mit den hier üblichen Blumengirlanden. Am kommenden Morgen sah ich mehr von der Realität: auf dem Gehweg neben der Straße ein Mann ohne Beine auf einem Holzbrett mit Rollen rutschend. Lepra? Wenige Meter weiter der nächste, ähnlich entstellt, nur mit einem Lendentuch notdürftig bekleidet. Um einen „Backschisch“ wurde gebettelt. Wir waren ja „reiche Ausländer, die haben etwas zum Leben, sonst wären sie nicht hierhergekommen!“

„Ihr dürft keinem etwas geben in diesem Land, sonst habt Ihr gleich eine Traube von Bettlern hinter euch, die alle einen Backschisch wollen. Und nach 100 Metern habt ihr nichts mehr", wurde uns im Vorfeld von einigen Engländern eingeschärft, die hier lange gelebt hatten. War das wahr?

„Also legt einen Panzer um euer Herz, anders könnt ihr nicht überleben, es geht nicht anders", hatten sie uns gesagt.

Am ersten Morgen mussten natürlich Einzelheiten für die Aufführungen unseres Schauspiels besprochen werden. Doch ehe das geschah, stand Hubert Eggemann, einer unserer Bergleute, auf und sagt: „Ich werde in meinem Leben nie mehr undankbar sein nach allem, was ich gestern Abend und heute Morgen in diesem Land gesehen habe, dieses Elend." – Er hatte recht, denke ich. Es hatte uns die Sprache verschlagen.

Bei einem kleinen Gang in Richtung Meer sah ich einige junge Inder herumstehen. Sie hatten nichts zu tun. Ich ging auf sie zu, fragte auf Englisch, ob sie Arbeit hätten.

„Nein, die gibt es hier nicht!" Wir kamen ins Gespräch. Sie würden gerne arbeiten, aber niemand gab ihnen eine Chance. – Von welcher Seite her mussten die Probleme in Indien angepackt werden?

Die Aufführungen kamen gut an in Mumbai. Alles wurde in Englisch übersetzt. Was weiß der normale Inder schon von Deutschland, vom „Eisernen Vorhang", von den Problemen im geteilten Europa? Die greifbare Wirklichkeit deutscher Bergarbeiter war aber nicht wegzudiskutieren. Es waren keine Schauspieler. Es prallten hier sehr verschiedene Lebenswelten aufeinander. Dies wurde mir auch bewusst, als wir die Gelegenheit erhielten, in einer Schule in Mumbai den großen, starken Mann Indiens, Jawaharlal Nehru, zu hören, der dort eine Rede hielt.

„Wenn er Recht hat", dachte ich, „kann dieses riesige Land nur mit sehr harter Hand und diktatorischen Maßnahmen überhaupt gesteuert werden. So groß ist es und so groß sind seine Probleme!" – Wenige Jahre später geht die Nachricht vom Tod Nehrus um die Welt. Aber war der Weg, den Nehru als Ziel vorgab, der richtige, um die furchtbare Not und Armut in Indien zu überwinden? Ich war skeptisch. Auf jeden Fall war „Geld geben" alleine keine Lösung!

Eine kommunistische Regierung in Kerala, Südindien?

In Gesprächen mit indischen Marxisten bekam ich den Eindruck, dass diese die gewaltigen Probleme des Landes wohl realistischer sahen und beurteilten als andere. 1957, drei Jahre vor unserem Eintreffen, hatten die Menschen in Kerala in Südindien in freien Wahlen eine kommunistische Regierung gewählt, die erste in allen Bundesstaaten. Trotz der in sie gesetzten Hoffnungen wurde diese Regierung zwei Jahre später durch Unruhen gestürzt. Mannath Padmanabhan, der 83-jährige Führer dieses Freiheitskampfes, war die treibende Kraft. Er wollte auch die deutschen Bergleute mit ihrem Schauspiel in Kerala haben. „Wir müssen eine dauerhafte Antwort auf den Kommunismus finden und unter allen, die an Gott glauben, Einigkeit schaffen", sagte er.

In Kerala lebten Menschen vieler Religionen zusammen. Von den damals etwa 16 Millionen Einwohnern waren rund sechs Millionen Christen. Dieser sehr dicht besiedelte Staat mit 856 Einwohnern auf den Quadratkilometer (Deutschland hat heute rund 231 Einwohner je Quadratkilometer) hatte die höchste Alphabetisierungsrate in Indien, etwa 90%. Also war ein Mangel an Bildung nicht die Ursache dafür, dass ein Land seine Probleme auf dem Weg von Karl Marx lösen wollte.

In Trivandrum, der Hauptstadt Keralas, wohnten Richard Bladeck, einer der Bergleute, und ich, bei einem pensionierten Ingenieur der indischen Staatsbahnen. So lernten wir in dieser tropischen Landschaft, in der alles blühte und gedeihte, zu leben mit Geckos an der Wand im Baderaum und vielen anderen Überraschungen. Bereits zum Frühstück gab es wunderbare kleine Bananen mit einem süßen Duft und Geschmack, wie wir ihn in Europa nicht kennen. Es gab unzählige Sorten von Bananen und viele andere Früchte hier.

„Wenn jede Familie in Indien wenigstens eine Kokospalme besitzen würde, könnte sie davon leben. So könnten wir den Hunger überwinden“, meinte unser Gastgeber. „Denn neben den Früchten kann man auch die Rinde und die Blätter zur Herstellung von Gebrauchsgegenständen verwenden.“ – Ich war überrascht. So sah sein Ziel aus? Doch dies könnte höchstens in Kerala gelingen, wo alles blühte und gedeihte. Indien hatte aber auch viele Wüstengebiete, völlig andere Voraussetzungen.

Bild 17: R. Bladeck und F. Junker(im Hintergrund) mit Familie Panikhar in Trivandrum, Kerala Südindien.

„Wie kommt die Entwicklungshilfe vom Westen hier an", fragte ich?

„Oft völlig falsch", sagte unser Gastgeber in seinem weißen Gewand. „Kanada hat nicht weit von hier eine Milchfabrik gebaut, um zu helfen. Doch es gibt hier keine Kühe oder Weiden, sodass die Fabrik ihre Produktion nie aufnehmen konnte. Eine komplette Fehlplanung!"

Unvergesslich war für mich die Schönheit der Natur und Landschaft in Kerala, die üppigen Palmen, Urwald an der Küste und viele Lagunen. Das Land zwischen den Meeresarmen erhob sich oft nur 50 bis 80 cm über den Meeresspiegel. Und die Hütten der Menschen standen dort auch nicht höher!

Die anschließenden Aufführungen in Madras, dem heutigen Chennai, führten zu einer besonderen Begegnung: Wir wurden in die Zentrale einer indischen Partei zu einem Essen eingeladen. Bald saßen die Bergleute und wir, ihre Begleiter, im Schneidersitz auf dem warmen Betonboden in einem großen, scheunenartigen Gebäude. Vor jedem wurde ein wunderschönes, frisches Palmenblatt ausgebreitet, das als Gedeck diente.

Man aß ja in Indien mit der linken, frisch gewaschenen Hand ohne Besteck. Der Koch kam bei jedem vorbei mit einer Kelle voll wunderbar gekochtem Reis. Dann folgte je eine Kelle Gemüse der verschiedensten Sorten, alles mit Curry gewürzt. Als Letztes gab es eine weiße Soße, die ich dankbar als „Feuerwehr" empfand, wenn der Curry zu scharf ausgefallen war. Es schmeckte alles köstlich und wurde natürlich mit einer süßen Frucht am Ende gekrönt.

Der Vorsitzende dieser Partei war der andere Großvater von Rajmohan Gandhi, unserem Gastgeber in Indien. Er wollte natürlich wissen, was für Leute sein Enkel eingeladen hatte und was diese mit ihrem Schauspiel in Indien wollen. „Rajaji", wie der Großvater unter Freunden genannt wurde, war einst enger Mitstreiter von

Nehru und Mahatma Gandhi im Unabhängigkeitskampf, der am 15.8.1947 erfolgreich beendet werden konnte.

C. Rajagopalachari, sein voller Name, wurde der erste Generalgouverneur Indiens nach der erstrittenen Unabhängigkeit von England. Er interessierte sich sehr für unsere Ziele und den Inhalt unseres Schauspiels „Hoffnung". In einem längeren Gespräch wollte er von mir vieles über die Situation in Deutschland und den Aufbau unserer Industrie nach dem Krieg wissen. Erst langsam erfasste ich, wer mir diese Fragen alle stellte: Der Mann, der mit dem Mahatma jahrelang auf friedlichem Wege die Unabhängigkeit erstritten hatte und dann zum mächtigsten Mann dieses Staates geworden war! Er hatte mich fast eine halbe Stunde ausgefragt.

Bild 18: Rajagopalachari „Rajaji".

Bis zu welchem Grad die Menschen in Indien die Aussagen unseres Schauspiels aufgenommen hatten, war schwer zu sagen. Sicher hatten wir bei vielen einen Beitrag dazu leisten können, dass sie unsere Probleme in Europa etwas verstanden. Doch Streit und Spannungen in Familien gab es natürlich in jedem Land der Welt, auch in Indien. Und Ehrlichkeit als Voraussetzung für eine Lösung war in Indien genauso schwer wie in Deutschland.

Ein deutscher Diplomat sagte, die Bergleute hätten keine Ahnung, wie viel sie hier für ein positives Bild von Deutschland getan hatten. Das wäre ganz unabhängig zu sehen von dem, was sie hier für die Welt und für Indien getan hatten.

Ein großer Sprung: Japan

Es war Mitte März 1960, als wir, von Indien kommend, in Japan landeten. „Fast alle Eintrittskarten für die geplanten Aufführungen waren bereits ausverkauft", hieß es bei der Ankunft in Tokio. Das übertraf alle Erwartungen. Natürlich wurde es meine Aufgabe, unsere Bergleute auf den Besuch in Japan vorzubereiten, nachdem ich lange in diesem Land gelebt hatte.

„Schwärmt nicht zu sehr über ein Bild an der Wand, das ihr in einer Familie seht. Die Familie könnte sich aus Höflichkeit verpflichtet fühlen, euch das Bild zu schenken", musste ich meinen Landsleuten sagen. „Seid nicht überrascht, wenn es kein Bett wie daheim für euch gibt. Auf dem mittelweichen Fußboden aus geflochtenen Strohmatten, auf dem das Nachtlager mit einem „Futon", einer Daunenmatte, abends vorbereitet wird, schläft man glänzend! Die Schuhe müssen selbstverständlich immer draußen bleiben. Das japanische Bad ersetzt die Heizung." Dazu musste ich erklären, wie man in Japan in einem Wohnhaus badet. Ich informierte auch über die in jedem Wohnraum angelegte Ecke für die verstorbenen Familienangehörigen, den Umgang mit Visitenkarten, die in Japan eine große Rolle spielen und vieles mehr. Denn zunächst waren wir alle eingeladen, in Familien in Tokio zu übernachten.

Auf der anderen Seite mussten wir den Menschen viele Fragen zu Deutschland beantworten, die Bergmannstracht erklärten und wurden oft gebeten, auch das Bergmannslied „Glück auf, Glück auf, der Steiger kommt" zu singen. Bei den Aufführungen versuchten wir wie immer, die Nationalhymne zu singen, trotz der für uns schwierigen Melodie:

Ministerpräsident Kishi lud zu einem Empfang, bei dem er den Besuch der Bergarbeiter in Japan sehr begrüßte und seine Unterstützung zusagte.

Natürlich war die Organisation von Transport und Unterkunft für eine so große Gruppe durch das ganze Land eine Riesenaufgabe. Die Japaner fanden aber eine glänzende Lösung: Ein Sonderzug mit Schlafwagen wurde uns von den japanischen Staatsbahnen zur Verfügung gestellt. So waren wir einige Wochenunterwegs von der großen Insel Kyushu im Süden bis nach Hokkaido, der Insel im Norden, alles gut durchgeplant. Natürlich gehörten dazu auch Aufführungen in Osaka, Kobe, Hiroshima, Sapporo und anderen Städten.

Die südlichsten Aufführungen von „Hoffnung" fanden in Kyushu statt, wo ein großer Teil des japanischen Kohlenbergbaus und der Stahlindustrie beheimatet war. Auf der Zeche „Miike" in Omuta wurde gerade in der Woche gestreikt, in der wir zu Gast waren. Die Bergleute kamen trotzdem in großer Zahl zu den Aufführungen und interessierten sich für die Erfahrungen ihrer deutschen Kollegen im Ruhrgebiet. Oft konnte ich als Übersetzer für Deutsch-Englisch dazu beitragen, dass sich beide Seiten verstanden.

Uns war allerdings zunächst nicht bewusst, dass gerade in diesen Wochen die junge Demokratie in Japan von innen angegriffen und infrage gestellt wurde. Während die Aufführungen in den größeren Städten Japans bei der Bevölkerung starkes Echo auslösten, organisierte die linksradikale Dachorganisation der Studenten „Zengakuren" in vielen Universitäten des Landes ihren Widerstand gegen die Regierung. Anlass war der Protest gegen eine Neuauflage des Sicherheitsvertrages zwischen Japan und den USA. Gleichzeitig wurde von den Studenten gefordert, die Universitäten zu „demokratisieren", die Umweltverschmutzung zu reduzieren und die „Urbanisierung" des Landes zu bremsen. Eine Großdemonstration nach der andern fand in Tokio statt.

Am 20. Mai stürmten die Studenten des Zengakuren das Parlament. Ministerpräsident Kishi und seine Mitarbeiter waren zeitweise durch die Studentenmassen fast abgeriegelt von der Außenwelt. Der Verantwortliche für unsere Arbeit in Japan aber kam durch zum

Ministerpräsidenten, der ihm zusicherte, seine Tür wäre für ihn jederzeit offen. – Am 10. Juni führte der Besuch des Pressesprechers von Eisenhower, James Hagerty, zu einer Großdemonstration auf dem Flughafen Haneda in Tokio. Schließlich wurde der geplante Besuch Eisenhowers in Tokio abgesagt. Bei einer weiteren Großdemonstration der Studenten wurden über 500 Studenten verletzt und einer getötet. Diese großen Studentenunruhen führten schließlich dazu, dass Ministerpräsident Kishi im Juli 1960 zurücktrat.

Bild 16d: Premierminister Kishi empfängt die deutschen Bergarbeiter in Tokio.

Mit einem großen Sprung über die Datumsgrenze und den Pazifik landeten wir in Vancouver, Kanada. Als wir dort durch unsere Aufführungen mit der Bevölkerung in Kontakt kamen, war ich überrascht, dass so viele Deutschsprechende in Vancouver lebten. Die meisten waren nach dem Ende des Zweiten Weltkrieges eingewandert, manche erst kurz vor unserer Ankunft. Natürlich war dort das Interesse an der „außergewöhnlichen Schauspiel-truppe" groß.

Weiter ging es nach Seattle, Los Angeles und in einem zweiten großen Sprung von über 3000 km direkt in das Zentrum, des Kohlenbergbaus im Osten der USA, nach Pittsburg. Das musste sein, nachdem es Bergleute doch immer zu Ihresgleichen in anderen Ländern zieht! John L. Lewis, der Ehrenpräsident der amerikanischen Bergarbeiter, wollte natürlich auch seine deutschen Kollegen kennenlernen.

Bild 16e: H Hartung, H. Eggemann und R. Wegerhoff (v.l.n.r.) im Gespräch mit John L. Lewis.

Washington war das nächste Ziel. Bei einem äußerst herzlichen Empfang im Hause Ely, einem altehrwürdigen Landhaus dieser Familie, wies uns der Gastgeber auf die große Zahl deutscher Einwanderer in USA Ende des 18. Jahrhunderts hin. Das ging so weit, dass eine Gruppe Deutscher aus Virginia eine Petition einreichte, mit der sie um die Übertragung der Gesetzestexte ins Deutsche baten. Mit einer Stimme zur Mehrheit wurde dies aber im Hauptausschuss des Repräsentantenhauses abgelehnt.

In vielen Staaten waren wir an höchster Stelle empfangen worden, hier in Washington auch im Kongress. Den Abschluss der großen Reise erlebten wir in New York, wo unser Schauspiel „Hoffnung" am Broadway aufgeführt werden konnte.

Nie hätten wir so etwas für möglich gehalten, als wir ein Jahr zuvor mit den Proben in Castrop-Rauxel begonnen hatten. Doch es war auch Zeit für die Bergarbeiter, für Väter und Mütter einiger Familien, dass sie zu ihren Kindern zurückkehrten. Ihre schulpflichtigen Kinder waren in dieser Zeit in einem Sonderprogramm in Caux in der Schweiz familiär und schulisch für viele Monate betreut worden. Auch dies war ein Abenteuer.

Einer der Bergarbeiter meinte: „Wie freue ich mich auf meine erste Schüssel Kartoffelsalat!"

1963

Weltraumstory - Boxen mit einem Olympiasieger?

Vor Jahren hatte ich Kontakt mit einem „Weltraum-Ingenieur", der am Bau von Raketen beteiligt war. Das kam so: In Caux sur Montreux in der Schweiz wurde an mich die Frage gerichtet: „Frowin, würdest du bitte den Herrn aus Württemberg von hier nach Genf bringen? Du kannst dafür unsern Wagen benutzen."

„Natürlich mache ich das."

Ich hatte einige Monate vorher den Führerschein gemacht, war stolz auf meine Fahrkünste und fühlte mich erfolgreich. Mit gespielter Lässigkeit fuhr ich mit dem geliehenen Wagen zur verabredeten Zeit vor das Hauptportal des Hotels über dem Genfer See. Der Gast trat pünktlich aus dem Foyer. Groß, schlanke Figur, elegant, mit Koffer und Aktentasche, etwa zehn Jahre älter als ich, den fuhr ich gerne nach Genf.

Es war ein sonniger Tag mit einem „Bilderbuchblick" auf den See und die Kette von Bergspitzen auf der französischen Seite. Langsam kamen wir ins Gespräch. Zwei Schwaben, die sich nicht kannten, in einer großen internationalen Konferenz in der Schweiz. Die Fahrt nach Genf dauerte immerhin zwei Stunden.

Mein Gast war Ingenieur. Das interessierte mich, hatte ich doch lange geschwankt zwischen Ingenieur und Architekt als Berufsziel. „Was haben Sie als Ingenieur geplant und konstruiert", fragte ich?

„Ich war in Peenemünde ..."

„Peenemünde? Hochinteressant."

Wann hatte ich dieses Wort zuletzt gehört? – Es war im April 1945, als ich abends im Dunkeln bei den Offizieren saß und einer von Peenemünde auf der Insel Rügen berichtete: „Dort werden Geheimwaffen entwickelt, die uns vielleicht noch retten können!" Allen war bewusst, dass es in wenigen Wochen, vielleicht schon in Tagen zu Ende sein würde, alles. – Alles, für das viele gelitten hatten, gestorben sind. Einfach alles.

Schließlich kam heraus, dass er an der Raketenentwicklung in Peenemünde beteiligt war und am Ende des Krieges in amerikanische Gefangenschaft geriet. Er wurde in die USA gebracht mit Werner von Braun, um möglichst viel von seiner Erfahrung und dem Bau von Raketen weiterzugeben. Viele Kollegen von ihm wurden von Russen gefangengenommen und mussten dort das gleiche tun.

Wettlauf zum Mond

Was kaum abzusehen war, entwickelte sich Jahre später zu einem weltumspannenden Wettlauf. 1957 gelang es den Russen, nach rasanter Weiterentwicklung den Satelliten „Sputnik 1" ins All zu bringen. Ein Schock für die Amerikaner. Jetzt ging es um die Vorherrschaft im Weltall. Der „Wettlauf" zwischen den beiden Großmächten, die sich im „Kalten Krieg" gegenüberstanden, hatte begonnen.

In beiden Ländern wurden Raketen gebaut. Am 12. April 1961 startete in der Sowjetunion der Offizier Juri Gagarin mit der „Wostok 1" und schaffte es, die Erde in 106 Minuten einmal zu umrunden. Er kehrte wohlbehalten auf die Erde zurück. Es war der Anfang der bemannten Raumfahrt.

Die Amerikaner wieder geschockt. Es wurden alle Anstrengungen unternommen, irgendwie den Vorsprung der Russen aufzuholen. Der amerikanische Testpilot Alan Shepard startete drei Wochen nach Gagarin, er konnte zwar nicht die Erde umrunden, aber in einer ballistischen Flugbahn die beachtliche Höhe von 187 Kilometern erreichen.

Nur eine Woche später trat John F. Kennedy vor den amerikanischen Kongress und verkündete: „Wir Amerikaner werden bis zum Ende des Jahrzehnts auf dem Mond landen!" – Er hat sich nur wenig verschätzt. Die Mondlandung der Amerikaner gelang schon 1969.

Weltraumfahrt auf der Bühne?

Peter Howard, Journalist aus England, der damals unsere internationale Arbeit leitete, griff das Thema auf. Er schrieb ein packendes Musical. Titel: „Space is so startling" (Weltraum ist faszinierend – deutscher Titel: „Die Weltraumstory").

Wir Jugendlichen bei der Weltkonferenz in Caux sangen die neuen Melodien begeistert und begannen mit Proben für das Musical. Ich übernahm mit anderen die Rolle der „Kosmonauten" der sowjetischen Seite, andere wurden „Astronauten", die Weltraumfahrer der Amerikaner. Wir spielten Schattentänzer, Sportler, Journalisten und Politiker sowie protestierende Jugendliche gegen die alte Generation und gegen alte Zöpfe.

In einer Szene hatte ich als Sportler bei jeder Aufführung einen amerikanischen Fußball mit der bekannten „Eiform" meinem Gegenüber, Ted Colwell aus Los Angeles, zuzuwerfen. Dann stellte ein „Astronaut" mir, dem „Kosmonauten", im Vorbeigehen den Fuß. Ich stolperte über seinen Fuß und lag bei jeder Aufführung, Abend für Abend, auf dem Boden. Es wurden mehr als 100 Aufführungen. – Der mir den Fuß stellte, war kein geringerer als John Sayre, ein Amerikaner, der bei den Olympischen Spielen in Rom 1960 im Rudern mit seiner Mannschaft die Goldmedaille gewonnen hatte.

Er war einen Kopf größer als ich, ein Hüne. Bei dem täglich anschließenden Boxkampf hatte ich seinen lockeren Schlägen mit der Faust natürlich wenig entgegenzusetzen. Wir waren gute Freunde, aber der kleine Boxkampf auf der Bühne jeden Abend war für mich ziemlich ernst, für ihn nur Spiel.

Bild 19: „Die Weltraumstory – Space is so startling".

Sein Gegenüber war „Rusty Wales", wie er aus Seattle. Er war ebenso groß gewachsen wie John und mit „eisernen" Muskeln ausgestattet. Er war in dem Musical der Chef der „Kosmonauten", welche die Athleten der Sowjetunion vertraten.

„Rusty" hatte nicht nur bei der Olympiade in Rom, sondern auch schon vier Jahre vorher in Melbourne die Goldmedaille erobert. Bald fand ich heraus, wie die zwei sich auf die Olympischen Wettkämpfe vorbereitet hatten: Beide arbeiteten in Seattle. Sie trafen sich jeden Morgen um vier oder fünf Uhr und ruderten eine Stunde im Meer. Dann ging es an die Tagesarbeit. Und das ein Jahr lang. Dann hatten sie die Kondition und den Weg frei zu olympischem Gold.

AUF NACH JAPAN!

Das Musical sollte in Asien bei einer internationalen Konferenz seine Premiere erleben. Wir probten und probten die letzte Nacht vor dem Abflug bis morgens um zwei Uhr! Vier Stunden später ging es mit einem Sonderflugzeug über den Nordpol nach Tokyo. – Die Stewardess meinte, sie habe noch nie so ruhige, schlafende Passagiere gehabt!

Die Uraufführung in Odawara südlich von Tokyo klappte trotz vieler Hindernisse. Das neu erbaute Konferenzzentrum war erst „im Fertigwerden", als schon viele der etwa 2.300 Gäste aus 42 Ländern zur Eröffnung gekommen waren. Dabei war die Haupttreppe vom Erdgeschoss ins Obergeschoss erst in der Nacht zuvor eingebaut worden und die Küche musste auf einen Schlag über 2.000 Besucher verköstigen. Es wurde sehr gebangt und geschwitzt, ob wir den Eröffnungstermin einhalten könnten. Aber die Japaner schafften es. Ich war einer, der gebangt hatte, da ich für die Beschaffung und den Transport einer großen „Bandspülmaschine" aus Offenburg nach Japan verantwortlich war.

Bei dieser Konferenz war allen bewusst, dass die Beziehungen zwischen Japan und seinen Nachbarn durch den Krieg stark belastet waren, besonders mit Korea. Viele Gäste waren gespannt, wie die Koreaner auf die Eröffnungsrede des japanischen Ministerpräsidenten Ikeda reagieren würden. Oberst Kim aus Südkorea führte aus, der japanische Staatschef habe hier bewiesen, dass eine Weltfamilie möglich ist, in der politische, staatliche und Rassenschranken überwunden sind. Vertreter von Vietnam und Indonesien, die ebenfalls sehr unter japanischer Besatzung gelitten hatten, konnten den Japanern in offener Atmosphäre begegnen.

Unser Musical, das mit viel Humor den Wettlauf der Großmächte zum Mond und den Streit mancher Länder untereinander darstellte, trug zu einer Annäherung bei. Das Musical kam anschließend in vielen Städten Japans, vom Norden bis in den Süden zur Aufführung. Dann ging es weiter nach England und Schottland, später nach Deutschland, in die Schweiz und USA.

In Erinnerung blieb mir in den USA besonders ein Besuch in Huntsville, Alabama. Hier wurden die Raketen aus Peenemünde weiterentwickelt. Ich wohnte bei einem deutschen Ingenieur. Er hatte eine Anlage zu bauen, durch die der Rückstoß der Raketenantriebe gemessen werden konnte, ein gewaltiges Betonbauwerk in offener U-Form, ähnlich einer Abschussrampe. Wir standen auch unter den riesigen Auspuffrohren der Raketenantriebe. Man kann sich deren Dimension kaum vorstellen.

Die Gastfreundschaft der dortigen Familie war nicht zu überbieten. Mir wurden am ersten Tag sofort der Autoschlüssel und die Benutzung des Familienautos angeboten! Wer käme bei uns auf den Gedanken, dies einem Gast ungefragt anzubieten?

Als wir abends zu unserer Vorstellung in Huntsville gingen bzw. fuhren, überraschte mich der Gastgeber: Er schloss seine Haustür nicht ab und ließ das Licht im Haus brennen. So vertrauensvoll war er zu seinen Mitbewohnern in der Stadt. Das habe ich sonst nirgends in der Welt erlebt.

1963–1964

Mit Rajmohan Gandhi in Indien

Aus dem Überfluss Amerikas landeten wir in der Armut Indiens. Einen größeren Gegensatz gibt es kaum. Das Elend auf den Straßen und die überschäumende Lebensfreude der Menschen lagen hier allerdings nah beieinander. Rajmohan Gandhi, Enkel des Mahatma, Journalist und Autor, hatte uns mit dem Musical eingeladen. Von stattlicher Figur, mit dunkler Hornbrille, souverän und weltgewandt, so empfing er uns in Delhi mit indischer Höflichkeit und herzlicher Gastfreundschaft. Jeder erhielt nach der Tradition einen Blumenkranz umgehängt. Indische Familien luden uns ein, bei ihnen einige Tage zu wohnen.

Doch wie tickte Indien wirklich? Konnten wir überhaupt etwas beitragen, um die Armut und Not in diesem Kontinent irgendwie zu überwinden? Was können Gäste aus Europa oder USA bewirken? Unser Musical war ja letztlich nur ein Mittel, um mit den Menschen ins Gespräch zu kommen. Abend für Abend geschah das auch. Hunderte kamen auf uns zu mit Fragen: „Wie haben Sie zusammengefunden? Wie können Menschen aus vielen Nationen ein solches Musical gemeinsam aufführen? Was wollen Sie in Indien ändern? Millionen hungern hier! Sie können auch nichts machen! Keiner kann das ändern!“ Stimmte das?

Ich lernte einen älteren Kaufmann kennen. Er besaß eine Antiquitätenhandlung. Es gab viel Gesprächsstoff über Sitten und Gebräuche in Indien und die daraus entstehenden Probleme, z. B. die sehr großen, über mehrere Tage sich hinziehenden Hochzeiten, die von manchen Familien nicht zu stemmen waren und diese in große Armut stürzten. Natürlich fragte er wie viele andere, warum wir nach Indien gekommen waren. Ich berichtete ihm von der

Einladung durch Rajmohan Gandhi, der auch bei uns in Europa war. Auch von den Spannungen als Folge des Krieges in Europa. Oder von dem Ringen um Ehrlichkeit in der Politik bis hin zur Frage der Steuerehrlichkeit. Da gab es in Deutschland Probleme. Welcher Politiker war ehrlich und glaubwürdig?

Er war interessiert. Wir trafen uns immer wieder. Schließlich sagte er, er kenne viele einflussreiche Politiker. Sie kämen alle zu ihm, um ihr eigenes, nicht versteuertes Schwarzgeld in Form von wertvollen Antiquitäten anzulegen. Ich war überrascht. Konnte das sein? Hinterzogene Steuern? War das eines der Hauptprobleme dieses Kontinents und eine Ursache der Armut, die uns überall entgegensprang?

Ich erfuhr, dass z. B. der Ministerpräsident eines Bundesstaates eingeladen wurde, im „Antikorruptionsausschuss" der Regierung mitzuarbeiten. Man war sich also des Problems schon bewusst. Er hatte jedoch abgelehnt, da er sich bei der nächsten Bahnfahrt in die Hauptstadt natürlich mit einem „Backschisch" entsprechend „erkenntlich zeigen" müsste.

Damals, 1963, versuchten Länder in Europa Indien finanziell durch große Kredite zu helfen. Doch traf ich einen Diplomaten, der schon lange in Indien lebte. Sein Fazit: „Wenn die Inder ehrlich wären, bräuchten sie keine Wirtschaftshilfe." War das wahr? Ich konnte es kaum glauben. War das eine der Wurzeln der unbeschreiblichen Armut? Es machte mich nachdenklich. War unsere Wirtschaftshilfe dann überhaupt sinnvoll?

Eingeladen von den „Unberührbaren“

Wir kamen in Delhi in Kontakt mit den untersten Schichten, der untersten Kaste, mit den „Untouchables“, den „Unberührbaren“. Sie waren hier Wäscherinnen und Wäscher. Bror, ein Freund aus Schweden und ich saßen in einer schlichten, sauberen Lehmhütte beim Chef dieser Wäscher. In sein weißes Gewand gehüllt, lud der agile, etwa 40-Jährige uns zu einer Tasse Tee ein. „Was führt Sie aus dem fernen Europa zu uns nach Indien?“, die erste Frage.

„Wir haben in Europa viele Spannungen zwischen den Nationen, die zum Krieg geführt haben. Frieden zu schaffen, Hass und Bitterkeit zu überwinden, geht nur, wenn man ehrlich ist und bei sich anfängt. Das haben wir mühsam lernen müssen.“

„Wir haben hier keine Kriege, aber andere Probleme wie die Korruption.“

„Einer muss anfangen, Fehler ehrlich zuzugeben. Das ist der einzige Weg.“

Der Mann ist sofort mit uns einig und begrüßt unseren Versuch, die Probleme Indiens von dieser Seite her anzupacken. „Ohne konsequente Ehrlichkeit könnten wir unsere Arbeit überhaupt nicht machen“, sagt er. „Die Wäscher gehen von Haus zu Haus, holen schmutzige Wäsche ab, waschen sie im Fluss und bringen sie, in der Sonne gebleicht und sauber gefaltet zurück zum gleichen Haus. Nur dann erhalten sie ihren Lohn.“ – Wir verstehen uns.

Nach einigen Tagen erhalten wir eine Einladung: „Wir laden Sie und ihre internationalen Freunde ein zu einem Fest, das wir für Sie veranstalten“, sagte er. „Kommen Sie in drei Tagen!“

Die Wäscher hatten mit Stangen ein großes Dach als Sonnenschutz aufgebaut, eine kleine Bühne für uns zusammengezimmert und indische Spezialitäten vorbereitet. Junge Inderinnen führten Tänze auf mit grazilen Bewegungen, eindrücklicher Musik und sprühender Lebensfreude. Ein Fest der verschiedensten Nationalitäten aus

Europa, USA und Indien entwickelte sich. Wir revanchieren uns mit Liedern und kurzen Berichten aus unseren Ländern. Diese, für Indien fast selbstverständliche Gastfreundschaft war überwältigend. Und das bei den „Ärmsten der Armen".

In Mumbai (Bombay) war ich Gast der Familie Srinivasan. Sie wohnte in einem einfachen, kleinen Holzhaus am Rande der Riesenmetropole mit heute über 18 Millionen Einwohnern. Für indische Verhältnisse gehörten sie sicher zur Mittelschicht, da der Vater als Gewerkschaftsfunktionär ein geregeltes Einkommen hatte. Die Eltern, Kinder und die Großmutter schliefen alle in einem Zimmer. Dazu gab es einen Wohnraum und eine Küche, mehr nicht. Die Familie sah es als „Ehre" an, einen Gast aus dem Ausland für einige Tage bei sich aufnehmen zu können.

Mir war klar, dass ich dort kein „Gastzimmer" erwarten konnte. Ich war mir auch sehr bewusst, dass ich als Europäer in solchen Verhältnissen mit dem, was ich esse, vorsichtig sein musste. Die Realität war dann doch hart: Als Schlafplatz wurde mir die kleine Holzterrasse angeboten, die teilweise überdacht war. Das „Bett" bestand aus einem Leintuch. Darunter war keine Matratze, sondern der Holzboden der Terrasse. Nun war es Monsunzeit, Anfang 1964. Ein warmer, leichter Dauerregen fiel Tag und Nacht. Alle Inder gingen mit Gummigaloschen durch die Straßen. Ich lag also auf dem Holzboden und musste mich schützen vor dem Dauerregen und mit Hilfe einer übelriechenden Creme gegen die Moskitos. Da aber der Geruch die Plagegeister nur etwa vier Stunden vom Stechen abhalten konnte, wachte ich regelmäßig nachts um zwei Uhr auf und schmierte mich wieder ein. Morgens um sechs Uhr wurde ich wieder von Stichen wach, froh, dass die Nacht vorbei war und der Tag beginnen konnte. Tagsüber war ich unterwegs in der Stadt, habe Leute zu unseren Aufführungen eingeladen. Trotz allem war die Gastfreundschaft der Familie so herzlich, dass ich alle Unannehmlichkeiten in Kauf nahm. Herr Srinivasan und ich wurden gute Freunde.

Nach Abschluss der Tournee mit unserem Musical bat Rajmohan Gandhi einige von uns, länger in Indien zu bleiben. Ich entschloss mich, die Einladung anzunehmen und zu bleiben. Daraus wurden neun Monate, einen längeren Aufenthalt erlaubte die Regierung nicht. In kleinen Gruppen gingen wir an die Arbeit.

Nehru hatte bestimmt: In 17 Hauptindustriezweigen des Landes entschied allein der Staat. Ebenso in der großen Textilindustrie. Dort hatten Privatbesitz oder private Entscheidungen nichts zu suchen! Dies betraf vor allem die Rüstungs- und die Schwerindustrie, die Kernenergie, die Stahlwerke und andere Teile der Wirtschaft.

Wie sich diese „gelenkte Wirtschaft in der Demokratie" in der Praxis auswirkte, erlebte ich in Bangalore. Ich war Gast in der Familie eines Unternehmers. Er war gläubiger Hindu, der seine Firma im Sinne seines Glaubens führen wollte. Als wir ins Gespräch kamen, berichtete er von seinem Problem: Er wollte seine Fabrik erweitern und mehr produzieren, was jedoch von einem Ministerium in Delhi genehmigt werden musste. Vor einem Jahr hatte er den Antrag gestellt, lange keine Antwort bekommen. Jetzt wäre bei ihm von anderer Seite eine Anfrage eingegangen. Wenn er sich erkenntlich zeige, würde man dafür sorgen, dass sein Antrag in Delhi positiv beschieden würde. Mein Gastgeber kämpfte mit sich, weil er diese Art der Wirtschaft mit seinem Glauben nicht verantworten könnte ...

Trotz all dem hat Indien, mit seinen heute beinahe 1,3 Milliarden Menschen, seit seiner Entlassung in die Unabhängigkeit 1947 eine ungeheure wirtschaftliche Entwicklung hinter sich gebracht. Das wirtschaftliche Wachstum betrug jährlich oft 6% bis 9%. Im Jahr 2014 lag es mit seinem Bruttosozialprodukt bereits an neunter Stelle in der ganzen Welt.

Können wir die Jugend in Südindien erreichen?

Wir planten eine Jugendkonferenz. Aber wie? Als Erstes fanden wir eine Schule in Otacamund auf dem Zentralplateau in Südindien, die in den Ferien frei war und als Konferenzzentrum dienen konnte. Hier, auf einer Hochebene, war es vom Klima her beinahe wie in einem heißen Sommer in Europa. Für uns sehr angenehm, wenn es in der Nacht noch etwas abkühlte im Gegensatz zu der Küstenebene. Doch wie hier die Voraussetzungen schaffen? Es müssten für 50 bis 60 Jugendliche die Betten bereitgestellt werden. Die gab es nicht – in Indien kein Problem. Wir fanden jemanden, der eine Familie kannte, die sich in diesem Handwerk verstand. Also wurde an der Seite einer Straße im Freien eine Werkstatt aufgemacht, um aus Bambus-, Jute- oder Palmenfasern durch langes Drehen richtige Stricke herzustellen, die dann, kreuz und quer geflochten, den Kern der vielen Betten ausmachten. Gleichzeitig gingen der Vater und die Jungen der Familie daran, aus dünnen Holzstämmen die vier Pfosten, die Längs- und Querträger eines Bettgestells zusammenzubauen. Diese wurden einfach mit einem Beil zugespitzt und in vorbereitete Löcher geschlagen. So konnten in wenigen Tagen 50 oder mehr Betten hergestellt werden.

Um für die Jugendlichen verbilligte Bahnreisen zu ermöglichen, vereinbare ich zusammen mit meinem Freund Bror einen Termin beim Präsidenten der Bundesbahndirektion in Hyderabad. Dort empfing uns ein sehr aktiver, umsichtiger Chef seiner Bahndirektion. Wir berichteten ihm von dem geplanten Jugendlager, das wir vorbereiteten, und fragten, ob für die Jugendlichen vergünstigte Fahrkarten ausgestellt werden könnten. Bei diesem Jugendlager wollten wir über die Zukunft Indiens ohne Korruption sprechen. Dabei würden wir auch erzählen, welche Schritte wir Europäer in unserem eigenen Leben unternehmen mussten, als wir uns entschlossen, ehrlich zu sein. Wir berichteten ihm auch von verschiedenen seiner Landsleute, die ähnliche Schritte bereits getan hatten. Er verließ plötzlich den Raum und kam nach einigen Minuten zurück mit Tränen in den Augen: „Ich wollte nach meinem Studium in den USA bei uns in Indien die Korruption bekämpfen. Jetzt kommen Sie von anderen Ländern zu uns und berichten, was Sie in dieser Richtung in unserem Land schon anstoßen konnten!" Aufgewühlt fuhr er fort: „Ich kenne alle Verantwortlichen der Bundesbahn in Indien. Bis auf zwei von ihnen können Sie jeden für Geld kaufen!"

Mitten auf der Straße in Hyderabad kam ich mit einem Herrn ins Gespräch. Es stellte sich heraus, dass er bisher bei einer Behörde angestellt war, aber vor kurzem arbeitslos wurde. Grund: Er hatte immer die Anträge einzelner Antragsteller an das Amt entgegenzunehmen. Nach der Bearbeitung musste er die Bescheide wieder an die Betreffenden ausgeben. Dabei verlangte er – aus religiöser Überzeugung – keinen „Backschisch". Sein Vorgänger hatte dies immer verlangt. Jetzt wurde er entlassen, da seine Vorgesetzten beim früheren Mitarbeiter von den gezahlten Beträgen immer etwas abbekamen. Bei ihm jedoch nicht.

In Chennai (Madras) luden wir Interessierte wöchentlich zu Gesprächen ein. Eines Tages eröffnete mir ein Geschäftsmann, dass er Schwierigkeiten habe mit seinem Sohn. Er verkaufte Auto-Ersatzteile und lud seinen Sohn ein, nach Abschluss der Schule in das väterliche Geschäft einzutreten. Doch der Sohn weigerte sich mit der Begründung, es gehe in der Firma des Vaters nicht ehrlich zu. Der Vater verstand die Welt nicht und empfahl dem Sohn, Urlaub zu machen und die Sache zu überdenken. Der Sohn blieb bei seiner Entscheidung. Jetzt war der Vater am Zug. Schließlich berichtete er uns: „Ich habe mich entschlossen, ab jetzt bei meinem Ersatzteilverkauf auf der Verpackung außen draufzuschreiben, welche Stahlqualität bei der Herstellung des Produkts verwendet wurde.“ (Die indische Stahlqualität war damals schlechter als die amerikanische. So konnte es passieren, dass ein LKW mit einem Ersatzteil aus schlechterem Stahl schon bei der nächsten Bergstrecke liegenblieb). Dies hatte natürlich einen großen Einfluss auf die Preisgestaltung der Ersatzteile!

Bahnreisen in Indien

Mit dem Zug in Indien zu reisen, war in den sechziger Jahren des letzten Jahrhunderts ein Erlebnis besonderer Art: Erstens waren die Entfernungen mit europäischen überhaupt nicht zu vergleichen. Jede größere Reise dauerte normalerweise ein oder zwei Tage und Nächte, wenn man von einer größeren Stadt zur anderen fahren wollte.

Zweitens war die normale Klasse, die „dritte Klasse“, meist überfüllt. Jedes Abteil, jeder Flur im Zug voll belegt. Die Fahrgäste lagen nachts auf dem Boden. Wenn es ans Aussteigen ging, musste ich über schlafende Körper steigen. Doch die Menschen nahmen auch solche Probleme gelassen hin.

Als Europäer fuhr man in der „gehobenen Klasse“. Da entdeckte ich, dass jeder erfahrene Mitreisende unter seinem Sitz einen merkwürdigen Tonkrug stehen hatte: Seine Versorgung mit seinem ihm bekannten Trinkwasser. Bei solch langen Fahrten in dieser Hitze sehr wichtig. Ich hatte natürlich nichts dergleichen. So blieb mir nichts anderes übrig, als auf jedem größeren Bahnhof auszusteigen und nach einem Brunnen Ausschau zu halten. Fast immer gab es einen mit einem eisernen Schwenkarm, mit dem man das Wasser hochpumpen konnte, wie früher auch bei uns. Ich füllte damit meine kleine Thermoskanne.

Doch Wasser ist in Indien so eine Sache. Was an Erregern darin stecken konnte, wusste niemand. Ich konnte mir nur helfen mit den chemischen Tabletten, die alles abtöteten, was zur Gefahr für die Gesundheit werden könnte. Erst eine halbe Stunde später konnte man einen Schluck trinken. Natürlich schmeckte es nach Chemie, aber das musste ich in Kauf nehmen. Ein Schaffner kam in unser Abteil und fragte, ob einer der Reisenden in der nächsten Station, die einige hundert Kilometer weg sein konnte, ein Essen wünschte. Das wurde telegraphisch vorbestellt. Ich sagte ja und es klappte. Aber das zweite Problem: Kein Mensch in Indien aß mit Messer und Gabel, außer in einem Nobelhotel. So musste ich immer auf dem Bahnsteig kurz meine linke Hand, mit der man isst, waschen.

Einmal war ich unterwegs von Bangalore nach Hyderabad, wieder über Nacht. Ich hatte einen Schlafsack dabei. Gegen vier oder fünf Uhr morgens stieg ein Ehepaar in unserem Abteil zu. Mit dem Morgengrauen begann jeder sich herzurichten und man wurde gesprächig. Natürlich wurde ich gefragt, was ich in Indien mache und wohin ich fahren würde. Die zweite Frage war: „Haben Sie dort schon ein Quartier?“ Ich musste verneinen.

Nach einiger Zeit fragte mich das Ehepaar: „Wollen Sie vielleicht einige Tage bei uns wohnen?“ Ich war überrascht und erfreut und sagte zu. Der Mann begründete die Einladung mit seiner Beobachtung, dass ich meinen Schlafsack selbst sorgfältig zusammengefaltet hätte. Offenbar war er dies bei Europäern noch nicht gewohnt. Dafür waren doch normal Diener da!

Ich stieg mit ihnen aus. Ein Taxi wurd herbeigerufen. In den Kofferraum kam ein besonderes Gepäckstück: eine große Bananenbaumstaude mit vielleicht 80 bis 100 Früchten am Stock. Der Kofferraum war dafür zu klein und musste offenbleiben. Kein Problem.

Wir fuhren hinaus auf einer Straße in die Wüste zu einem alleinstehenden zweigeschossigen Haus mit Flachdach. Eine Mauer umgab das Haus. Ich wurde freudig begrüßt, auch von den Kindern, und erhielt ein Zimmer im Obergeschoss. Innerhalb der Mauer sah ich einen kleinen Teich, eine wertvolle Wasserstelle in der Wüste. Auf meine Frage erfuhr ich, dass hier natürlich auch Schlangen seien, die sich aber immer fernhalten würden. Ich war dankbar für das Zimmer im Obergeschoss!

Die Hitze im Obergeschoss war groß. Mein Gastgeber sagte gleich, in der Nacht könnte ich wie die übrige Familie mein Bett auf das Flachdach vor meinem Zimmer schieben, um besser zu schlafen. Goldrichtig! Es war eine Freude, in der Wüste direkt unter dem Sternenhimmel zu schlafen und etwas von der nächtlichen Kühle aufnehmen zu können. Geweckt wurde man von den Rufen der Bauern, die etwa um sechs Uhr morgens mit ihren Tieren auf dem Weg zum Markt am Haus vorbeizogen. Ich erfuhr mehr von der Familie, die mich nach indischer Gastfreundschaft eingeladen hatte und bewirtete: Der Vater war Unternehmer, sein Schwager Minister im Kabinett des Bundesstaates Andhra Pradesh. Was für eine Gastfreundschaft!

Was passiert in einem normalen Dorf bei Mumbai?

„Ihr habt keine Ahnung vom wahren Indien. Ihr kennt ja nur die Städte, aber nicht das Land!", sagte Kumar, der Vorsitzende der Hafenarbeitergewerkschaft von Mumbai zu meinem Freund Bror und mir. „Wenn ihr das Land kennenlernen wollt, lade ich euch ein in mein Dorf." Natürlich nahmen wir an.

Zwei Tage später trafen wir uns am Bahnhof. Kumar, klein von Gestalt mit schwarzem Haar und kleinem Schnauzer, aber sehr agil, in bester Laune, weil er uns Europäern etwas bieten konnte. Zu unserer Überraschung bezahlte er als Gastgeber die Fahrkarten für die Vorortbahn von Mumbai nach Norden. Selten verirrte sich ein Ausländer in diese Gegend, dachte ich. Wir wurden entsprechend bestaunt. Es ging ja nicht zu einer Sehenswürdigkeit für Touristen.

Der Zug fuhr nahe der Küste in ein kleines Dorf. Zwei große alte Autos standen ganz unvermittelt am Ufer.

„Was tun diese alten amerikanischen Modelle hier am Strand?“, fragte ich Kumar.

„Die gehören den Schmugglern. Die holen die Goldbarren ab, die nachts von Pakistan hier angeliefert werden.“

„Wie kann das sein? Indien ist doch ein armes Land! Warum schreitet die Polizei hier nicht ein?“

„Der Polizeiposten in unserem Dorf ist einer der Begehrtesten. Die Polizei bekommt immer etwas ab von dem, was hier angeliefert wird.“

Wir stiegen aus in dem kleinen Fischerdorf. Einfache Katen oder Hütten, mit Stroh gedeckt, dazwischen Lehmpfade. In der Mitte des Dorfes stand ein zweigeschossiges Haus – sein Haus. Wir wurden nach oben geführt. Dort gab es zwei Zimmer. Kumars Frau begrüßte uns mit Tee und Gebäck. Eine ältere Person im Hintergrund fiel mir auf und ich fragte, ob dies die Großmutter sei.

„Nein, es ist die Mutter eines Freundes von mir, der beim Unabhängigkeitskampf gegen die Engländer ums Leben kam. Daraufhin habe ich seine Mutter zu uns genommen, damit sie versorgt ist.“

Auf einem Tisch stand ein kleines Kästchen mit vielen Glasröhrchen.

„Wozu brauchen Sie das?“

„Das sind homöopathische Medikamente. Ich bin nebenher der Arzt für die Dorfbewohner. Kleinere Schmerzen wie Kopfweh oder Ähnliches kann ich damit lindern.“

Dann erfuhren wir mehr über die Realität in diesem Land. Es gab richtige „Bettler-Ringe“, die Kinder zu diesem Gewerbe zwangen und abrichteten. Was ihnen gegeben wurde, ging an den „Boss“. – Vor einiger Zeit kamen sie in das Fischerdorf und raubten ein Mädchen, um es zum Betteln abzurichten. Kumar hatte als Chef seiner Gewerkschaft eine starke Position. Und er hatte Gefolgsleute, die ihm halfen. Er mobilisierte seine Hafenarbeiter und die Fischer. Sie suchten und suchten, bis sie das Versteck und die Geraubte entdeckten. Daraufhin konnte er mit seinen Freunden das Mädchen befreien und wieder zurückbringen in das kleine Fischerdorf.

Doch die Rache blieb nicht lange aus. Eines Nachts griff die Bettlerbande das Dorf an. Sie hatten es auf Kumar abgesehen, den einflussreichsten Mann im Dorf. Sie schlichen zwischen den Katen der Fischer zu seinem Haus im Zentrum. Da aber bei Nacht jeder Laut und jeder Fußtritt auf dem Lehmboden gehört wurde, wachten die Fischer auf. Sie konnten das Haus von Kumar verteidigen und den Angriff der Bettler zurückschlagen.

Jetzt verstand ich besser, was uns erfahrene Engländer vor der Ankunft in Indien gesagt hatten: „Ihr müsst einen Panzer um euer Herz legen ...“

Es gab unzählige Begegnungen mit einflussreichen Menschen in Indien und mit den Einfachsten, Ärmsten des Landes. Bei der Größe des Subkontinents und der unendlich großen Zahl der Menschen, fragte ich mich natürlich: „Haben wir etwas bewirken können? – Wenn, dann sicher nur einen Tropfen auf einen heißen Stein.“

Nach neun Monaten war unser Visum abgelaufen. Eine Verlängerung gab es von der Regierung nicht.

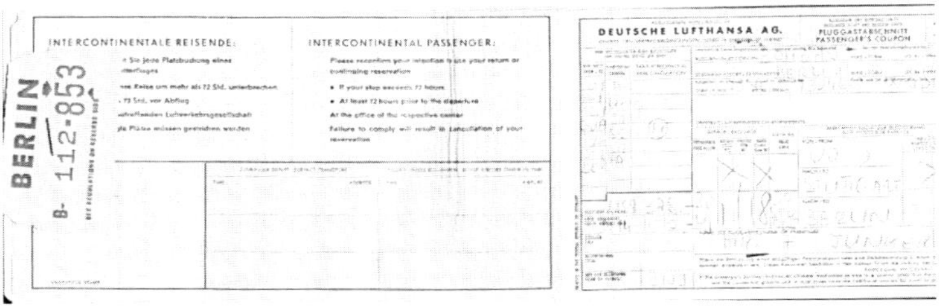

Bild 20: Flugticket der Lufthansa von Bombay nach Stuttgart und Berlin.

Rajmohan Gandhi dankte uns für unsere Arbeit. Bei einem abschließenden Gespräch wollte er mehr wissen, wie jeder von uns diese Monate in seinem Land erlebt hatte, welche Eindrücke wir mitnehmen würden nach Europa oder USA. Jeder von uns Männern bekam von ihm persönlich eine wunderschöne „indisch gestaltete“ Krawatte überreicht, die Frauen ein entsprechendes Geschenk eines indischen Tuches oder „Saris“.

Meine Krawatte hängt heute noch in meinem Kleiderschrank. Ich kam heim „dünn wie eine Bohnenstange“ durch die Monate der Hitze, die jedem zugesetzt hatte. Meine Eltern schenkten mir einen neuen Anzug, der den Realitäten mehr entsprach. Es wurde ein Neuanfang.

1965

ZWEIFEL – BIN ICH EHRLICH MIT MIR SELBST?

Zweifel? War es sinnvoll, was ich Jahr für Jahr machte? – Natürlich gab es Zweifel, immer wieder. Nicht jeder Plan, nicht jede Unternehmung, nicht jedes Gespräch gelang, sodass man überzeugt war: „Es hat sich gelohnt!" Obwohl unsere Schauspiele, unsere Musicals, an denen ich mitwirken konnte, insgesamt ein starkes Echo in vielen Ländern der Welt gefunden hatten.

Immer wieder fragte ich mich: Hast du den richtigen Weg eingeschlagen? Nach einem Semester Studium der Architektur hast du alles liegenlassen und bist einfach in die Welt hinausgezogen. Es war verlockend gewesen, klar. Mein Vater war dagegen. Und er hatte ja auch recht. Selbstverständlich hätte ich zuerst meine Berufsausbildung abschließen müssen, ehe ich mich für irgendwelche anderen Sachen in der Welt einsetzte. Er hatte mir immer wieder ins Gewissen geredet, bei jedem gemeinsamen „Spaziergang". Nachdenkliche, besorgte Briefe kamen. Immer wieder tauchte in mir das alte Berufsziel auf, Architekt zu werden. Und ich wollte doch auch heiraten und eine Familie haben. Doch auf welcher materiellen Basis? Die war nicht vorhanden, die konnte ich nicht bieten. So nicht!

In Indien sprach ich mit einem Freund, mitverantwortlich für unsere Arbeit. Er meinte, ich solle zuerst noch volle Verantwortung für unsere Arbeit in Deutschland übernehmen.

Zurück in Deutschland wurde ich oft eingeladen, über unseren Einsatz in verschiedenen Ländern zu berichten. So fragte mich „Stan", ein rotblonder Australier, der mit uns arbeitete, eines Tages: „Gehst du mit nach Neuenbürg, wo wir in einem Gymnasium einen Film zeigen sollen?"

„Ja", sagte ich. Eine blonde Studienrätin hatte eingeladen, unser Programm in einer elften Klasse vorzustellen.

Natürlich stellten die Schüler nach dem Film Fragen über die Spannungen zwischen Schwarzen und Weißen in den USA oder zwischen ehemaligen Feinden. „Was kann denn einer allein überhaupt tun?" Diskussionen mit Schülern sind immer gut. Doch mich beeindruckte am meisten, wie offen die Lehrerin ihre Schüler ansprach, wie ehrlich sie war. Sie gab zu, dass auch Lehrer sich ändern müssten.

Es funkte. Es ging tiefer. Sie fuhr mit uns anschließend nach Stuttgart. Ich entdeckte immer mehr mein Interesse für Beate. Wie konnte es sein, dass wir in vielem so ähnlich empfanden? Es warf mich um. Es löste Gefühle aus, die ich nicht mehr vergessen konnte. Doch was hatte ich zu bieten?

Ein abgebrochenes Studium, viele Erfahrungen in vielen Ländern. Ich hatte Deutsch-Englisch übersetzt und umgekehrt in den unmöglichsten Situationen, auch eine Einladung vom Oberbürgermeister Düsseldorfs bekommen, bei der Stadt als Übersetzer anzuheuern. Ich hatte etwas Erfahrung mit Pressearbeit, Artikel geschrieben, hatte auch das Buch „Welt im Aufbau" aus dem Englischen ins Deutsche mit übertragen, auf der Bühne und bei Filmarbeit mitgewirkt und vieles andere. Alles recht und gut. Aber eine materielle Basis für die Gründung einer Familie war das alles nicht. Doch ich hielt es nicht mehr aus ohne sie.

Also schrieb ich vom Ruhrgebiet, von Castrop-Rauxel, weit weg von Tübingen, wo sie inzwischen unterrichtete, einen Heiratsantrag als „Eilbrief". Achterbahn der Gefühle. Wie würde sie reagieren? Warten auf die Antwort, endlos erschien mir jeder Tag!

Da kam der ersehnte Umschlag von ihr. Es war nicht „Nein"! Es war ein positives Echo, obwohl wir uns nur wenig kannten. Sie sagte „Ja"! Wollte aber den Brief am Tag darauf wieder aus der Post zurückholen, wie sie mir später beichtete.

Vier Tage danach, an einem Samstag nach der letzten Schulstunde am Uhland-Gymnasium in Tübingen, fuhr ich mit einem Blumenstrauß und einem geliehenen Wagen vor. Es begann ein ungeheures Abenteuer. Eine Entdeckungsreise in das Leben eines anderen Menschen für mich und für sie. Immer mehr Gemeinsamkeiten taten sich auf, bis hin zu gemeinsamen Wurzeln der beiden Familien in Bad Urach.

„Der hergelaufene Inder"

Wie sagen wir es unseren Eltern? Was werden unsere Familien dazu sagen? Als ich die Angebetete meiner Mutter vorstellte, schlug sie die Hände über dem Kopf zusammen mit dem Ausruf: „Gott sei Dank ist es keine Engländerin!" Ihre größte Sorge war, dass ich ihr einmal irgendeine Schönheit aus einem fernen Land vorstellen würde, mit der sie überhaupt nicht reden könnte! Also dieser Schritt war gelungen und fiel positiv aus.

Am nächsten Tag, so hatten wir ausgemacht, sollte ich nach Tübingen kommen, um ihre Eltern kennenzulernen – und sie mich.

Gespannte, höfliche Atmosphäre. Gelehrtenhaushalt. Tradition zeigte sich in jedem Raum, war überall greifbar. Wie würden ihre Eltern auf einen solch „hergelaufenen Inder" – ich war vor nicht langer Zeit aus Indien zurückgekommen – reagieren?

Nach dem „offiziellen" Mittagessen in der guten Stube wollte der Vater diesen möglichen (unmöglichen) Schwiegersohn, ohne Stellung und Beruf, etwas näher unter die Lupe nehmen. Im Studierzimmer stiegen von seiner edlen Zigarre immer wieder kleine Ringe in die Luft. „Und wie haben Sie sich das vorgestellt?", war natürlich die Frage, die kommen musste. Ich war darauf vorbereitet und hatte offensichtlich kein scharfes „Njet" mit meiner Antwort ausgelöst, trotz der völlig unbürgerlichen Anmaßung, auf einer so schwachen wirtschaftlichen Grundlage diesen Schritt wagen zu wollen.

„Robert Gradmann Medaille"

Wie war ich überrascht, als Beate und ich mit vielen anderen einige Monate später eingeladen wurden zu einer Feier der Universität Tübingen anlässlich der Stiftung einer „Robert Gradmann Medaille". Ihr Großvater – der Großvater meiner Verlobten! – war ein bedeutender Naturwissenschaftler gewesen, ein Vordenker der ökologischen Bewegung von heute. Er war Pfarrer gewesen, Botaniker, Bibliothekar und Geograph. Durch seine Bücher wie „Das Pflanzenleben der Schwäbischen Alb" und „Süddeutschland" war er über Deutschland hinaus bekannt. Sein Herbarium und andere Arbeiten von ihm werden im Naturkundemuseum in Stuttgart aufbewahrt. Ich staunte. Ich hatte keine Ahnung davon. Welcher Reichtum erschloss sich, als ich endlich den Mut hatte, einen längst überfälligen Schritt zu tun!

Unsere beiden Eltern lernten sich kennen und schätzen. Es gab gemeinsame Wanderungen im Schönbuch, von denen ein Bild erhalten ist, wie mein Vater versucht, beiden Familien mitten im Wald erfrischende Gymnastik „a la Kneipp" beizubringen.

Bild 21: Frowin und Beate Junker auf dem Weg zum Standesamt (1965)

So konnte das Fest in Tübingen steigen. Nach der Trauung in der Stiftskirche feierten wir zünftig im Haus der Studentenverbindung „Roigel" direkt vor dem Tübinger Schloss.

Einer unserer Gäste, Ministerialbeamter und Bundestagsabgeordneter, sagte bei der Feier einen Satz, den ich nur langsam erfasste: „Es geht um Mut in allen Dienstobliegenheiten." Im Beamtendeutsch ausgedrückt war dies genau das, was ich dringend brauchte: Mut. Ich hatte ja keine materielle Basis für einen Hausstand.

Hatte ich doch – und jetzt wir beide – „keinen festen Wohnsitz“. Wir waren fast immer unterwegs und zu Gast bei verschiedenen Freunden im ganzen Land oder im Haus Goldschmieding in Castrop-Rauxel, das der Gelsenkirchener Bergwerks AG gehörte und leer gestanden war. Also landeten die vielen schönen Hochzeitsgeschenke bei Beates Eltern unter dem Dach und harrten der Stunde, da wir sie in irgendeiner Wohnung brauchen könnten.

Dies geschah Monate später 1966 im Ruhrjugenddorf „Meisenhof“ in Castriop-Rauxel. Dort wurde die Wohnung im ehemaligen Heimleiterhaus unsere erste Bleibe. Alte Möbel konnten wir von meinen Eltern herbeischaffen und es begann so etwas wie ein normaler Hausstand. Doch ein Anfang war gemacht und wir konnten die Hochzeitsgeschenke sehr gut gebrauchen.

1966

Wirbelsturm aus Amerika

Seit etwa einem Jahr brodelte es in vielen Ländern, nicht nur in Deutschland, auch in den USA. Der Vietnamkrieg eskalierte und in Amerika gewann die Bürgerrechtsbewegung an Einfluss. Martin Luther King, der im Kampf zur Durchsetzung der Rechte der Schwarzen 1964 den Friedensnobelpreis erhalten hatte, fiel 1968 einem Attentat zum Opfer.

In Deutschland wuchsen die Spannungen zwischen der Generation, die den Krieg erlebt hatte, und den Nachgeborenen. Studenten und Jugendliche begehrten auf gegen das „Establishment", gegen alte Traditionen und alles Althergebrachte, gegen alles Bürgerliche, gegen jede Autorität. Die 1963 geplante Einführung von Notstandsgesetzen führte zu einer „Außerparlamentarischen Opposition", die später (1971-1993) in 34 Morden der „Roten Armee-Fraktion RAF" gipfelte.

An den Universitäten wurden die Professoren mit provokanten Fragen konfrontiert: „Wer gibt Ihnen das Recht, uns Jugendlichen zu sagen, wie wir leben sollen?"

Mein Onkel, Gerhard S., Professor der Architektur an der Fachhochschule für Technik in Stuttgart, verstand die Welt nicht mehr.

„Was will diese Jugend? Warum ist sie plötzlich so aufmüpfig? Warum wird jede Autorität in Frage gestellt?" Er wusste keine Lösung. Er war verzweifelt.

Ein Vorwurf: „Ihr Alten habt die Vergangenheit des III. Reiches nicht richtig aufgearbeitet." – Geht „Aufarbeitung" leicht oder schnell? Wer von uns Älteren hatte je die Realität von Auschwitz gesehen? Und wer von diesen Jugendlichen hatte das Jahr 1945 erlebt? Mein Vater und Tausende, vielleicht Zehntausende „bürgerlicher Väter“ hatten ihren Arbeitsplatz verloren, für Jahre verloren, weil sie in der Partei waren, „Mitläufer“ waren. Sie hatten nicht den Mut zum Widerstand gehabt, z. T. ihre Söhne im Krieg verloren. Jetzt bekamen sie kein „Gehalt“ mehr.

Ich war nach dem Krieg Schüler und spürte das nicht so sehr, weil es sowieso fast nichts zu essen gab oder zu kaufen. Aber unsere Eltern hatten schwerste Zeiten, Bombenangriffe und Monate der Hungersnot durchgestanden.

Die großen Umwälzungen der Gesellschaft, die sich 1966 anbahnten, verlangten neue, klare Antworten, um überhaupt wahrgenommen und gehört zu werden. – In diesen Monaten war bei einer großen Jugendkonferenz der Moralischen Aufrüstung in Michigan/USA ein neues, schwungvolles Musical entstanden, das dem Zusammenleben der Menschen verschiedener Hautfarben in Freiheit neuen Inhalt gab: „Sing Out 66“. Es ging um Freiheit im Gegensatz zu Zügellosigkeit, um Überwindung von Nationalismus, Klassen- und Rassenhass und um den Beitrag, den jeder Einzelne und jedes Volk in der Welt leisten kann und leisten sollte.

Als unsere Freunde in Amerika ankündigten, mit dem Musical Deutschland besuchen zu wollen, hatten wir, unsere kleine Gruppe im Ruhrgebiet, wenig Ahnung, was auf uns zukommen würde. – Wir wussten zwar, dass Amerikaner viel lockerer waren als wir, aber was sich hinter dem Namen „Sing Out 66“ genau verbergen würde, war dann doch viel, viel mehr.

Bild 22: „Die Colwell Brüder".

Es wurde ein Wirbelsturm. Der Ankunftstermin der Amerikaner war bekannt, auch dass wir in verschiedenen Städten unseres Landes Aufführungen vorbereiten sollten: in Köln, Koblenz, Düsseldorf usw. So erhielten Beate und ich z. B. den Auftrag, in Würzburg eine Halle zu suchen und zu buchen für den Tag, an dem 60 bis 80 junge Amerikaner im Rahmen ihrer Tournee durch Deutschland in Würzburg auf die Bühne stürmen würden.

Es hieß die Stadtverwaltung zu besuchen, Verträge abzuschließen, viele Privatquartiere für zwei oder drei Nächte zu besorgen, um einen engen Kontakt zu deutschen Jugendlichen zu ermöglichen und die Stadt auf das große Ereignis vorzubereiten. Wir gingen zu den Zeitungen, den Schulen, den Organisationen und den Betrieben. Wir informierten die maßgeblichen Personen der Stadt.

Das Echo in Würzburg war überwältigend – wie in allen anderen Städten. Die Jugendlichen kamen in Massen und wollten mehr Kontakt mit den Amerikanern. Sie gründeten örtliche „Sing Out Gruppen“, um die gehörten Lieder immer wieder zu singen. Fast in jeder Stadt bahnte sich eine solche Entwicklung an. In den Texten wurden die Probleme im Zusammenleben der Menschen in der Welt angeprangert, die angepackt und gelöst werden müssten. Das vielleicht wichtigste Lied im Programm von „Sing Out“, das auch die Rassenfrage in den USA aufgriff, lautete:

„What color is God's skin,
is it black, white or yellow,
is it red or is it white,
people are the same
in the Good Lord's sight!“

Es ging also um die Frage, welche Hautfarbe wir Gott zuschreiben: „Ist sie schwarz, gelb, rot oder weiß?“ Die Schlussfolgerung in dem Lied lautet, dass alle Menschen dieser Welt, egal welcher Hautfarbe, seine „Kinder“ sind.

In einem leer stehenden „Ruhrjugenddorf“ in Castrop-Rauxel, das Jahre vorher für junge Bergarbeiter gebaut worden war, konnten Studenten und Schüler aus dem ganzen Land die Jungen Amerikaner für einige Wochen in den Schulferien kennenlernen und miteinander die schmissigen Lieder und Rhythmen einüben. Der Funke sprang über. Die Texte wurden ins Deutsche übertragen. Einige unserer Schüler und Studenten schrieben neue Lieder, z. T. mehr zugeschnitten auf unsere Situation in Deutschland. Eines lautete: „Freiheit ist nicht umsonst …“, ein anderes:

„Jung sei Dein Herz, halt den Kopf immer hoch,
lass deinen lahmen Gang, halt den Blick Dir offen.
Das Rad der Zeit holt Dich nicht mehr ein,
drum: Jung sei Dein Herz, so wirst Du's auch sein!“

„Offen sein für Neues“, „lernfähig bleiben“, „den Herausforderungen sich stellen“, war die Botschaft. – Einige Monate später konnte unsere neue Gruppe, die sich „Sing Out Deutschland“ nannte, dieses Lied auch Bundeskanzler Adenauer vortragen.

Studenten entschieden sich, für sechs Monate oder länger bei dieser neuen Gruppe mitzumachen. Schüler der oberen Klassen wollten ebenfalls für ein halbes oder ein ganzes Jahr an einer Tournee teilnehmen. Doch dafür müsste wegen der Schulpflicht in vielen Kultusministerien eine Sondererlaubnis eingeholt werden. Wir versuchten es. Nach Verhandlungen mit den Ministerien in Düsseldorf, Hamburg, Stuttgart und anderen Städten konnten wir für einzelne Schüler eine Beurlaubung für ein halbes Jahr erreichen. Dabei hofften wir immer, dass diese später (bei entsprechenden Leistungen) wieder in ihren alten Klassenverband eintreten könnten. Ein gewagtes Unterfangen.

Natürlich bekamen wir es mit der Bürokratie zu tun. Als Beate, Studienrätin, und ich z. B. bei Prof. Dr. Hahn, Kultusminister von Baden-Württemberg, vorsprachen, hatten wir rasch den Eindruck, dass der Minister gerne unserem Wunsch zur vorübergehenden Beurlaubung einzelner Schüler zustimmen würde. Doch sein Ministerialdirektor war voller Bedenken. Wohin könnte so etwas führen? Es brauchte viele Überredungskünste, um einem so ausgefallenen Experiment in unserem „Musterländle“ eine Chance zu geben.

In Düsseldorf zitierte uns der Ministerialdirigent im Kultusministerium „die drei oder vier üblichen Grundsätze der Verwaltung“, wie man auf solche Anfragen reagieren könnte: „Erstens – kommt gar nicht in Frage!“ oder „Zweitens – das hat es noch nie gegeben!“ oder „Drittens – da könnte ja jeder kommen!“ bis zu dem Grundsatz: „Warum eigentlich nicht?“

„Schule auf Rädern“

So wurde eine „Schule auf Rädern“ entwickelt. Es wurden Lehrkräfte und begabte Studenten gesucht, die in ihren eigenen Fächern den Schülern – aus sehr verschiedenen Schulformen – den Lehrstoff ihrer jeweiligen Klasse vermitteln konnten, den sie selbst vor nicht langer Zeit fürs Abitur vielleicht hatten „büffeln“ müssen. Jeder ging mit viel Idealismus an diese Aufgabe. Trotzdem war natürlich eine „offizielle Anerkennung“ dieser Schule mit 30 bis 40 Schülern damit noch lange nicht zu erreichen. Die Motivation der Schüler selbst aber wurde unser wertvollstes Gut. Sie wollten lernen, um das Ziel, später in ihre alte Klasse zurückkehren zu können, zu erreichen.

Als wir zwei Jahre später das Programm einer „Schule auf Rädern“ aus finanziellen Gründen beenden mussten, hatten es mehrere Schüler geschafft, durch Fleiß in ihre alte Klasse zurückzukehren. Doch es gelang nicht jedem. Dazu war auch die Haltung einzelner Lehrer nicht immer hilfreich, während die Klassenkameraden fast bei jedem ihrer früheren Mitschüler diesen Versuch voll unterstützten.

Die große Überraschung: Einladung nach Brasilien

Nach einer Tournee durch viele Städte im Bundesgebiet, in Österreich und der Schweiz überraschte uns eine Einladung nach Südamerika. Zwei Brasilianer waren gekommen, hatten die deutsche „Sing Out Gruppe“ erlebt und daraufhin die Einladung ausgesprochen.

„Wir nach Brasilien?“ – Alle waren begeistert, aber wie ein solches Unterfangen finanzieren? Wer kann das bezahlen? Das kostete viel Mut und viel Geld! Es fing an mit unseren Schülern. Sie baten ihre Eltern, ihre Onkels und Tanten um einen Beitrag zu den gewaltigen

Reisekosten. Wertvolle Gegenstände wurden verkauft, auch Autos, um Schritt für Schritt dazu beizutragen, dass wir nach einigen Monaten einen großen Teil der Reisekosten – einigermaßen (!) – abdecken konnten.

Ein Wagnis

Ein Flugzeug wurde gechartert. 137 Studenten, Schüler und einige Erwachsene flogen mit Bühnenausrüstung im Mai 1967 nach Rio de Janeiro. Ankunft im „Deutschen Club“: Alle möglichen alten Lieder, vom „Westerwald“ bis zu Volksliedern, die bei uns schon lange nicht mehr gesungen wurden, empfingen uns. Der Betreiber des Restaurants hatte einige alte Platten gefunden. Es gab „Churrasco“ (Rindfleisch-Brocken) an Spießen auf jedem Tisch. Brasilien hatte uns schnell gewonnen. Fast alle von uns konnten bei Familien untergebracht werden. Als Erstes in Petrópolis, der früheren Sommerresidenz der brasilianischen Herrscher. Sie liegt einige hundert Meter höher als Rio nördlich der Stadt. Dort war die brasilianische Hitze leichter zu ertragen, die uns Mitteleuropäern doch zu schaffen machte.

Beate und mir wurde eine außergewöhnliche Gastfreundschaft zuteil. Wir konnten beim Schulleiter der „Deutschen Schule“ von Petrópolis wohnen. Es gab dort tatsächlich eine kleine „Deutsche Schule“. Aus allen Wolken fielen wir, als wir zum Abendessen „Linsen und Spätzle“ angeboten bekamen. Die Frau unseres Gastgebers stammte aus Esslingen! Der erste Morgen brachte die nächste Überraschung: Es war Ostern und ein wunderschön geschmückter Frühstückstisch mit Ostereiern in allen Farben und bunten Bändern erwartete uns. Und das in Südamerika.

Unser Gastgeber führte uns in sein Arbeitszimmer. Eine große Karte von Brasilien füllte dort die gesamte Zimmerwand: „Dass Sie wissen, wo Sie sich befinden!“ Entfernungen, die wir uns nicht vorstellen konnten. Rio lag ganz im Süden und weit im Norden dehnte sich das riesige Amazonas-Gebiet mit dem Regenwald aus. Die Entfernung dorthin beträgt etwa 2.500 bis 3.000 km. Der Schulleiter berichtete von einem Freund, der dort lebte. Er wäre nur in bestimmten Monaten des Jahres in der Lage, über die Flüsse aus dem Amazonas-Gebiet herauszukommen!

Die Küste Brasiliens wäre besiedelt, nicht das Landesinnere. Diesem Ziel sollte die Verlegung der Regierung in eine neue Hauptstadt im Zentrum des „Kontinents“, in Brasilia, dienen. Zu diesem Zweck wurde in der Steppe oder Savanne, etwa 1000 km nordwestlich von Rio, eine neue Stadt gegründet, besser gesagt „aus dem Boden gestampft“. Für den Bau gab es keine Straße dorthin. Jeder Sack Zement, jeder Baustein musste zunächst mit dem Flugzeug herangeschafft werden!

Der Empfang in der Stadt Petrópolis und in den Familien war ungemein herzlich. Die ersten großen Aufführungen waren in Rio geplant. Dabei hatten wir die Tücken des südamerikanischen Klimas unterschätzt. Durch die Klimaanlage im Theater änderten sich Feuchtegehalt der Luft und Temperatur sehr schnell, was unseren Gitarren sehr zu schaffen machte. So wurden manche Klänge bei der ersten Aufführung in Rio sehr schräg, schräger als gewünscht! Für schnelle Rhythmen aber waren die Brasilianer natürlich zu haben – und wir hatten zu lernen.

Durch unseren Gastgeber in Rio, einem Schweizer Geschäftsmann, lernten wir auch eine andere Realität der Stadt kennen: die Favelas. Dürftige Hütten der Armen an den steil aufragenden Hängen, immer in Gefahr, bei Unwettern nicht mehr standfest zu sein. Er hatte dort Freunde, um die er sich bemühte. Er half, soweit er konnte.

Welche Entfernungen!

Nach der letzten Aufführung in Rio mussten wir alle spät in der Nacht unsere fünf Busse besteigen, um nach Sao Paulo weiterzufahren. Da die direkte Straße zwischen den beiden Großstädten durch einen Erdrutsch nicht passierbar war, gab es eine lange Fahrt über eine Umleitung. Sie vermittelte uns einen Eindruck von der Größe dieses Landes: Abfahrt nachts um 23 Uhr, Frühstück und Morgengymnastik an einer einsamen Tankstelle – ohne Stadt, tief im Inneren des Landes, Ankunft in Sao Paulo am nächsten Nachmittag.

Anlaufstelle war wieder der sogenannte „Deutsche Club". Doch wie ihn finden? Der Fahrer des Busses, für den ich verantwortlich war, hatte die Stadt noch nie gesehen! Er kannte also Sao Paulo nicht. Er sprach nur Portugiesisch, kein Englisch. Ich kannte zwar keine zwei Worte Portugiesisch, konnte jedoch einen Stadtplan lesen, was unserem Fahrer offenbar nicht geläufig war. Wir fanden schließlich unseren Weg.

Gewittersturm bei Sao Paulo

Diese Stadt mit damals über fünf Millionen Einwohnern (heute wohl das Vierfache), hat uns in vieler Hinsicht überrascht. Unvergesslich wurde für uns die Aufführung unseres Musicals bei „VW do Brasil", einer großen Tochterfirma des deutschen Werkes am Rande der Stadt mit vielen Tausend Arbeitern. Unsere Bühnenmannschaft, hauptsächlich Studenten, war gerade dabei, die Bühne und zwei hohe Beleuchtungstürme für unsere Scheinwerfer aufzubauen. Die Aufführung war zum Schichtwechsel am Spätnachmittag geplant, damit Arbeiter der Früh- und der Spätschicht die Aufführung miterleben könnten. Während unsere Lehrkräfte die Schüler in den Konferenzräumen der Geschäftsleitung unterrichteten, brach am frühen Nachmittag ein Gewittersturm los mit einer Wucht, wie wir sie in Europa nicht kennen. Alle unsere Mitarbeiter waren in Sicherheit, doch die etwa sechs Meter hohen Beleuchtungstürme aus Stahlrohrgerüstteilen wurden durch den Sturm umgeworfen. Viele der Scheinwerfer gingen zu Bruch. Und das etwa zwei Stunden vor der Aufführung!

Als sich das Unwetter verzogen hatte, wurde fieberhaft versucht, wenigstens einige der Scheinwerfer aus den Bruchstücken zusammenzuflicken und funktionsfähig zu machen.

Es gelang, war entscheidend für die nächsten Aufführungen, die alle in den kommenden Tagen abends in anderen Städten festgelegt waren. Ersatzteile für unsere Scheinwerfer gab es – nach Auskunft der Fachleute – in ganz Südamerika nicht. Sie mussten in den USA bestellt werden und sollten uns auf der Tournee an einem anderen Ort später erreichen.

Die brasilianischen Arbeiter waren angetan von unserer Aufführung. Ein Deutscher unter den Zuschauern, der in Brasilien lebte, stellte fest: „Diese junge Gruppe kann den Menschen in Brasilien ein viel stärkeres Bild des neuen Deutschlands vermitteln, als alle unsere Diplomaten."

Weiter ging es nach Joinville an der Ostküste Brasiliens. Wieder waren wir in einer deutschen Familie zu Gast und erfuhren, dass die Gründung dieser Siedlung vor etwa 150 bis 200 Jahren auf einem Missverständnis beruhte. Damals waren Auswanderer aus Deutschland, Österreich und der Schweiz, eingeladen von Brasiliens Herrscherhaus, mit ihrem Schiff an der Ostküste entlanggefahren. Sie glaubten, an der richtigen, für sie bestimmten Stelle des riesigen Landes angekommen zu sein. Sie gingen an Land, um zu siedeln. Doch es war der falsche Ort. Dieser Teil der brasilianischen Küste ist durch Sümpfe und Schlangen so unwirtlich, dass er nie für eine

Ansiedlung in Frage kam. Doch die Auswanderer hatten begonnen, sich festzusetzen und blieben.

Die Mutter der Familie, bei der wir zu Gast waren, zeigte auf Schlangenhäute, die direkt vor ihrem Haus auf dem Boden lagen. „Hier musste ich immer für meine Kinder drei bis vier Meter vor dem Haus von Schlangen freihalten, damit sie spielen konnten", sagte sie. „Vier Meter weiter beginnt das Reich der Schlangen!" So also ist auch noch heute das Leben in Joinville, wo sich inzwischen eine gut arbeitende Industrie angesiedelt hat. Die Stadt hat heute nahezu 500.000 Einwohner, ist die größte im Staat „Santa Catarina" und zählt zu den reichsten Städten des Landes.

Blumenau, nächster Standort für unsere Aufführungen, war in jeder Hinsicht eine Überraschung. Man sprach deutsch, konnte in deutscher Sprache einkaufen und fand ein Gymnasium vor mit einer naturwissenschaftlichen Sammlung, wie sie in jeder unserer Großstädte sein könnte. Viele Gebäude erinnerten uns an die Heimat. Die Aufführungen unseres Musicals lösten wieder ein starkes Echo aus. Doch eines Abends nach der Vorstellung erreichte uns die Nachricht, die gleich dem ganzen Publikum mitgeteilt wurde: „Bundeskanzler Adenauer ist gestorben." Diese Nachricht wurde nicht nur von uns, sondern auch von einem großen Teil der örtlichen Bevölkerung mit großer Trauer aufgenommen. Seine Haltung, seine Politik seit dem 2. Weltkrieg hatte auch in diesem Teil der Welt große Achtung und Anerkennung gefunden.

Unsere Tournee ging weiter, musste weitergehen. Die Entfernungen in diesem „Kontinent Brasilien" waren so groß und die Nachrichtenübermittlung noch so in den Kinderschuhen, dass wir immer wieder neue Schwierigkeiten zu meistern hatten. Es gab z. B. nicht überall eine funktionierende Telefonverbindung. Unsere große Gruppe ins Innere des Landes zu transportieren, für alle eine Schlafmöglichkeit und auch Mahlzeiten zu besorgen, wurde oft zur „großen Kunst" oder „Glücksache".

Einmal war ich in einem „Voraustrupp" nur etwa drei Stunden vor Ankunft von fünf vollbesetzten Bussen in einem kleinen Ort angekommen. Wie könnten wir hier für alle ein Mittagessen herzaubern, war die große Frage? Die Brasilianer waren nicht erschrocken. Onkel, Tanten, Freunde wurden von den Dorfwirten umgehend mobilisiert, um auf schnellstem Weg in verschiedenen Lokalen ein köstliches brasilianisches Mittagessen auf den Tisch zu bekommen. Es gelang.

In einem anderen Ort gingen wir auch knapp vor der großen Ankunft zum Bürgermeister, um Nachtquartiere zu besorgen.

„Welches Gasthaus oder Hotel könnte eine größere Zahl von Gästen – wir sind 137 – heute Abend aufnehmen?" Er hatte nur über einen Amateurfunker gehört, dass unsere Truppe unterwegs sei in seinen Ort. So bestellte er die Chefs der zwei oder drei Hotels am Ort ein: „Wie viele kannst du unterbringen? Wie viele der andere?" Im Improvisieren waren die Brasilianer ja Meister. Es klappte immer wieder.

Bild 23a: „Sing Out Deutschland" für die Mitarbeit der Firma Mercedes do Brasil in Sao Paulo, Brasilien.

Das größte Echo erhielten wir ganz im Süden Brasiliens, in Porto Alegre. Nach drei, vier Aufführungen in normalen Hallen buchten wir für die letzte Aufführung ein Stadion. Es bot etwa 7000 Besuchern Platz. Die Zuschauer strömten in solcher Zahl, dass die Plätze bald besetzt waren. So wurde umgehend eine zweite, eine Spätvorstellung um 23 Uhr anberaumt. Zu unserer großen Überraschung war auch diese wieder voll besetzt.

Natürlich sollten wir auch einige Vorstellungen in der Hauptstadt, in Brasilia geben. Über Straßen war die Stadt ja nicht zu erreichen. So wurden wir in Transportflugzeuge des Militärs verfrachtet und in das Landesinnere gebracht.

Brasilia – eine „künstliche“ Stadt

Bild 23: Architektur an einem der Regierungsgebäude in Brasilia.

Als Konzept für die Stadtplanung der neuen Hauptstadt hatten sich der Star-Architekt Oscar Niemeyer und der Stadtplaner Lucio Costa den Grundriss eines überdimensionalen Flugzeugs vorgenommen. Die Regierungsgebäude und der Präsidentenpalast sollten an der Spitze des Rumpfes, ähnlich dem „Cockpit“ eines Flugzeugs, entstehen, die Wohnquartiere in den beiden Flügeln. Die Ministerien wurden links und rechts zweier Hauptstraßen auf dem Weg zu den Regierungsgebäuden geplant. „Unterhaus und Oberhaus" des Parlaments wurden als Kuppelbau und offene Schale konzipiert, ein starker Gegensatz. Dazu zwei hohe Bürotürme. Eine Stadt auf dem Reißbrett geplant. Im Zentrum, dort, wo beim Flugzeug die Flügel am Rumpf befestigt sind, liegen die Kathedrale, das Theater und der Busbahnhof. Beide Hauptgebäude bilden in ihrer Form wieder einen spannungsreichen Gegensatz: die Kathedrale, ein in den Boden versenkter, kreisrunder Kirchenbau mit nach allen Seiten ansteigenden Sitzreihen, gekrönt von einer Art Dornenkrone aus parabelförmig gekrümmten Betonfertigteilen, im Kreis angeordnet. Zwischen diesen lassen riesige, spitz zulaufende Glasflächen das Tageslicht hinunter auf die Sitzreihen scheinen. Eine einmalige Bauform.

Bild 24: Kathedrale im Zentrum Brasilias im Rohbau.

Der Kathedrale gegenüber entstand das Theater, gestaltet als Pyramide ohne Fenster, der ursprünglich ägyptischen Bauform nachempfunden. Es wurde an nichts gespart. Daher waren wohl viele Bauten erst halb fertig. Unser Musical konnten wir trotzdem im Rohbau des Theaters, in der Pyramide, aufführen. Da der Boden noch nicht fertig war, die Sitzreihen noch fehlten, saßen die Zuschauer auf den blanken Betonstufen und hatten sich – wohl wissend – Zeitungen als Sitzunterlage mitgebracht.

Wer durch die weitläufige Stadt fuhr, konnte viele unvollendete Bauten, auch Kirchen, begutachten. Zu Fuß durch die Stadt zu gehen, wie man üblicherweise eine Stadt kennenlernt, war uninteressant. Es waren so gut wie keine Geschäfte sichtbar und die Wohnblöcke lagen weit auseinander. Schon das Überqueren der extrem breiten Straßen war schwierig: Fußgängerampeln gab es nicht. Nur wenige Autos fuhren. Offenbar hatte der Stadtplaner die Wohnungen in „autarken“ Wohnblöcken zusammengelegt. In jedem Gebäude sollten alle Einkaufsmöglichkeiten, Restaurants, Arztpraxen, Büros und Dienstleistungen vorhanden sein. So musste niemand aus dem Haus gehen, um etwas einzukaufen oder etwas zu erledigen. Das könnte aber das Todesurteil für ein normales Stadtleben bedeuten, da ein Marktplatz, ein Treffpunkt, Kern jedes Stadtlebens, fehlte. Wohl ein Grund dafür, dass viele Diplomaten einen Großteil des Jahres nicht in Brasilia, sondern lieber in Rio verbringen, wie uns gesagt wurde. Schon während der Bauzeit der Stadt, in der die Bauarbeiter in Baracken am Stadtrand wohnten, hatten sich gegen den Willen der Planer Behelfssiedlungen, „Shantitowns“ oder Favelas am Stadtrand entwickelt, in denen mehr Leben pulsierte als in der Hauptstadt. Bis heute sind fast 30 Satellitenstädte vor den Toren der Stadt entstanden.

Brasilia sollte nach dem Willen der Planer durch seine Bauweise gegen die Ungleichheit und Ungerechtigkeit der kapitalistischen Welt ein Zeichen setzen. Jahrzehnte später sagte Oscar Niemeyer selbst, Brasilia habe „nicht erfüllt, was wir von ihm erwarteten. Es wurde zu einer Stadt wie jede andere mit denselben Kontrasten von Armut und Reichtum, die das brasilianische Leben so traurig kennzeichnen."

Zwischen unseren Aufführungen mussten wir den Schülern immer wieder einen möglichst normalen Unterricht erteilen. Dies war unter diesen Bedingungen nicht gerade leicht, doch es funktionierte, da die Schüler motiviert waren. Dabei waren wir in verschiedenen Schulen der Hauptstadt zu Gast und kamen mit dem brasilianischen Schulsystem in Berührung. Spannend fand ich die Entdeckung, dass in mancher Klasse, vielleicht bei einer Hohlstunde, die Schüler einfach miteinander tanzten!

Einige Zeit später ging aber unsere Brasilientournee zu Ende. Am letzten Tag konnten wir in Rio am berühmten „Copacabana"-Strand schwimmen. Vorher fehlte dafür die Zeit. Wir hatten in etwa zweieinhalb Monaten viele Städte gesehen, mit unendlich vielen Menschen Kontakt bekommen und selbst sehr viel gelernt. Wie viel wir an Hoffnung und Glauben vermitteln konnten, auch ein neues Deutschlandbild vermitteln konnten, wissen wir nicht. Doch es war für uns alle, die dabei waren, eine große Horizonterweiterung.

1968-1969

EINFACH UMWERFEND

Das Brasilienabenteuer war erfolgreich zu Ende gegangen. Für einige hieß es zurück zur Universität oder zur Schule, aber für die meisten ging es nahtlos weiter. Die Schule musste ja weitergehen und unsere nächste Aufführung fand schon zehn Tage nach unserer Rückkehr in Münster/Westfalen statt.

Anfang des Jahres 1969 beschäftigte mich aber etwas ganz anderes viel mehr. Es versetzte mich in höchste Stimmung, wie es jeder nachvollziehen kann, der Ähnliches erlebt hat: Unsere Tochter Adelheid wurde geboren! Es warf mich einfach um, Vater geworden zu sein. Uns war ein neues Leben anvertraut worden, für das wir zu sorgen hatten, sorgen durften.

Einige Zeit vorher hatte die für unsere Arbeit in Deutschland Verantwortlichen die Nachricht erreicht: Der Meisenhof, das alte, verlassene Ruhrjugenddorf, das wir wieder instandgesetzt hatten, würde von der Landesregierung benötigt, um dort Gefangene unterzubringen! – Es war ein Schock. Natürlich brauchte unsere Schule immer einen Ort, an dem wir jederzeit den Unterricht weiterführen konnten, wenn wir nicht unterwegs waren. Also hielten wir Ausschau nach einem neuen Standort.

Wir wurden – nach längerer Zeit – fündig in der Nähe von Geislingen/Steige. Dort stand ein altes Lager auf der Schwäbischen Alb leer. Als Erstes hieß es natürlich wieder: Wer hilft uns, die Baracken bewohnbar zu machen? Was fehlt hier für einen normalen Schulbetrieb? Wie können wir die notwendigen Möbel für Küche, Speisesaal, Schule und für die Unterkunft von 80 bis 100 Jugendlichen beschaffen?

Es lag viel Arbeit vor uns. Mithilfe eines Malermeisters konnte ich z. B. in und an allen Gebäuden, die es nötig hatten, viel Farbe „versprühen". So wurden alle Fensterläden, von denen es sehr viele gab, mit roter Farbe aufgefrischt, was gut zu dem Weiß der Außenwände passte. Natürlich waren wir nachher ebenfalls sehr rot.

Viele, denen wir die vor uns liegenden Aufgaben zeigten, engagierten sich mit uns. Ich erinnere mich z. B. an den Inhaber einer bekannten Küchenbaufirma, der uns einen Besuch abstattete. Als er den großen Bedarf sah, fand er einen Weg, um uns mit gebrauchten Möbeln zu helfen. Auch eine Firma im Remstal, die u. a. Badezimmer-Wandschränke herstellte, half uns bei der Ausstattung der Bäder. So konnte die „Inbetriebnahme" der neuen „Bildungsstätte Michelsberg" tatsächlich am 6. April 1968 stattfinden. Sie wurde entsprechend gefeiert.

Inzwischen waren Aufführungen von „Sing Out Deutschland" in Norditalien, in Florenz, Genua, Livorno, Mailand, Rom und Turin über die Bühne gegangen, auch in St. Gallen in der Schweiz. Die Tournee ging weiter in Süddeutschland, in vielen Orten am Bodensee und später in Würzburg, Fulda und Marburg. An vielen dieser Orte entstanden Jugendgruppen, die von den Melodien so angesprochen waren, dass sie weiter mit uns in Verbindung bleiben wollten.

Die Sing-Out-Schule ging weiter. Ein pensionierter Gymnasiallehrer aus Geislingen half uns, die naturwissenschaftlichen Fächer von Beate voll weiterzuführen, als sie für einige Zeit pausieren musste. – Doch wir wurden vor eine ganz andere, schwere Entscheidung gestellt: Können wir diese Schulform als Privatschule sieben Jahre lang weiterführen auf dem Niveau eines Gymnasiums mit Lehrkräften, die dafür voll qualifiziert sind? Erst danach wäre zu erwarten, dass unsere Schule mit einer staatlichen Anerkennung rechnen und eine wesentliche finanzielle Unterstützung erwarten könnte.

Sieben Jahre lang auf Spendenbasis? Das wäre unrealistisch. Gleichzeitig hatten wir ja die Verantwortung für die Zukunft unserer Schüler, für ihren Start ins Berufsleben. So mussten wir uns durchringen, unsere Sing-Out-Schule im neuen Schuljahr 1969/1970 nicht mehr weiterzuführen. – Ein schwerer Entschluss.

Dann kam die Nachricht, dass alle unsere Jugendlichen eingeladen sind in die USA, um das Programm von Sing Out und „Up with people“ (Ein Hoch auf die Menschen) dort zu verstärken.

Gleichzeitig wurde uns Älteren nahegelegt, aus dem Programm auszuscheiden und uns beruflich neu zu orientieren, also diese ganze Arbeit aufzugeben. Das war ein harter Schlag.

D R I T T E W E L T

a b 1 9 6 9

Türen öffnen sich!

Ich fühlte mich rausgeworfen, weggeworfen, abgelegt. „Wir brauchen dich nicht mehr!“

Keiner hatte das so deutlich gesagt, aber so kam es bei mir an. Ich war verzweifelt. Ich habe doch diese 20 Jahre nicht einem Menschen zuliebe alles zurückgestellt, was ich mit meinem Leben eigentlich machen wollte. Es war Gott zuliebe. Ihm allein wollte ich dienen.

Nach all dem Schrecklichen, was im Krieg geschehen war, wollte ich wiedergutmachen, versöhnen, heilen, Brücken schlagen. Ich hatte mich ja nach dem Krieg sehr geprüft, wo ich den falschen Weg eingeschlagen haben könnte. War es falsch auf die Lehrer zu hören? Habe ich dann mit der Moralischen Aufrüstung den richtigen Weg gefunden? Wo ist ein fester Grund, eine unerschütterliche Basis, die sich nicht nachträglich als trügerisch oder falsch herausstellt? Ich war am Boden zerstört. Wer hat das Recht, über mich, mein Leben, meine Ziele im Leben zu entscheiden? – Keiner!

Ich bekam Herzprobleme. Soll all mein Einsatz umsonst gewesen sein? Es ließ mich nicht los. Aber was tun, wenn man 42 Jahre alt ist, keinen Beruf hat, keine abgeschlossene Berufsausbildung, keine Arbeit?

In dieser Verzweiflung hielt mich eines aufrecht: unsere Adelheid, unser Kind. Für dieses Kind hatte ich zu sorgen, durfte ich sorgen, Tag für Tag. Für Nahrung sorgen, für Schutz, für Wärme, für ein Zuhause, für ein Nest, das jeder Mensch braucht, um für die Stürme des Lebens ein sicheres Fundament entwickeln zu können. Dazu gehören die ganz praktischen Dinge, wie Windeln waschen, Geld herschaffen, Essen besorgen, Wohnung sichern.

Bild 26: Unsere Tochter.

Kann ich in meinen angefangenen Beruf zurück? Ich hatte ja nach dem Krieg ein Jahr als Maurer-Praktikant gearbeitet und einige Monate als Zimmermann gelernt. Auch ein Semester Architekturstudium hatte ich hinter mir. Aber beruflich war dies nicht ausreichend. Zwar hatte ich Erfahrungen in vielen Ländern der Welt gesammelt, von England über Indien, Japan, Amerika bis nach Brasilien. Aber die passten nicht in ein Berufsbild unserer Gesellschaft. „Du brauchst das Papier, das Zeugnis", rief es in mir immer lauter.

Wie an Geld kommen?

Ich stand vor dem „Institut für Auslandsbeziehungen" in Stuttgart und fragte mich, ob meine Erfahrungen bei der Vorbereitung deutscher Fachkräfte für ihren Auslandsaufenthalt hier von Wert sein könnten. Aber darauf einen Beruf aufbauen? Vertreter für Versicherungen irgendwelcher Art, das könnte ich natürlich machen. Aber befriedigt mich das? Sicher nicht, das war mir klar. Ein Kunsterzieher, der meine Arbeit als „Ersatzlehrer" mit Schülern kannte, schlug mir vor, Kunsterzieher zu werden. Ich erkundigte mich und erfuhr, dass jeder zwei Fächer voll studieren muss, wenn er Kunsterzieher werden will. Ist es dann nicht sinnvoll, dein früheres Berufsziel, Architekt, aufzugreifen durch ein Studium an der Uni? Aber mit 42?

Zeit für ein Studium hatte ich eigentlich nicht, viel weniger das Geld. Außerdem müsste ich eigentlich gleichzeitig Theorie und Praxis des Architekten erlernen. Denn nach einem Studium ohne Ahnung von der Praxis in ein Büro eintreten und bei der ersten kritischen Situation auf die Nase fallen, das wollte ich mir nicht zumuten. Beides musste angepackt werden. Aber wie?

Ich entschloss mich, einen Neuanfang als Bauleiter in einem Architekturbüro in Reutlingen zu versuchen. Ich hatte Glück. Der Chef gab mir eine Chance. Von Ausschreibungen, Vergaben, von der „Verdingungsordnung für Bauleistungen", der VOB, hatte ich keine

Ahnung. Aber auf niederem Lohnniveau wurde ich eingestellt. Ein Start war möglich.

Nach drei Monaten wollte ich auch die ganze theoretische Ausbildung des Architekten anpacken. Alles andere war unbefriedigend. Ich entschloss mich zu einem Fernstudium neben der täglichen Arbeit bei der Studiengemeinschaft Darmstadt, SGD.

Hausmann? – Fernstudium?

Ich hätte natürlich auch den „Hausmann" spielen und unsere Adelheid versorgen können. Beate hätte als Studienrätin locker das Notwendige verdienen können für unsere Familie. Aber sie spürte, völlig zurecht, dass ich ohne Beruf, und ohne die volle Verantwortung als Vater übernehmen zu können, für immer unbefriedigt bleiben würde. „Jetzt ist für dich die Zeit der Ausbildung dran!", sagte sie. Dafür bin ich ihr unendlich dankbar. Sie versorgte unsere Adelheid und konnte dabei vieles andere in unserem Dorf in die Wege leiten, Flötenunterricht geben, in der Kirchengemeinde mitarbeiten, einen Altentreff gründen, in der Bezirkssynode mitberaten, eine neue evangelische Privatschule in Reutlingen mit anderen aus der Taufe heben und vieles mehr.

Für das Fernstudium musste ich zuerst eine Gesellenprüfung ablegen. Die machte ich als Bauzeichner. Dann hieß es Abend für Abend, an den Wochenenden und im Urlaub über den Studienunterlagen schwitzen, bis ich nach mehreren Jahren und Direktstudien-Wochen in Darmstadt die Prüfung zum Bautechniker ablegen konnte. Da diese aber nicht staatlich anerkannt war, ging ich zur Steinbeis-Schule in Stuttgart mit der Frage: „Kann ich extern eine Abschlussprüfung mitmachen?"

„Ja, wenn Sie den Ordner durchgearbeitet haben, den ich Ihnen gebe." Die Prüfung klappte.

Die Familie wächst!

Unserer Adelheid wünschten wir einen Bruder oder eine Schwester. Wir waren ja beide mit Geschwistern aufgewachsen. Aufgrund unseres Alters war dies aber nicht zu erwarten. So wandten wir uns an das Jugendamt, um unsere Bereitschaft anzumelden, dass wir gerne ein Kind adoptieren würden. Als Folge wurde überprüft, ob wir in den Augen des Jugendamtes dazu in der Lage wären, den Rahmen einer ordentlichen Familie bieten könnten und nicht zu alt wären.

Offenbar fiel diese Prüfung positiv aus. Schon zweieinhalb Monate später wurde uns signalisiert, dass die Geburt eines Kindes bevorstünde, das für eine Adoption freigegeben werde. Wir machten alles bereit für den neuen Erdenbürger.

Vier Wochen später war das Kind auf der Welt, ein Junge. Als uns das Kind übergeben wurde, standen einige Nachbarn, denen wir von der neuen Entwicklung etwas verraten hatten, um die vorgesehene Zeit in ihrem Garten bei viel Arbeit, um ja diesen Moment nicht zu verpassen. So geht es zu in einem kleinen Dorf, in dem wir damals wohnten.

Nach Jahren, als unser Sohn beinahe erwachsen war, wollte er natürlich herausfinden, woher er kommt. Über das Jugendamt konnten wir die damalige Mutter finden. Die Schritte des Herantastens waren spannend, fast abenteuerlich. Heute sind er und wir beste Freunde mit seiner Mutter. Alles hat sich gelöst. Wir sind und bleiben Vater und Mutter für ihn. Der damalige Vater ist inzwischen verstorben.

Wie weiter zum Architekten?

Das Fernstudium in Darmstadt ging bis zum Bauingenieur. Nach einigen Jahren war auch das geschafft. Inzwischen aber musste mein Chef in Reutlingen als frischgebackener Baubürgermeister einer anderen Stadt sein Büro auflösen und uns alle entlassen. Wo Arbeit finden? Manche Architekten waren zu dieser Zeit arbeitslos. Immerhin war ich jetzt Bautechniker.

Da ich auch für die Kirche kleinere Aufträge in Reutlingen bearbeitet hatte, lag es nahe, beim Oberkirchenrat in Stuttgart nachzufragen, ob man dort Arbeit für einen Bautechniker hätte. Ich wurde – nach einem Sportunfall mit einem Bein im Gipsverband – zu einem Vorstellungsgespräch geladen. Es klappte.

Zunächst ging es nur um Zahlen und Rechnungen, mühsames Geschäft. Aber nach einiger Zeit hatte ich die eingereichten Entwürfe von Architekten aus ganz Württemberg für Neubauten von Kindergärten und Gemeindehäusern zu prüfen. Dazu war jeweils schriftlich Stellung zu beziehen. Später konnte ich auch Wettbewerbe unter Architekten für größere Objekte vorbereiten und Vorprüfungen durchführen. Es ging um Raumprogramme, Kosten und Entwurfskonzepte. Jetzt war mir klar, dass ich unbedingt selbst den Diplomingenieur machen musste.

Externe Prüfung?

Beim Chef der Architekturabteilung an der Fachhochschule für Technik in Stuttgart stellte ich mich vor. Ich rückte an mit fünf Koffern, die voll mit durchgearbeiteten Studienunterlagen waren. Ich schlug ihm vor, diese „stichprobenhaft“ zu prüfen. Gleichzeitig bat ich um eine externe Prüfung zum Dipl.-Ing. (FH). Dieses Ansinnen wurde jedoch vom Kultministerium abgelehnt. Das habe noch nie jemand versucht. Eine bestandene Prüfung könnte ja zum Erhalt des Status eines Beamten führen! Das durfte nicht sein. Doch es hieß: „Der Bewerber darf die Prüfung ablegen, wenn er zuvor zwei Semester an der Fachhochschule voll studiert hat". Mein unmittelbarer Chef, ein Oberkirchenrat, fragte: „Was machen wir mit Ihnen, Herr Junker?"

„Fifty-fifty" war meine Antwort. „50% Gehalt, 50% Arbeitszeit für den Oberkirchenrat und 100% Studium für zwei Semester." Damit war er einig. „Sie müssen aber nicht jede Stunde unbedingt nachholen", meinte er. Doch, das tat ich natürlich, das war mein Stolz. Und die kleine Erbschaft einer Tante, die genau in dieser Zeit kam, half uns als Familie, die nächsten zehn, zwölf Monate gut zu überstehen. Vor den Prüfungen gab es auch Nächte, die ich mit meiner Frau zusammen durchgearbeitet habe, z. B. beim Erstellen eines Modells für die Diplomprüfung. Meine Aufgabe war, für das kleine Städtchen Untergruppenbach bei Heilbronn eine Rathauserweiterung und Umgestaltung des Marktplatzes zu entwerfen.

Endlich: „Freier Architekt"

Mit 52 Jahren hielt ich endlich im Juli 1980 die Diplomurkunde der Fachhochschule für Technik in der Hand. Zwei Jahre später war ich „Freier Architekt".

Nicht immer war es leicht, mit 23- bis 25-Jährigen zusammen die Schulbank zu drücken. „Ist er so dumm, dass er immer noch hier sitzt?", mag sich mancher gefragt haben. Aber ich bekam zum Diplom eine Auszeichnung. Und ein Professor fragte mich: „Welcher Jahrgang sind Sie?" Nach meiner Antwort kam: „Dann sind Sie ja älter als ich?"

„Ja, aber ich will das lernen, was Sie uns beizubringen haben!"

Einige namhafte Architekten konnte ich durch meine Arbeit später persönlich kennenlernen wie Prof. Günther Behnisch. Manche von ihnen konnte ich auch im Auftrag des Oberkirchenrats als Preisrichter bei Wettbewerben einladen.

Bild 27a: Neubau des Gemeindehauses in Dettingen/Teck nach Entwurf von F. Junker.

Bild 27b: Blick in den großen Gemeindesaal des Gemeindehauses.

Doch das Ziel eines Architekten ist natürlich, selbst zu entwerfen, selbst zu bauen. Für mich wurde dies erst möglich im Ruhestand, als ich das Gemeindehaus in Dettingen/Teck entwerfen und bauen konnte. Dazu kamen viele kleinere Bauaufgaben, Neubauten und Umbauten an verschiedenen Orten. Mein ursprüngliches Berufsziel wurde so doch noch Wirklichkeit. Daneben gab es viele Aufgaben als Vorsitzender der Evangelischen Gesamtkirchengemeinde in Leonberg, als Vorsitzender des Bauausschusses, als Lektor in den Gemeinden des Kirchenbezirks, als Mitglied des Kirchenbezirksausschusses oder in der „Arbeitsgemeinschaft für Ausländerfragen" der Stadt. Auch bei der Städtepartnerschaft zwischen Leonberg und Belfort, bei Neubauten der Großheppacher Schwesternschaft im Remstal und im Stiftungsrat der Schwesternschaft konnte ich viele Jahre mitarbeiten.

Zu verdanken habe ich dies alles besonders Beate. Sie gab mir die Möglichkeit, sehr spät eine volle Berufsausbildung nachzuholen. – Als ich das Diplom hatte, ging ich als erstes an das Grab meiner Eltern in Leonberg. Mein Vater hatte recht.

1972

Warum haben viele Väter geschwiegen?

„Ich sage nichts, weil ihr mir jedes Wort im Mund herumdreht!“, sagte ein Vater zu seinem Schwiegersohn, einem Freund von uns. So hat er sein Schweigen über die Zeit von 1933 bis 1945 begründet, besonders auch über seine Zeit als Soldat. Ich konnte diesen Vater viele Jahre später sprechen und habe ihm vorgeschlagen, das, was er erlebt hatte, aufzuschreiben. Er tat es leider nicht.

Aber stimmt das, dass wir sehr leicht den „Vätern jedes Wort im Mund herumgedreht haben“? In einigen, vielleicht in vielen Familien ist das geschehen, wenn die Kinder vom Lehrer in der Schule erfahren haben, was „die Nazis alles getan haben“. Und der Vater nichts davon erzählte. War er ein Nazi?

Die meisten von uns Jugendlichen, die damals gelebt haben, waren angetan von vielem, was in den Jahren von 1933 bis 1939 in unserem Land geschah, was wir sahen und was uns gesagt wurde: Der Autobahnbau, die Überwindung der Arbeitslosigkeit, die Stabilität der deutschen Reichsmark usw. Wir fühlten uns im Aufwind nach der Niederlage von 1918, auch durch die Olympischen Spiele in Berlin 1936 und die damit verbundene internationale Anerkennung.

Wir erlebten den 9. November 1938, die Reichspogromnacht. Ich konnte sie mit elf Jahren nicht einordnen. Aber wir wussten nicht, dass Hitler 1934 nicht nur den SA-Führer Röhm „wegen homosexueller Handlungen“ hatte umbringen lassen, sondern 171 weitere Männer in den verschiedensten Organisationen, die ihm möglicherweise als Konkurrenten hätten gefährlich werden können. Es gab kein Radio. In der Zeitung stand nichts davon, nur das, was die Bevölkerung wissen sollte. Und das durfte sie nicht erfahren! So waren wir Jugendlichen naiv und blauäugig gegenüber dem, was uns „von oben" gesagt wurde.

Ich kannte viele, die als Soldaten ihr Leben verloren haben. Sie waren nichts anderes als die jugendlichen „Kerle" ihrer Generation, die mit der ihnen zur Verfügung stehenden Information überzeugt waren, das Richtige für ihr Land zu tun. Hätten sie den Dienst in der Wehrmacht abgelehnt, was natürlich nicht möglich war, wären sie sofort im Gefängnis gelandet. Werden wir ihrem Andenken gerecht?

Vater kannte noch die Namen ...

Vater und Mutter hatten viel weniger Chancen als ich, Franzosen, Engländer oder Amerikaner persönlich kennenzulernen. Mein Vater war vier Jahre im Ersten Weltkrieg an der Front gewesen, den größten Teil davon im Argonnerwald. Am Kopf durch ein Schrapnell schwer verwundet, war es ein Wunder, dass sein Augenlicht gerettet werden konnte.

1972 bot ich meinen Eltern eine Fahrt zu den alten Kriegsschauplätzen an. Eine Reise dorthin hatte mein Vater nie geplant. Sie würde viel Geld kosten, das wir nicht hatten. Aber er dachte auch nicht daran, wieder an die Stellen zu fahren, an denen er seine jungen Jahre im Dreck der Schützengräben hatte zubringen müssen. Was wäre sein Ziel gewesen?

Aber jetzt, nach 54 Jahren, nahm er meine Einladung an, eine Woche lang mit dem Auto die alten Stellungen zu besuchen. Für ihn wurde es eine intensive Begegnung mit der Vergangenheit, mit der eigenen Geschichte. Die vielen Spuren der Kriege zwischen unseren beiden Völkern, die man hinter der Grenze in Richtung Verdun am Wegesrand sieht, erschütterten. Mahnmale, Denkmale, Mahnmale für den Frieden.

LANGEMARK

Erstes Ziel war Langemark bei Lille in Nordfrankreich. Dort war der jüngere Bruder meines Vaters, Eberhard Junker, gefallen. Seinen Namen fanden wir unter den Hunderten oder Tausenden von Namen deutscher Studenten, die in einer Gedenkstätte, in Holz geschnitzt, an der Wand aufgeführt waren. Er liegt also dort unter vielen in einem Massengrab. Auf einer alten Postkarte konnte uns mein Vater jetzt sogar zeigen, wo er seinen Bruder am Abend vor dessen Tod zum letzten Mal hatte besuchen können.

Viele alte Karten aus dem Ersten Weltkrieg hatte mein Vater bei sich. Alles hatte er aufbewahrt: Ansichtskarten mit zerschossenen Dörfern, Aufnahmen aus den deutschen Stellungen, auch Bilder eines deutschen Soldatenfriedhofs im Argonnerwald. Als unsere Suche nach dem Friedhof seines Regiments vergeblich war, gingen wir zu einem nahegelegenen Dorf. Der Bürgermeister wusste sofort Abhilfe: „Mein Schwiegersohn kennt sich als Forstmann im ganzen Wald bestens aus. Er wird ihnen den Weg dorthin zeigen."

Wir wurden fündig. Die damals gepflanzten Bäume waren nach über 50 Jahren hoch gewachsen, aber durch ihren Standort deutlich zu erkennen und mit Bildern meines Vaters zu vergleichen. „Der Friedhof ist aufgegeben", sagte uns der Schwiegersohn. „Die deutschen Gefallenen sind auf den Friedhof von Verdun umgebettet worden."

VERDUN

Am nächsten Tag fuhren wir nach Verdun. Zu unserem großen Erstaunen trafen wir dort einen Deutschen als Verwalter des Friedhofs an. Er war Soldat gewesen, hatte aber eine Französin geheiratet und war nun im Auftrag des Staates mit der Pflege des

Friedhofs betraut. Mein Vater ging an den Gräbern entlang, las die Namen der Gefallenen. Er kannte einen nach dem andern aus der damaligen Zeit, vierundfünfzig Jahre nach 1918!

Der Bürgermeister des kleinen Dorfes und mein Vater kamen sich näher. Er hatte in der ehemaligen Dorfschule, die aus Mangel an Kindern nicht mehr als Schule gebraucht wurde, ein kleines Museum eingerichtet. Dort erinnerten viele Bilder und Ausstellungsstücke an die Zeit des Ersten und des Zweiten Weltkrieges. Mein Vater bedankte sich sehr und begann einen Briefwechsel mit ihm. Doch auf Grund des hohen Alters beider Herren fand dieser Austausch bald ein natürliches Ende.

Unvergesslich sind die unzähligen weißen Kreuze auf den sanft ansteigenden Hügeln in Nordfrankreich. Diese sind damit geradezu übersät. Ein Mahnmal für den Frieden für alle Nachgeborenen.

Im Gegensatz zu Deutschland stehen hier den Bewohnern tagtäglich die Spuren von drei Kriegen sichtbar vor Augen. Auch das Fort Douamont, in dem Hunderte deutscher Soldaten durch eine Explosion den Tod gefunden hatten, sahen wir. Ein ganz bedrückendes Relikt der Kämpfe war auch für uns ein Ort, an dem plötzlich eine große Zahl von Bajonetten aus dem Boden ragten. Wir fragten nach und erfuhren, dass sich dort französische Soldaten in ihren Schützengräben mit aufgepflanztem Bajonett auf einen Sturmangriff vorbereitet hatten. In diesem Moment wurden sie durch deutsche Granaten verschüttet. Der zu ihrem Grab gewordene Schützengraben wurde nie freigelegt. Als Mahnmal wurde er erhalten. Später wurde eine trapezförmige Betonbrücke als „Dach“ über die aus der Erde ragenden Bajonette errichtet. Ein Bild, das ich nie vergessen werde.

Wie sieht es dagegen bei uns aus? Deutschland war im Ersten Weltkrieg kein Kriegsschauplatz. Die Trümmerwüsten unserer Städte aus dem Zweiten Weltkrieg sind seit Jahren fast vollständig beseitigt. Nahezu alles ist wiederaufgebaut oder durch völlig neue

Gebäude ersetzt worden. Nur wenige Bauten erinnern an die Vergangenheit, wie etwa die Kaiser-Wilhelm-Gedächtniskirche in Berlin oder die alten Steine in der wieder aufgebauten Frauenkirche in Dresden. Zu ihrem Wiederaufbau haben ja auch Menschen aus Coventry und anderen Städten, die von deutschen Bomben getroffen worden waren, beigetragen.

Ist es da ein Wunder, dass man in Frankreich jedes Jahr alte Siege feiert, ständig an die Geschichte von damals erinnert – und in Deutschland nicht, weil es keine Siege gab?

Wir tun uns schwer mit dem Gedenken an unsere Gefallenen, auch wenn dazu der eigene Bruder gehört.

Werden wir ihrem Opfer gerecht?

1984

Belfort-Überraschungen

Vor vielen Jahren hatten wir Rene Bourlier, Ingenieur der Firma Alsthom aus Belfort und Jeanine, seine Frau, Krankenschwester, zu Gast. Zwischen den evangelischen Kirchengemeinden beider Städte hatte sich eine Beziehung, ja, eine Freundschaft entwickelt.

Auf unsere Frage: „Waren Sie schon einmal in Deutschland?", kam eindeutig „Nein." Als wir fragten, ob sie in den verbleibenden Stunden (bis zur Rückfahrt nach Belfort) Maulbronn oder Tübingen besuchen wollten, entschieden sie sich für das Kloster. Auf dem Weg nach Maulbronn sagt Rene plötzlich: „Diese Straße war aber früher viel schmaler."

„Wie bitte? Sie waren doch noch nie in Deutschland?" Da kam heraus, dass Rene und sein Freund während des Krieges als Zwangsarbeiter in der Nähe von Illingen und Maulbronn arbeiten mussten.

Bild 28: Unsere Gastgeberin in Belfort, Mme. Bourliers.

Jahre später waren wir wieder einmal Gäste in ihrem schönen Haus in Belfort in der Nähe des jüdischen Friedhofs. Wir wurden auch in Renes Heimatdorf eingeladen. Dort sahen wir am Rande des normalen Friedhofs einen abgegrenzten Bezirk. Warum abgegrenzt? Da erfuhren wir: Alle männlichen Bewohner des Dorfes, es waren nur noch 16 ganz junge und ganz alte, wurden hier im Krieg hingerichtet. Sie waren Opfer eines Racheaktes, weil ein deutscher Soldat bei seiner Übernachtung im Dorf ermordet worden war.

Als wir Jahre darauf wieder Rene und Jeanine besuchten, ahnten wir, dass seine Tage zu Ende gehen würden. Beim Rückblick auf sein Leben wurde uns bewusst: Rene und sein Freund sind als einzige junge männliche Bewohner des Dorfes dem Tod entgangen, weil sie in dieser Zeit in Deutschland als Zwangsarbeiter schuften mussten. Das hatte sie gerettet.

Natürlich gab es auch ganz andere, fröhliche Begegnungen in Belfort. Einmal war ich Gast einer Familie, bei der die Mutter Deutsche war, der Vater Franzose und Lehrer am Gymnasium. Dies kam mir bei meinen Sprachschwierigkeiten sehr entgegen. Ich hatte die Adresse erhalten und war zu Beginn des langen Wochenendes in Belfort um die Mittagszeit schnell zu der Familie gebracht worden, um sie kennenzulernen.

Spät in der Nacht tauchte ich wieder in dem Vorort von Belfort auf und läutete an dem Haus, in dem ich mich zur Mittagszeit hatte vorstellen können. Meinen Koffer hatte ich schon dort gelassen. – Die Tür wurde geöffnet, doch oben an der Treppe stand ein mir unbekannter Herr und fragte, was ich hier wünsche. Neben ihm entdeckte ich auch den jungen Sohn meiner Gastfamilie, den ich mittags kurz kennengelernt hatte.

Ich konnte mich nicht gut auf Französisch ausdrücken, aber den Namen meiner Gastfamilie brachte ich natürlich deutlich rüber. Da wurde plötzlich klar, dass ich in der Dunkelheit um Mitternacht im falschen Haus, im Nachbarhaus, ziemlich gleich gebaut, gelandet war. Der Sohn meiner Gastfamilie war gerade für diese Nacht bei seinem benachbarten Freund eingeladen. Es war das Haus daneben. Alle Missverständnisse wurden geklärt und ich fand meine richtigen Gastgeber nebenan wieder.

Doch am nächsten Morgen, einem strahlenden Sonntag, wollte es der Zufall, dass in dem kleinen Sträßchen ein Straßenfest stattfand. Ich wurde als deutscher Gast eingeladen und falle durch meine mangelnden Französischkenntnisse überall auf. Verschiedene Nachbarn sprachen mich an, auch ein pensionierter Priester. Jeder bemühte sich, nach den ersten zwei, drei Sätzen mit mir deutsch zu sprechen. So hoffnungslos war mein Französisch.

„Der Deutsche, der nachts das Haus seiner Gastgeber verwechselt hatte“, war natürlich das Tagesgespräch.

Meine deutschstämmige Gastgeberin sagte später: „Ich habe nie gewusst, dass fast alle meine Nachbarn Deutsch können.“ Durch meine Verwechslung der beiden gleich aussehenden Häuser um Mitternacht kam es an den Tag!

1992

Der Eiserne Vorhang geht auf – Slowakei

Die Mauer in Berlin war noch nicht lange gefallen und der Weg nach Osteuropa frei. Ich wollte unbedingt einmal dorthin, wo ich während des Krieges einige Monate durch die „Kinderlandverschickung" (KLV) zugebracht hatte: in die Slowakei. Ich wollte den Ort auch Beate zeigen.

Nichts ahnend saß ich bei einem Mittagessen in Stuttgart neben einem Mann, der im Auftrag der Evangelischen Landeskirche kurz nach dem Mauerfall erste Kontakte mit evangelischen Gemeinden in der Slowakei aufgenommen hatte. Als ich das von ihm erfuhr, war ich wie elektrisiert. Auf meine Bitte gab er mir bald danach einige Adressen von Pfarrern in der Slowakei, die ich aufsuchen könnte. Darunter war eine Adresse weit im Osten des Landes am Fuß der Hohen Tatra. Dort habe er einen Geldbetrag für eine Küche im neu erbauten Gemeindehaus in Aussicht gestellt. Diesen Betrag könnte ich dorthin bringen, wenn ich die Reise unternehmen wollte. Ich war begeistert.

So fuhren Beate und ich 1992 nach Wien und weiter Richtung Bratislava, wo früher von vielen (fast 50%) Deutsch gesprochen wurde. Bis Wien hatten wir starken Verkehr auf der Autobahn. Als wir die Strecke nach Osten einschlugen, fanden wir uns richtig einsam und allein auf der Straße. Kein Mensch wollte dorthin.

In einem österreichischen Städtchen, kurz vor der slowakischen Grenze, Bad Deutsch Altenburg, konnten wir übernachten. Als ich mich im Reisebüro nach der Weiterreise erkundigte, wurde mir geraten: „Binden Sie alles an, was ihnen gehört!" Die Dame musste viele schlechte Erfahrungen gemacht haben. Es gab offenbar bisher kaum Kontakte über die Grenze des neu geöffneten „Eisernen Vorhangs". Mit gemischten Gefühlen fuhren wir zur Grenzstation. Es gab keinen Anstand.

Bratislava – Pressburg

Auf dem anschließenden Straßenabschnitt waren wir weit und breit das einzige Auto. Ein Fußgänger ging auf der Straße in Richtung Hauptstadt. Wir hielten an.

„Verstehen Sie Deutsch oder Englisch?"

„Ja, ein wenig."

„Können Sie uns helfen, eine Adresse in Bratislava zu finden?"

„Natürlich."

So fanden wir die Zentrale der Evangelischen Kirche in der Slowakei. Wir wurden wie Exoten aus einer anderen Welt empfangen. Wir kannten die Sprache nicht. Doch über Englisch konnten wir uns verständigen. „Wir wollen zu Frau Pfarrerin Kolarowska in Raca." Der Name war bekannt. Wir wurden telefonisch dort angemeldet. Nach etwa 15 Minuten Fahrt durch die fremde Stadt glaubte ich, nicht mehr auf dem rechten Weg zu sein. Ich hielt an.

Sofort waren zehn Personen da, um den Fremden zu helfen. Der Vorort Raca war ihnen bekannt. Doch wie in Englisch oder Deutsch beschreiben, wie man dort hinkommt? Ein Student war die Rettung. Er konnte Englisch und hatte sogar einen Stadtplan bei sich. Wir kamen so in die Nähe unseres Ziels. Doch wie das Pfarrhaus finden? Ich wagte es, einfach in einem Bauernhaus in die offene Haustür einzutreten und traf eine alte Frau an. Der Name der Pfarrerin war ihr natürlich bekannt. Mit großen Armbewegungen und vielen unbekannten Worten zeigte sie mir die Richtung, in die wir zu fahren hätten.

So fuhren wir die Dorfstraße hinunter. Tatsächlich, nach einigen hundert Metern sahen wir eine Frau in weißem, wehendem Kleid mitten auf der Straße winken. Das war sie. Wir hatten unser erstes Ziel in einem fremden Land erreicht. Frau Kolarowska sprach gut Deutsch, da die meisten Theologen der Slowakei Luther in der Originalsprache studiert hatten. Das kam uns hier und auch sonst immer wieder entgegen. Ihr Mann war Professor der Theologie.

Herzlicher Empfang, große Gastfreundschaft. Als wir aufbrechen wollten zu unserem nächsten Ziel, dem Heilbad Piestany, wurden wir eingeladen, im Büro des Pfarrhauses zu übernachten, was wir gerne annahmen. Am nächsten Tag mussten wir auch ihre Kirche besichtigen. Wir waren beeindruckt von der Geschichte und Tradition dieses Dorfes, fanden auch eine Ehrentafel in Deutsch von vielen Gefallenen aus dem Dorf, die als deutsche Soldaten im Ersten Weltkrieg ihr Leben verloren hatten.

Als gute Freunde verabschiedeten wir uns am nächsten Morgen, um einen Pfarrer in Piestany, einem weltbekannten Bad mit heißen, schwefelhaltigen Quellen, zu besuchen. Besonders Gäste aus arabischen Ländern kamen oft in diesen Kurort. Mit offenen Armen wurden wir empfangen und erfuhren bei ihm viel über die Lage seines Landes im Zweiten Weltkrieg. Fast keine Ahnung hatte ich von der Präsidentschaft des katholischen Theologen Tiso während der deutschen Besatzungszeit. Es war spannend und beispielhaft für unsere Unwissenheit über Entwicklungen hinter dem Eisernen Vorhang.

Am Fuß der Hohen Tatra

Am nächsten Morgen führte uns der Weg durch zauberhafte Täler in die höherliegende Ost-Slowakei, in die Stadt Liptowský Mikuláš. In ihrer Nähe lag das kleine Dorf Smrečany, in dem ich 1943-1944 einige Monate verbracht hatte. Der dortige Pfarrer erwies uns völlig Fremden, die einfach hereingeschneit kamen, wieder die großzügige slowakische Gastfreundschaft. Er lud uns sofort ein zu einer Erfrischung an seinem Tisch. Die Gebäude des Hofguts, in denen ich mit einer Schulklasse aus Berlin im Krieg untergebracht war, dienten inzwischen als Altenheim.

Batizovce (früher Botzdorf in der Zips) war unser nächstes Ziel. Pfarrer Bakalar, den wir aufsuchen wollten, war nicht da. Doch einige im Hof spielende Kinder bedeuteten uns in ihrer Sprache, in der ich meinte, etwas von „Oma" zu verstehen, wir sollten bleiben und warten. Tatsächlich, er kam nach einiger Zeit. Sofort wurden wir wieder eingeladen zum Essen und Übernachten. Stolz zeigte er uns sein in den letzten Monaten neu erbautes Gemeindehaus, das fast ausschließlich durch Eigenarbeit der Gemeindeglieder im Pfarrgarten entstanden war. Eindrucksvoll war für uns schon an der Fassade eine Metallplastik, die zwei geöffnete Hände zeigte, die eine brennende Kerze beschützten. Ein ansprechendes Sinnbild für die Bewahrung des Glaubens.

Überwältigt hatte uns dann aber die farbige Bemalung der gesamten Stirnwand des Gemeindesaals durch einen einheimischen Künstler. Eine völlig ungewohnte, ausdrucksstarke Darstellung der kirchlichen Botschaft von der Erschaffung der Welt.

Mit Freude übergaben wir ihm einen stattlichen Betrag in D-Mark für die noch fehlende Küche im Gemeindehaus, den wir im Namen der Württembergischen Landeskirche überbringen konnten. Es war der Betrag, den mein Tischnachbar in Stuttgart ihm einst in Aussicht gestellt hatte. Doch auch ohne diese „beste Einführung" waren wir sofort gern gesehene Gäste. Pfarrer Bakalar hatte, wie wir rasch erkannten, einen sehr guten Draht zur Jugend seiner Gemeinde. Dabei half ihm seine Gitarre, auf der er mit den Jugendlichen z. T. von ihm selbst geschriebene und komponierte Lieder sang.

Svit, Vorzeigestadt ohne Kirchen?

Doch als Architekt musste ich als Nächstes mit ihm in seine Filialgemeinde in Svit bei Poprad (früher Deutschendorf), wenige Kilometer entfernt. Dieser Ort war mit seiner großen Fabrik der Firma BATA (Schuhherstellung) zur Zeit der kommunistischen Herrschaft Aushängeschild für eine „Industriestadt ohne Religion und Kirchen. Wofür sollen diese überhaupt gut sein?“ Doch seit der Wende war hier Erstaunliches geschehen: Eine große katholische Kirche war entstanden, eine neue evangelische Kirche im Bau und die beiden Kirchengemeinden hatten sich – für die Slowakei nicht immer selbstverständlich – gut vertragen und zusammengearbeitet. Viele Männer kamen nach ihrer Arbeit zur Baustelle der eigenen Kirche und arbeiteten dort weiter mit großem Elan. Wir konnten uns selbst davon überzeugen. Außer diesem Rohbau seiner Kirche hatte Pfarrer Bakalar ja auch schon das Gemeindehaus in Batizovce und ein Jugendheim in Gerlachov (Gerlsdorf), seiner zweiten Filialgemeinde, seit der Wende gebaut. Eine beachtliche Leistung.

Seine tüchtige Mitarbeiterin, Frantiska, eine Ingenieurin der früheren BATA-Werke, in denen jetzt Kunststoffe hergestellt werden, lernten wir rasch kennen und schätzen. Sie wurde eine äußerst wertvolle Brücke zur Gemeinde, da sie jederzeit auch die sprachlichen Schwierigkeiten überbrücken konnte.

Vel’ký Slavkov – einst Großschlagendorf

Als wir nach den Orten fragten, in denen viele Deutsche hier in der „Zips“ bis zum Ende des Krieges gelebt hatten, führte sie uns ins Nachbardorf Vel’ký Slavkov. Unsere Begleiterin sprach ein Mädchen auf der Straße an, ob es uns sagen könnte, wo hier früher die Deutschen gewohnt hatten.

Das Mädchen rannte ins Haus zu seiner Mutter, die gleich herauskam. Nach wenigen Sätzen war klar, dass wir aus dem fernen Deutschland kamen. Da brach aus ihr große Verzweiflung heraus. Sie sprach deutsch und sagte: „Für jeden der slowakischen Freiheitskämpfer gibt es heute ein Denkmal. Doch für meine Eltern und Geschwister nicht. Sie sind nach dem Krieg und nach der Vertreibung, als es hieß, sie dürften wieder zurück in ihre Heimat, in einem Flüchtlingszug zurückgefahren. An einer Station, in welcher der Zug hielt, eröffneten plötzlich Partisanen das Feuer und erschossen alle im Zug, Frauen und Kinder, wohl viele hundert Personen. Eine Frau, die als Erste herausgerannt war, kam davon und konnte berichten. Doch die Öffentlichkeit erfuhr davon nichts, jahrzehntelang nichts. Es wurde verschwiegen."

Jetzt, nach 50 Jahren, wäre eine kleine Notiz in einer slowakischen Zeitung erschienen, doch die volle Wahrheit käme nicht ans Licht, geschweige denn das Eingeständnis der Schuld und Verantwortung. – Wir waren erschüttert, wie gelähmt. Ich konnte es kaum glauben, dass solches nach dem Krieg geschehen war.

Es wird geschwiegen!

Kann das sein? – Im Jahr 2006 erschien in der Zeitschrift „OWEP – Ost-West. Europäische Perspektiven" ein Artikel von Prof. Dr. Rudolf Grulich (Direktor des Instituts für Kirchengeschichte Böhmen-Mähren-Schlesien und Honorarprof. für Kirchengeschichte an der Universität Gießen). Darin berichtet er, dass im mährischen Prerau (Přerov) Ende Juni 1945 ein Zug von slowakischen Soldaten gestoppt wurde. Sie waren von einer „Siegesfeier" in Prag zurückgekehrt. Sie erschossen dort 279 Menschen, meist Frauen und

Kinder, sowie 63 alte Männer. Sie wurden in einem Massengrab verscharrt. Vermutlich zählten die Eltern und Geschwister dieser Frau in Großschlagendorf zu den Opfern, denen eine Heimkehr in diesem Zug zugesagt worden war.

Schweigend gingen wir zum alten Friedhof des Dorfes. Viele deutsche Gräber, der vielleicht größere Teil des Friedhofs, wirkten ungepflegt, verwildert. Es gab in diesem Land noch unzählige Wunden, die zu heilen waren. Das zeigte sich auch an den vielen Häusern, die immer noch verlassen und mit eingeworfenen Fenstern dastanden, 47 Jahre nach Kriegsende!

Kirchen in der Vorzeigestadt des Atheismus

Ein Jahr später wurden Beate und ich eingeladen zur Einweihung der in Svit inzwischen fertiggestellten neuen Evangelischen Kirche, ein Fest für alle Evangelischen in der Slowakei. Aus vielen Städten waren am Sonntag früh bei strahlendem Wetter mehrere Busse mit Gästen gekommen, weil sie alle mitfeiern wollten.

Fröhliche und auch sehr getragene Kirchenlieder erklangen schon eine Stunde vor Beginn der Festlichkeiten auf der Wiese vor der Kirche. 100 bis 150 Gäste saßen dort und sangen mit großer Vorfreude. Viele schwarze Talare sah man auf dem kleinen Balkon des neuen Pfarrhauses, Pfarrer und Pfarrerinnen, die von überall hergekommen waren. Einer fragte mich als Architekten: „Hält der Balkon diese große Zahl von Menschen aus?“

„Ja, solange die Geistlichen ruhig stehen bleiben und nicht hüpfen. Dann wäre es kritisch!“ Sie blieben ruhig. Der kleine Balkon trug die etwa 20 Talarträger, Gott sei Dank.

Vieles an der Kirche war für uns ungewohnt: Der große Knick in der Firstpfette und im gesamten Dach, der wohl als Entwurfsgedanke zu verstehen war, eine Balustrade aus schwerem Holz, die den Altar von der Gemeinde trennte, ein grünes, durchsichtiges Kreuz aus Glas hinter dem Altar und viele handwerkliche Formen, die der slowakischen Tradition zuzuschreiben sind. Aber dazu gehörte auch, dass Kirche, Pfarrhaus, mehrere Gästezimmer und ein Gemeinderaum über dem Eingangsfoyer zusammengebaut wurden. Das hatte hier Tradition und war sehr praktisch für Gäste der Kirchengemeinde.

Ein rauschendes Fest mit großer Bewirtung folgte dem Gottesdienst. So wurde wenige Jahre nach dem Aufgehen des Eisernen Vorhangs der Wunsch der Bevölkerung nach einem Gotteshaus gebaute Wirklichkeit.

Bild 29: Neubau Evang.Kirche, Gemeindehaus und Pfarrwohnung in Svit, Slowakei, die wir bei unserem ersten Besuch in der Slowakei 1992 im Rohbau besichtigen konnten, 1993 fertig gestellt. Skizze von F. Junker.

Wir entdecken ein deutsches Dorf

1995 konnten wir eine Slowakeireise für etwa 30 Leser des „Evangelischen Gemeindeblatts für Württemberg" durchführen. Nach Besichtigung einer touristischen Attraktion an der slowakisch-polnischen Grenze hatten wir noch etwas Zeit. So bat ich unsere Begleiterin: „Können wir in das Dorf fahren, in dem die frühere deutsche Bevölkerung heute noch wohnt?"

„Ja."

Der Bus brachte uns nach Hopgarten (Chmel'nica). „Herzlich Willkommen" stand in Deutsch und Slowakisch auf einem Banner über der Straße. Unangemeldet wurde unsere Reisegruppe im Rathaus/Gemeindehaus sofort begrüßt und zu Tische eingeladen. Tee und Gebäck wurden serviert. An diesem Wochenende war eine Gruppe aus Nürnberg gerade zu Gast. Vielleicht galt ihnen das Banner über der Straße.

„Wie kommt es, dass Sie als Deutsche weiter hier wohnen können?", fragte ich den Bürgermeister.

„Die Slowaken, die Deutsche vertrieben haben, kamen meistens bei Nacht. So gingen unsere Bauernfamilien bei Nacht in den Wald und übernachteten dort. Morgens kamen sie zurück in ihre Häuser, versorgten ihr Vieh und ihre Felder. Abends zogen sie wieder in den Wald. Nach einigen Wochen sagte ein Pfarrer der Nachbargemeinde zu seinem Kollegen, sie würden doch schon seit vielen Jahrzehnten gut mit den Deutschen zusammenleben. Warum sollten sie nicht weiter hier wohnen können? Seither sind die Bauern und ihre Familien wieder zurück in ihren Häusern."

2000

ZUR HOCHZEIT NACH POLEN?

Im Zugabteil herrschte Schweigen. Es war eine gedrückte Stimmung. Drei alte Frauen, in Schwarz gekleidet, fuhren mit ihren Männern zu einer Beerdigung. Ich sah nur ernste Mienen. Noch gedrückter wurde die Stimmung, als ich mit meiner Frau einige Worte wechsle. Unsere Sprache überraschte. Warum kamen Deutsche hierher? Eine Stunde verging, während die polnische Landschaft im Regen an uns vorüberzog. Nur langsam wich die Scheu vor den Fremden.

„Wohin fahren Sie?“, fragt schließlich eine der Frauen plötzlich in Deutsch.

„Nach Bielsko-Biala, früher Bielitz.“

„Was haben Sie dort vor?“

„Wir sind eingeladen zu einer Hochzeit.“

Deutsche waren eingeladen zu einer polnischen Hochzeit? Jeder überlegte sich, was wohl dahintersteckte.

„Die Braut war bei uns in Deutschland zu Besuch und hat uns eingeladen.“

Die Neugier war doch stärker als die Vorurteile. „Wie kam es dazu, dass Sie jemand aus Polen in ihre Familie in Deutschland eingeladen haben?“

Wir erzählten vom europäischen Taize-Jugendtreffen in Stuttgart am Jahreswechsel 1996/1997. „Wir hatten vierzig junge Polen für einige Tage in unserer Gemeinde. Wir wurden Freunde.“

Jetzt konnten plötzlich alle Mitfahrenden Deutsch. Doch wie fanden wir das Hotel, das uns in der Einladung genannt worden war? Vor dem Bahnhof mochte ich Passanten zunächst nicht in Deutsch ansprechen, sondern lieber auf Englisch. Niemand reagierte, bis wir schließlich einen Studenten fanden, der Englisch verstand und sich anbot, uns in seinem Wagen zum Hotel zu fahren. Ich wollte ihm dafür einen Schein in die Hand drücken, doch er lehnte ab. Er erwies uns nur Gastfreundschaft.

Sieben Priester zelebrierten die Hochzeit in der katholischen Kirche. Wir entdeckten Agata, unsere Freundin als Braut. Eine zierliche Ordensfrau in schwarzer Tracht spielte die Orgel. Gleichzeitig sang sie ins Mikrophon dazu ein Solo mit schöner Stimme. War das möglich am Spieltisch der Orgel? Ja, hier schon. Später erfuhr ich, sie war die Schwester des Bräutigams.

Zum großen Empfang fanden wir uns ein im Park vor einem edlen polnischen Restaurant. Es hatte schon bessere Zeiten erlebt. Wände, Fenster und Türen hatten lange keine Farbe mehr gesehen, die sie eigentlich dringend benötigten. Doch dies war nur der erste Eindruck von außen. Im Inneren überraschten uns farbenfrohe Tapeten, goldene Leuchter, Spiegel und erlesene Möbel. Das Restaurant musste eine große Geschichte hinter sich haben.

Zu Beginn der Feier wurde Sekt gereicht und die Brautleute warfen die Gläser nach dem Trinken auf den Boden – Scherben brachten auch hier Glück! Agata, die füllige, reizvolle Braut mit schwarzem Haar, strahlte in ihrem weißen Kleid und begrüßte uns mit offenen Armen. Sie steuerte heute selbstbewusst alles, was geschah. Sie hatte ja die vierzig jungen Polen zu uns nach Deutschland gebracht und war studierte Ingenieurin für Wasserbau. Sie stellte uns ihren Bräutigam vor, der wie sie groß gewachsen war und schlank. „Wer würde wohl in dieser Verbindung das Sagen haben?“, ging es mir durch den Kopf.

Als Gast aus Deutschland war ich zurückhaltend. Doch nach dem üppigen Hochzeitsmahl, bei dem sich immer wieder Sprachbarrieren zeigten, nahm ich allen Mut zusammen und fragte die Braut, ob ich als Gast etwas sagen dürfe. „Ja, aber erst, nachdem wir als Brautpaar unseren Eltern die Blumen überreicht haben, ein fester Brauch bei uns." Sie war bereit, für mich zu übersetzen.

„Ich habe mit Agata schon getanzt", waren meine ersten Worte. Ungläubiges Erstaunen bei der ganzen Hochzeitsgesellschaft. „Es war am Silvesterabend in Leonberg, als Agata mich zu einer Polonaise aufforderte zusammen mit den jungen Polen und unserer ganzen evangelischen Gemeinde. Es wurde ein rauschendes Fest der Begegnung zwischen Polen und Deutschen."

Die jungen Polen fragten nach dem Neujahrsgottesdienst am nächsten Morgen: „Sind die evangelischen Gottesdienste immer so fröhlich?" Wenige Tage oder Stunden vorher hatten sie die Frage gestellt: „Wo habt ihr in Leonberg die Skinheads versteckt?"

Taize-Treffen in Stuttgart

Alle Gäste waren in Familien unserer Gemeinde aufgenommen worden. Bekannte Vorurteile wurden bei der Vorbereitung laut: „Wie könnt ihr wildfremde Polen in eurem Haus aufnehmen?"

Ein Gastgeber, der größte Befürchtungen hatte, sagte mir: „Herr Junker, ich weiß ja, wo Sie wohnen, wenn nachher einiges fehlt!" Als ich ihn später fragte, wie es bei ihm gegangen sei, berichtete er stolz von einer Einladung an den Gardasee, die er bekommen habe. Er hatte zwei junge Italiener als Gäste. Andere waren beeindruckt von der Höflichkeit der Jugendlichen. Ein Hausherr erzählte mir, er sei am ersten Tag einige Minuten zu spät zum Frühstück gekommen. Als sich die jungen Gäste bei seinem Eintreten vom Tisch erhoben, entschied er, jeden Tag etwas zu spät zu kommen.

Tanz gehört zu jeder Hochzeit, auch hier. Aber ich konnte meinen Augen kaum trauen, als die junge Ordensfrau plötzlich mittanzte. Meine Frau fragte eine angehende Ärztin beim Abendessen, ob sie schon einmal in Deutschland gewesen sei: „Wir waren noch nie eingeladen“, war die Antwort. Als meine Frau sie daraufhin nach Leonberg einlud, antwortete die Ärztin: „Wir sind aber sieben.“

„Das macht nichts, wir haben genügend gute Nachbarn in unserer Stadt, die Sie ebenfalls gerne willkommen heißen werden.“ So trennten wir uns. Sie waren leider noch nicht da.

2002

Oświęcim/Auschwitz

Muss ich dort hin? Muss ich mir das antun? – Jeder von uns sollte es. Der Kirchenbezirk Leonberg hatte dazu eingeladen. Ich sagte „Ja“, konnte aber aus Termingründen erst später, ohne die 17 anderen, die sich gemeldet hatten, fahren.

Auf dem Bahnhof in Oświęcim fragte ich nach dem Weg zur Jugendbegegnungsstätte. Da Deutsch hier sicher nicht gut ankam, fragte ich auf Englisch. Keine Antwort. Englisch war hier wohl unbekannt. Zwei weitere Versuche blieben ebenfalls ohne Erfolg. Jeder merkte, dass ich fremd war, vielleicht auch, dass ich Deutscher bin. Als auch der nächste Passant sich ohne Antwort abwendete, gab ich auf. Man war nicht auf Fremde eingestellt.

Ich fand ein Hotel. Vielleicht erhielt ich dort Auskunft?

„Ja. Es gibt eine Buslinie, die zur Begegnungsstätte fährt.“ Aber mit dem Bus fahren ohne polnische Zloty? Also zuerst zur Bank. Als ich deutsches Geld anbot, wurde man gesprächiger.

Die Gruppe aus Leonberg kam erst am folgenden Tag an, obwohl sie vor mir losgefahren war. Durch den starken Wintereinbruch und Schneeverwehungen geriet der Bahnverkehr durcheinander.

Erstaunliche Freundschaften

Die Jugendbegegnungsstätte war geprägt durch Holz und Glas, wirkte offen und einladend. Hier fühlte man sich willkommen und frei. Ein Freund von mir, Architekt Morlok aus Isny, hatte sie gebaut. Wie ich war auch er auf den Ordensburgen Sonthofen und Vogelsang zur Schule gegangen. Damals kannten wir uns nicht.

Später erst, als ich die Pläne eines Architekturbüros in Isny zu überprüfen hatte – es waren seine –, lernten wir uns kennen und schätzen.

Bild 30: Ausstellung in der internationalen Jugendbegnungsstätte in Oswiecim-Auschwitz.

Für seinen unermüdlichen Einsatz für die Begegnungsstätte in Oświęcim wurde er von der polnischen Regierung geehrt. Präsident Kwasniewsky verlieh ihm 2005 das polnische Offizierskreuz. Bundespräsident Johannes Rau zeichnete ihn 2003 mit dem Bundesverdienstkreuz am Bande aus. Er wurde Träger der Ehrenmedaille der Stadt Oświęcim. 2013 erhielt er den Lothar-Kreyssig-Friedenspreis der Evangelischen Kirche in Magdeburg. – Architekt Morlok gewann viele Freunde in Polen, als er mit Alfred Przybylski, einem polnischen Architekten, die Begegnungsstätte bauen konnte. Dieser war von 1940 bis 1945 selbst in Haft, die meiste Zeit in Auschwitz. Dabei wurden an ihm medizinische Versuche durch Fleckfieber-Injektionen unternommen. Er überlebte, da er von

Kameraden im Kohlenkeller versteckt und mit Medikamenten versorgt wurde.

Morlok und Przybylski lernten sich 1985 kennen und wurden enge Freunde. Der Entwurf der Begegnungsstätte von Architekt Morlok wurde ausgeführt. Ein vorhergehender Vorschlag, die Begegnungsstätte in einer alten SS-Baracke zu bauen, hätte „einem die Kehle zugeschnürt", wie Morlok meinte. Beide Architekten leben heute nicht mehr.

Eine polnische Frau führte unsere Gruppe aus Leonberg 2002 zuerst zu den alten Backsteingebäuden, den Anfängen des Lagers 1: Berge von Koffern, von Schuhen und Kleidungsstücken der Ermordeten waren dort aufgetürmt. Wir verstummten. Wir sahen die Zelle, in der Maximilian Kolbe, der katholische Priester, seine letzten Stunden verbracht hatte. Wir standen auch vor der Wand, vor welcher er erschossen wurde. Die Wirklichkeit bedrückte. Alles war Realität, von der wir in den letzten 57 Jahren immer wieder gehört und Bilder gesehen hatten.

Bild 3: Architekt Morlok (links) und der polnische Architekt Alfred Przybylski,

„An die dafür Verantwortlichen hast du einmal geglaubt", musste ich mir sagen. Viele hatten an sie geglaubt. Wenn man in der Zeitung darüber las und Bilder sah, konnte man diese weglegen. Hier gab es kein Ausweichen. Die polnische Führerin sprach sachlich, ohne Anklage in sehr gutem Deutsch. Sie hatte vielen unserer Landsleute die Orte des Grauens gezeigt.

Im Lager 2, in Birkenau, sahen wir zwei Tage später die Öfen, in denen die Ermordeten verbrannt wurden. Wir sahen das Haus des Lagerleiters und den Galgen, an dem er gehängt wurde. Die Trümmer der gesprengten Gaskammern prägten sich ein. Sie wurden als Duschräume bezeichnet. Alles wurde gesprengt, alles sollte vertuscht werden.

In der ganzen Welt ist das Bild bekannt, wie ein Bahngleis durch den großen Torbogen ins Innere des Lagers führt. Dort befindet sich die Rampe, an der Mengele das Schicksal Unzähliger zwischen „arbeitsfähig" oder „nicht mehr arbeitsfähig und zur Vergasung bestimmt" entschied. Einige der Baracken stehen noch, dazu die Reste gemauerter Schornsteine, die im Zentrum der Holzbaracken hochgezogen worden waren. Die mehrstöckigen Holzpritschen, das Bild der Latrinenreihen, alles prägte sich tief und unauslöschlich ein. Endlos lange Zäune mit Stacheldraht, die damals elektrisch geladen waren, markieren das Lager.

„Hier versuchte eine Mutter verzweifelt, ihrer Tochter gut zuzureden auf dem Weg in die Gaskammer", wurde uns berichtet ... Eine Wand mit Bildern der Ermordeten ließ mich erschauern. Menschen wie Du und ich waren es. Wir sahen den großen Raum, in dem sich die Gefangenen ausziehen mussten, ehe es zum „Duschen" ging.

Im Freien war eine große Tafel aus Metall auf dem Boden verankert mit der Inschrift:

„Dieser Ort sei allezeit
ein Aufschrei der
Verzweiflung und Mahnung
an die Menschheit.
Hier ermordeten die Nazis
etwa anderthalb Millionen
Männer, Frauen und Kinder.
Die meisten waren Juden
aus verschiedenen
Ländern Europas.
Auschwitz - Birkenau
1940-1945"

Am Abend saßen wir zusammen und versuchten, das Gesehene zu verarbeiten. Es gelang nicht. Wir lasen gemeinsam das Stuttgarter Schuldbekenntnis der Evangelischen Kirche von 1947. Angesichts des Grauens, dessen Spuren wir jetzt gesehen hatten, spürten wir, dass es nicht trug, bei Weitem nicht. Aber die Verfasser konnten ja damals die Realität dieser Hölle nicht sehen, konnten sie nicht besuchen, hatten nur wenig erfahren von dem Ausmaß des Grauens.

Ein polnischer Überlebender kam am zweiten Abend in unsere Gruppe und berichtete von dem, was er persönlich erlebte. Mit schweren Gedanken gingen wir zu Bett.

2016 lernte ich durch Architekt Morlok den gegenwärtigen Leiter der Jugendbegegnungsstätte, Leszek Szuster, kennen. Er war nach Deutschland gekommen auf die Ordensburg Vogelsang in der Eifel, wo wir im Krieg die Schulbank gedrückt hatten. Er kam zur Einweihung einer Dokumentation und Ausstellung über das damalige Geschehen. Über 1000 Menschen aus Nordrhein-Westfalen und verschiedene Minister waren bei der Eröffnung der Dokumentation anwesend.

Leszek Schuster möchte eine Verbindung herstellen zwischen diesem Ausbildungsort der „Herrenrasse“ und der Realität von Auschwitz. Es war wohl das letzte Treffen zwischen ihm und Architekt Morlok, der wenige Monate danach starb. – Leszek Schuster drückte mir bei dieser Begegnung mehrere polnisch-deutsche Bücher in die Hand. „Christus von Auschwitz“ heißt eine Erzählung, die er mir gab. Sie ließ mich nicht los. Sie berichtet vom Vermächtnis eines polnischen Häftlings, als er einer jungen Küchenhelferin eine Dornenkrone aus Draht übergab. Er überlebte nicht.

1986-2006

MINSK – WER WAGT, DIE WAHRHEIT AUSZUSPRECHEN?

„Das unheimliche Erlebnis: Ein asphaltierter Platz, auf dem zwei- bis vierjährige Kinder wie matte Fliegen hin und her trudelten. Sie waren nicht heiter, spielten nicht, sondern trotteten nur lustlos hin und her." So beschrieb Prof. Dr. Gennadij Groushevoj, Philosoph aus Minsk, einen seiner Eindrücke, als er sich mit vier belarussischen Freunden ein Bild von der Lage vor Ort in Tschernobyl machen wollte. Es war Juni 1989, drei Jahre (!) nach der Katastrophe. Er war gerade zum Vorstand der Belarussischen Volksfront BNF gewählt worden und Mitglied des „Obersten Sowjets in der Belarussischen Sozialistischen Sowjetrepublik".

Sie hatten lange diskutiert darüber, wie man helfen könnte, wussten aber nicht wie. Schließlich hatte er einen Kleinbus beschaffen können, um mit Freunden nach Tschernobyl zu fahren. Offiziell hieß es, „wir machen eine Vortragsreise", sagte er, um die Fahrt überhaupt zu ermöglichen. „Die offizielle kommunistische Propaganda schwieg. Es ging nur als Gerücht um." Sie wollten sehen, was wirklich geschehen war.

Wenige Wochen später kamen etwa 10.000 Menschen zu einer Kundgebung in Minsk zusammen, bei der er mit seinen Freunden von ihren Beobachtungen berichtete. Es war der 25. Juli 1989. Damals wurde festgestellt, dass in der Nähe „Anti-Aufruhrtruppen" versteckt in Stellung gegangen waren. „Das zeigt, wie viel Angst die Machtstrukturen vor den Bürgern hatten." Noch 1989 wurde er vorübergehend festgenommen und 1990 aus der staatlichen Universität entlassen.

Ich lernte diesen jungen Philosophieprofessor erst acht Jahre später 1997 in Bonn kennen bei einer Veranstaltung der SPD unter Vorsitz von Günter Verheugen, dem späteren Hochkommissar in Brüssel. Professor Dr. Groushevoj sprach sehr mutig über Freiheit und Demokratie für sein Land, für Belarus. Er suchte eindeutig eine engere Verbindung zu den Ländern in Westeuropa.

Meine Frau hatte schon seine Frau, ebenfalls Professorin an der Universität in Minsk, Frau Dr. Irina Groushevaja, kennen und schätzen gelernt. Sie wurden Freundinnen. Ausgerechnet in „deutscher Grammatik" hatte sie ihren Doktortitel erworben. Eine sehr dynamische Frau. Prof. Groushevaja wollte nach dem, was er und seine Freunde in Tschernobyl gesehen hatten, etwas für die Kinder tun, die Zukunft seines Landes. Als Erstes konnte er eine Gruppe von betroffenen Kindern für einige Wochen nach Indien zur Erholung schicken, finanziert durch einen Großneffen von Mahatma Gandhi, der in den USA lebte. Offenbar geschah dies vorbei an den üblichen Kanälen und Behörden, sodass die Frage aufkam: „Wer hat das genehmigt?"

Dann suchten Herr und Frau Groushevaja Kontakte nach Westeuropa und gründeten 1990 die „Gemeinnützige Stiftung den Kindern von Tschernobyl". In den folgenden Jahren konnten sie weit über 370.000 Kindern aus Weißrussland einen Erholungsaufenthalt in Westeuropa, in England, in Norwegen, in der Schweiz, in Holland und in Deutschland ermöglichen.

Bild 32: Dr. G. Groushevoj und seine Frau Dr. Irina Groushevaja (Mitte) mit Frau Beate Junker (Links).

Es entstanden Beziehungen und Freundschaften. Gegeneinladungen blieben nicht aus. 2006 saßen meine Frau und ich in Minsk am Tisch mit einer Deutsch-Dozentin, Tamara. Wir kamen ins Gespräch. Sie hatte unserer Reisegruppe im Bus bei der Fahrt über den „Prospekt", der Hauptstraße in Minsk, vieles in bestem Deutsch erklärt. Als ich von meinem Bruder erzählte, der von russischen Jägern über dem Schwarzen Meer abgeschossen wurde, antwortete sie mit ihrer Erfahrung aus der Kriegszeit.

Alle wären damals Partisanen gewesen, die ganze Bevölkerung. Nachts wären sie in den Wald gegangen, tagsüber zur Arbeit. Als herauskam, dass auch ihre Mutter bei den Partisanen mitmachte, sei sie kurzerhand erschossen worden. Tamara war damals ein Jahr alt! – Ich war getroffen. Eine solche Antwort hatte ich nicht erwartet. Doch ich musste mich der Realität stellen.

In der Stadt trafen wir auch Bekannte, die schon bei uns in Deutschland zu Besuch waren. Als alte Freunde wurden wir, wie üblich, herzlich umarmt und durch Teile der Stadt geführt, die sie uns mit Stolz zeigten. Dabei kamen wir auch an einen kleinen See. Auf der Halbinsel, die in den See ragte, überraschte mich eine Art Pyramide aus Skulpturen, ein Denkmal. Von außen sah man übergroße Frauenfiguren aus Bronze, die zusammenstehen. Beim Näherkommen erfuhren wir, dass es die Mütter und Frauen der gefallenen Piloten waren, die im Krieg gegen Afghanistan ihr Leben lassen mussten. Nach offiziellen Angaben waren insgesamt etwa 15.000 russische Soldaten (nicht nur Piloten) gefallen, nach inoffiziellen Schätzungen etwa 60.000. – Hier waren in drei Nischen die Namen vieler russischer Piloten festgehalten.

Ein etwa vierzigjähriger Russe kam zufällig mit uns in das Innere dieses Kunstwerks und mit Übersetzung begann ein Gespräch. Als ich von meinem Bruder erzählte, der als neunzehnjähriger Flugzeugführer in Russland sein Leben lassen musste und für den es nirgends ein Denkmal gab, nahm mich der Russe in den Arm mit den Worten, dass er auch Pilot in Afghanistan gewesen wäre. Hierher kamen jung vermählte Paare, wie wir erfuhren, direkt nach der Hochzeitsfeier. Die Achtung vor den Gefallenen war hier selbstverständlich.

1945-1999

Unangenehme Blicke in die Vergangenheit

Lange hatte ich, wie viele Mitbewohner, verdrängt, was von April 1944 bis April 1945 in Leonberg war: das Konzentrationslager. Ich selbst kam ja erst im November 1944 hierher. Das „Arbeitslager", wie wir es nannten, bestand aus einigen Holzbaracken und halbfertigen zweigeschossigen Gebäuden. Zäune aus Stacheldraht sorgten dafür, dass keiner fliehen konnte. Sie verhinderten auch jeden Kontakt der etwa 5000 Einwohner der Stadt mit den Häftlingen.

Natürlich sah man ab und zu eine Marschkolonne in gestreiften Anzügen durch die Straßen ziehen zu einem Sondereinsatz. „Es sind ja alles Verbrecher und Kriminelle." So war die landläufige Meinung, die uns eingetrichtert wurde. Dass über 3000 Menschen aus vielen Ländern Europas, oft von der Straße weg verhaftet, hier schuften mussten, nahmen wir einfach hin. Unter unmenschlichen Bedingungen hatten sie in 12-Stunden-Schichten Tag und Nacht im alten Autobahntunnel zu arbeiten. Für die Rüstungsindustrie der Firma Messerschmitt mussten Blechteile für den Düsenjäger Me 262 zusammengenietet werden.

„Wir haben nichts mit dem Arbeitslager zu tun", dachten wir. „Es war ausschließlich Sache der Regierung. Keiner von uns wurde gefragt!" War uns das Schicksal der Häftlinge gleichgültig? Waren wir alle der Propaganda von den „minderwertigen Völkern und Rassen" erlegen?

Zugegeben, wir wussten nicht, wie, warum der Einzelne zu einem Häftling im KZ geworden war. Wir konnten nicht mit ihnen sprechen. Doch seit Kriegsende wussten alle, dass es auf dem Blosenberg ein Massengrab von Toten aus dem KZ gab. Ich konnte es zunächst nicht glauben, dass dort Häftlinge überhaupt gestorben waren. Eine Metallplatte auf dem Blosenberg trägt aber folgende Inschrift in Französisch und Deutsch:

„ICI REPOSAIENT LES CORPS DE 373 VICTIMES DU CAMP DE CONCENTRATION
DE LEONBERG TRANSFERES DEPUIS AU CIMETIERE COMMUNAL

HIER RUHTEN DIE GEBEINE VON 373 OPFERN DES SS-ARBEITSLAGERS LEONBERG
SIE WURDEN INZWISCHEN AUF DEM STÄDTISCHEN FRIEDHOF BEIGESETZT"

32 Jahre später kam ich mit meiner Familie nach Leonberg zurück. An unserer Tür wurde geläutet. Frederik Wolf, Leiter der kirchlichen Erwachsenenbildung, bewaffnet mit Mikrofon, fragte mich: „Sind Sie bereit, was Sie vom Lager gesehen haben, meinem Mikrofon anzuvertrauen?"

„Ja."

Nicht alle älteren Leonberger wollten das. Manche hatten Angst. – Verdrängen ist leicht. Aussprechen, was wir gesehen hatten, war der erste Schritt. Erst dann stellte sich die Frage: „Kann ich, muss ich heute etwas tun für die Opfer von damals?"

Dekan Stöffler, Chef unserer Evangelischen Gesamtkirchengemeinde, lud ein ins Haus der Begegnung. Dabei wurden die Aussagen der Öffentlichkeit vorgestellt. Schüler begannen Modelle des Lagers herzustellen, Entwürfe für ein Mahnmal. Ich machte ebenfalls einen Entwurf für eine Wand mit Namen der Verstorbenen neben der Blosenbergkirche. Die Frage war: „Haben wir genug getan, um die Leonberger Vergangenheit aufzuarbeiten? Sind wir den Menschen gerecht geworden? Müssen wir heute etwas tun?"

Mit meinem Schulfreund, Hermann Kromer, ging ich zum Rathaus. „Haben Sie eine Liste der im KZ umgekommenen Häftlinge?"

„Wer will so etwas?"

Es wurde gesucht. Eine unvollständige Liste bekamen wir mit der Bemerkung: „Sie ist wohl von einer Sekretärin als ‚Zweitliste' angelegt worden. Das Original existiert nicht mehr." (Spätere Recherchen ergaben: Es waren Sterbemeldungen des Standesamtes an das Nachlassgericht Leonberg)

Der Neubau unserer Kirche aus dem Jahr 1960 steht am Rande des früheren KZ-Geländes. In den alten Gebäuderesten, teilweise betoniert oder gemauert, teilweise Holzbaracken, die bei Kriegsende nicht sofort verbrannt wurden, waren nach dem Krieg deutsche Vertriebene aus Osteuropa untergebracht. Dann entstand dort ein Altenheim.

Gedenken an die Opfer

Zu einer Gedenkfeier für die Menschen, die im SS-Arbeitslager Leonberg ums Leben kamen, versammelten sich gestern 100 Menschen auf dem Blosenberg. Dekan Hartmut Fritz hielt die Gedenkrede. Eberhard Röhm (l.) und Frowin Junker verlasen zehn Namen der insgesamt 400 Opfer (Foto: Rebstock). (Lokales Seite 7)

Bild 33: Gedenken an die Opfer (1995).

Als Kirchengemeinde ließen wir ein Gedenkbuch anfertigen, in dem alle uns bis dahin bekannten 289 Namen aus 16 Nationen verzeichnet sind. Heute wissen wir, dass die Gefangenen aus 24 Nationen kamen. Hermann Kromer gestaltete im Vorraum unserer

Kirche einen gewölbten Metall-Schrein, in dem das Gedenkbuch aufbewahrt wird. Man erkennt darauf den Bogen des Autobahntunnels, die Silhouette eines Flugzeugs und das Gleis, auf dem die schweren Loren geschoben werden mussten. So sind viele Namen der Opfer des KZs nicht vergessen und jederzeit zugänglich. Es kommen immer wieder Angehörige verstorbener Häftlinge aus verschiedenen Ländern mit der Frage: „Ist hier im Lager unser Verwandter gestorben?“

Nach 72 Jahren ...

Zuletzt kam 2016 ein Tischler namens Zagar aus Slowenien mit seinem Sohn. Ich wurde gefragt, ihm zu helfen. Als wir den Namen des Großvaters im Gedenkbuch entdeckten, stand für ihn nach 72 Jahren zum ersten Mal fest, wo sein Vater die letzten Tage seines Lebens zubringen musste.

Bild 34: „Gewissheit über den Vater nach 72 Jahren“. Alojz Zagar, der 84 jährige Tischler aus Slowenien.

Bild 35: Modell für drei Namenswände, auf denen die Namen der im KZ-Arbeitslager Verstorbenen für immer festgehalten werden sollten. Geplanter Standort neben der Blosenbergkirche. Entwurf von F.Junker.

Unvergesslich war auch vor Jahren der Moment, als der Sohn Goruppi, ein italienischer Widerstandskämpfer aus Triest, den Namen seines Vaters, Eduardo Goruppi, aus dem Gedenkbuch vielen Zuhörern vorlas. Ich stand neben ihm. Keiner konnte ein Wort sagen. Vater und Sohn waren beide im Lager. Der Sohn hatte die Strapazen überlebt, der Vater nicht. – Der Enkel hat jetzt ein Kruzifix aus Metall geschweißt, das in Erinnerung an den Großvater neben dem Gedenkbuch in der Kirche seinen Platz gefunden hat. Der Sohn war mehrmals in den Jahren nach dem Krieg in Leonberg gewesen, kannte aber keinen Menschen hier, der seinen Schmerz mitgetragen hätte.

Das war und ist unsere Aufgabe. – So gründeten wir im März 1999 die KZ-Gedenkstätten-Initiative. Später entstand daraus eine Geschichtswerkstatt. Viel wurde geforscht und der Vergessenheit entrissen.

Durch Besuche ehemaliger Häftlinge wurden uns viele Einzelschicksale bekannt. Freundschaften entstanden. Eine Reihe von ihnen konnten wir mehrmals nach Leonberg einladen, obwohl es vielen sicher schwerfiel, den Ort ihres Leidens wieder aufzusuchen. Sie kamen aus Israel, aus Holland, aus Norwegen, aus Polen, aus dem ehemaligen Jugoslawien, aus Russland und sehr viele aus Frankreich.

Durch Nachforschungen wissen wir heute, dass 389 Männer im Lager Leonberg an Hunger und Seuchen gestorben sind. Von 308 Opfern sind uns die Namen bekannt, von 81 hier bestatteten Häftlingen nicht. Viele andere wurden abgeschoben in Sterbelager oder kamen auf Todesmärschen ums Leben. Einige der Opfer wurden später in ihren Heimatgemeinden in Frankreich, in den Niederlanden oder auf anderen Friedhöfen in Stuttgart und München beigesetzt.

Im September 2006 wurde ein besonderer Gedenkstein vom Verband der Verschleppten Italiens auf dem Friedhof in Leonberg niedergelegt. Auf ihm steht in deutscher Sprache:

„Die Sektion der ‚Assoziazione Nationale Ex Deportate Politici nei Lager Nazisti' (ANED) der Stadt Sesto San Giovanni gedenkt ihres Mitbürgers Giovanni Cima, der 36 Italiener und der Toten anderer Herkunft, die im Lager Leonberg ums Leben kamen. Diese Gedenktafel will die Wunden der großen Tragödie des 2. Weltkrieges nicht wieder aufreißen, sondern an das Geschehen erinnern. Wir, die Einwohner von Sesto San Giovanni und Ihr, die Einwohner Leonbergs, sind uns einig: ‚Erinnern heißt Wissen, Wissen heißt Freiheit. Lasst uns der Erinnerung eine Zukunft geben.'"

Bild 36: Wiedersehen mit Pjotr Kudrjashow, Elisabeth Dommes, Albrecht Dommes, Musa Kudrjashowa. (v.l.n.r).

Prof. Dr. Wassiljewitsch Kudrjaschow

Neben dem KZ gab es eine große Zahl Zwangsarbeiter in Leonberg, die in verschiedenen Rüstungsbetrieben arbeiten mussten. Unter ihnen war der spätere ukrainische Arzt Dr. Pjotr Wassiljewitsch Kudrjaschow aus Nikolajew. Er war in seiner Heimat einfach auf der Straße verhaftet und nach Deutschland gebracht worden. Als Jugendlicher konnte er in Leonberg an manchen Tagen auf eigene Faust unterwegs sein. Er versuchte, durch Arbeit etwas Essbares zu bekommen. Er selbst schrieb über diese Zeit:

„Eine weitere Arbeitswoche verging. Wieder bekam ich einen freien Tag. Ich ging, nicht wissend wohin und weswegen. Dabei kam ich auf einen schmalen, nicht asphaltierten Weg und sah ein zweistöckiges Haus zwischen Kiefern vor mir. Ich trat näher. Ein Zaun. Im Hof spielten Kinder, ungefähr vier, sieben und zwölf Jahre alt. Neben ihnen stand eine schöne, schlanke Frau mit edlen Gesichtszügen. Sie fragte mich: ‚Was willst Du?'

‚Arbeiten …'

‚Komm rein …'

Ich ging hinein. Neben dem Haus gab es einen kleinen Garten mit Rhabarber, Petersilie, Zwiebeln, Johannisbeersträuchern. Sie schlug mir vor, zu graben. Als ich fertig war, bat sie mich, Holz zu hacken. Ich tat es. Sie fragte mich, ob ich Läuse hätte?

‚Ja.' Ich hatte welche. Dann gingen wir zusammen in den Keller, wo ein großer Kessel mit heißem Wasser stand. Sie gab mir ein Handtuch, Seife, saubere Wäsche. Sie sagte: ‚Wasch dich' und ging weg. Ich wusch mich mit einem großen Vergnügen und einer großen Dankbarkeit zum ersten Mal seit zwei Jahren. Dann ging ich mit in den ersten Stock. Dort war ein großes Zimmer. In der Mitte standen ein großer Tisch und sechs Stühle. Drei Kinder, Albrecht, Volker und Christian saßen um den Tisch und der Vater, Erich Dommes. Wir setzten uns. Wir fassten einander an den Händen. Sie betete, erst danach fingen wir mit dem Essen an. Ich erinnere mich an die durchsichtige Suppe. Na ja, es war Krieg. Alle hatten es schwer. Danach – es war kein Traum – gingen wir in den zweiten Stock zu den Schlafzimmern. Zum ersten Mal seit Monaten legte ich mich auf ein schneeweißes Bett und schlief sofort ein. Nach ein paar Stunden weckte sie mich, gab mir Brot mit Butter. Ich kehrte ins Lager zurück. Sie sagte mir: ‚Komm wieder' und ich glaube, dass ich noch zwei oder drei Mal dort gewesen bin."

(Zitat aus Pjotr Kudrjaschow – Unterwegs zwischen Nikolajew und Leonberg – herausgegeben von der KZ- Gedenkstätteninitiative Leonberg e.V.). tübingen.de

Dr. Kudrjaschow kam mehrmals zurück nach Gerlingen und Leonberg. Er konnte auch Frau Dommes, die ihn damals so gut versorgt hatte, mit seiner Frau 1991 besuchen. Die KZ-Initiative konnte ihm bei gesundheitlichen Problemen manchmal eine gute Behandlung in Deutschland ermöglichen.

Dr. Kudrjaschow starb am 26. Juli 2011 im Alter von 84 Jahren. In einem Nachruf aus Leonberg stand:

> Das Bewusstsein eines erfüllten Lebens und
> die Erinnerung an viele Stunden mit einem Freund,
> sind das größte Glück auf Erden.
> In stillem Gedenken – Deine Freunde aus Deutschland

Eine Namenswand aus Stahl mit über 3000 Namen ehemaliger Häftlinge wurde 2005 vor dem Tunnelmund errichtet. Im Inneren des Tunnels zeugen in einer Ausstellung Bilder, Häftlingskleider, Metallteile einer Flugzeugtragfläche und andere Gegenstände von dem, was im letzten Kriegsjahr hier geschah. Mitautoren der Ausstellung waren Pfarrer i.R. Dr. h.c. Eberhard Röhm und Dipl.-Ing. Wolfgang Schiele. Sie haben auch einen „Weg der Erinnerung – Auf den Spuren von KZ und Zwangsarbeit in Leonberg" vom Friedhof Seestraße bis zum alten Autobahntunnel mit Informationstafeln gestaltet.

Als weitere Namen von Häftlingen und Zwangsarbeitern entdeckt wurden, entstand 2013 ein symbolisches „Haus der 1000 Namen". Der Bildhauer Johannes Kares hatte es entworfen. Schüler aus zehn Schulklassen konnten dabei die Namen von 986 bisher unbekannten Männern in Metallplatten einstanzen. Ich konnte mit anderen Zeitzeugen den Schülern von dem berichten, was wir gesehen hatten in den letzten Monaten des Krieges.

1933 - 1945

Gab es Zweifel? – Gab es Widerstand?

Ich war etwa vierzehn Jahre alt, mitten im Krieg. Wir hatten uns alle gewöhnt an Siegesmeldungen. Ich war für einige Tage daheim in den Ferien. Da sagte ein Onkel im engsten Familienkreis, Hitler und seine Leute seien eigentlich ungebildet. Dem widersprach ich, da ich natürlich offiziell nur sehr Positives über die Spitzen der Partei gehört hatte. Wir kannten sie ja nicht persönlich.

Doch dies waren alles nur Meinungen. Keiner von uns stellte den Kurs des „Führers" ernsthaft in Frage. Wir befanden uns im Krieg. Da musste man zusammenhalten.

Von meiner Mutter erfuhr ich, dass eine entfernte Tante von uns Jüdin sei. Ich hatte sie vielleicht ein- oder zweimal als Kind gesehen, hatte jedoch keine Verbindung zu ihr. Sie musste den Judenstern tragen. Meine Mutter lud sie mehrere Male zu Besuchen in Cannstatt ein, um ihr wenigstens persönlich zu helfen. Doch ich bekam davon fast nichts mit, da ich ja nur wenige Wochen im Jahr daheim war.

Nach dem Krieg erfuhr ich mehr über ihr Schicksal. Ihr Mann hatte einen Verlag in Berlin und Leipzig. Er war in Berlin in die Fänge der GESTAPO geraten. Ihm wurde vorgeworfen, dass er eine Jüdin geheiratet habe. In einem Verhör soll er gesagt haben: „Die Verwandtschaft meiner Frau bedeutet mir mehr als ein gutes Verhältnis zu euch als Mitglieder der Partei oder der SA." Das war offenbar sein Todesurteil.

Einige Tage später war er tot. Woran er gestorben ist, weiß niemand. Es sei ein Unfall im Gefängnis gewesen. Sein Schicksal dürfte wohl nie aufgeklärt werden oder an die Öffentlichkeit gelangen. Wer würde solche Vorgänge in Akten korrekt dokumentieren und der Nachwelt weitergeben?

Als die Judenverfolgung immer radikaler wurde, verzweifelte unsere Tante. Sie nahm sich das Leben, um nicht in ein KZ eingeliefert zu werden. Ich erfuhr dies erst gegen Ende des Krieges.

Zur „Weißen Rose“

Nach unserer Verlobung, zwanzig Jahre später, lernte ich den Onkel meiner Frau kennen.

Er war Pfarrer in Ulm gewesen. Am Grab seiner Frau sagte er zu mir nach der Trauerfeier: „So kommt man schnell in eine Familie herein.“ Ich sah ihn zum ersten Mal und wusste nicht, was er durchgemacht hatte. Sein Sohn Hans und seine Tochter Susanne waren als Studenten befreundet mit Hans und Sophie Scholl. Sie kamen als Mitglieder der „Weißen Rose“ in München ins Gefängnis. Auch der Vater und die Mutter wurden in Verbindung mit den Verhaftungen ihrer Kinder vorübergehend festgesetzt.

Hans Hirzel wurde in dem Schauprozess durch Freisler zu einigen Jahren Zuchthaus verurteilt. Er hat sie überlebt. Er war der erste in der Reihenfolge der Angeklagten, gegen den keine Todesstrafe verhängt wurde. Seine Schwester Susanne hatte Flugblätter in einem Koffer von München nach Stuttgart gebracht und in viele Briefkästen eingeworfen. Wenige Tage später war auch sie gefasst und zu einer Freiheitsstrafe verurteilt. Sie hat später ihre Erfahrungen in dem Buch mit dem Titel: „Vom Ja zum Nein“ (Silberburg-Verlag) niedergelegt.

Als ich ihren Bruder Hans kennenlernte, wollte er von mir so viel wie möglich über die Zeit an der Adolf-Hitler-Schule erfahren. Er versuchte sich Klarheit darüber zu verschaffen, wie uns Jungen die NS-Ideologie an den Ordensburgen verkauft wurde. In der geschlossenen, abgeschirmten Atmosphäre der Schule hatte ich im Alter von zwölf bis sechzehn Jahren keine massiven Zweifel am

Kern der Ideologie entwickelt. Es gab unter uns Schülern keine offenen Diskussionen, die sich ernsthaft gegen die Gedankenwelt unserer Lehrer gerichtet hätten. Wir glaubten ihnen.

Sicher, es gab die übliche Kritik gegen die eine oder andere Maßnahme, gegen einen Befehl, der uns Jungen gegen den Strich ging. Der „Schliff" und der „Kommiss"-artige Betrieb führten aber nicht dazu, die Gesamtausrichtung unserer Schule infrage zu stellen. Wir sahen in den Zielen, die uns von den Lehrern vermittelt wurden, unsere „vaterländische Pflicht". Was ich an religiöser Erziehung vom Elternhaus und von der „Jungschar" meiner Kirchengemeinde mitgebracht hatte, trat immer mehr in den Hintergrund. Es war – neben einem kindlichen Glauben – eine Anleitung zu einem „christlichen" Leben als Einzelner. Es war keine Anleitung zur kritischen Prüfung der Politik unseres Landes. Gab es Theologen und Pfarrer in unserer Kirche, die öffentlich und politisch gegen die Ideologie der NSDAP Stellung bezogen hatten? Ich hatte keinen kennengelernt. Der Name Bonhoeffer und sein Widerstand waren uns völlig unbekannt.

„Die Kirche hat parteipolitisch neutral zu sein!" Dies war die allgemeine Ansicht. Theodor Haug, Dekan in Herrenberg und später Landesbischof der Evangelischen Kirche in Württemberg, schrieb: „In der Wirklichkeit des Lebens führte diese Neutralität dazu, dass die Kirche keinen nennenswerten Einfluss auf das Geschehen hatte."

In der gleichen Schrift („Die politische Verantwortung der Kirche") zitierte er ein Flugblatt des ehemaligen „Christlichen Volksdienstes" aus dem Jahre 1932. Darin heißt es: „Wir mussten ernstlich warnen vor der verkehrten weltanschaulichen Grundeinstellung des Nationalsozialismus, vor seiner Vergottung der Rasse, des Blutes und der Nation, vor seiner Herrenmoral, seiner Machtanbetung, Gewaltpolitik und seinen verfehlten Kampfmethoden. Es musste ein unversöhnlicher Gegensatz zwischen Christentum und Nationalsozialismus festgestellt werden."

Diese kleine Gruppe engagierter christlicher Politiker fand jedoch kein Gehör in der Landeskirche. Sie hatten vor 1933 versucht, die evangelischen Christen in Deutschland zur politischen Verantwortung und Mitarbeit zu gewinnen. Sie fanden wenig Echo. Die Zentrumspartei war katholisch, eine evangelische Partei gab es nicht. Politik war in den Augen vieler Christen „ein schmutziges Geschäft". Damit wollten sie nichts zu tun haben.

Pfarrer Julius von Jan

Viele Jahre nach dem Krieg bekam ich die Predigt von Pfarrer Julius von Jan aus Oberlenningen in die Hand. Er hat sie am Bußtag, am 16. November 1938, gehalten. Der berüchtigte 9. November, die „Reichspogromnacht", lag damals gerade eine Woche zurück. Vielleicht war er der einzige Pfarrer der Landeskirche, der damals so klar Stellung bezog zu den Geschehnissen der Woche vorher. Unter der Überschrift: „O Land, Land, höre des Herrn Wort" sagte er:

„Hier haben wir die Quittung bekommen auf den großen Abfall von Gott und Christus, auf das organisierte Antichristentum. Die Leidenschaften sind entfesselt, die Gebote Gottes missachtet. Gotteshäuser, die anderen heilig waren, sind ungestraft niedergebrannt worden, das Eigentum der Fremden geraubt oder zerstört. Männer, die unserem deutschen Volk treu gedient haben und ihre Pflicht gewissenhaft erfüllt haben, wurden ins KZ geworfen, bloß weil sie einer anderen Rasse angehörten! Mag das Unrecht auch von oben nicht zugegeben werden – das gesunde Volksempfinden fühlt es deutlich, auch wenn man nicht darüber zu sprechen wagt. Und wir Christen sehen, wie dieses Unrecht unser Volk vor Gott belastet und seine Strafen über Deutschland herbeiziehen muss.

Denn es steht geschrieben: Irret euch nicht! Gott lässt seiner nicht spotten. Was der Mensch sät, das wird er auch ernten! Ja, es ist eine entsetzliche Tat des Hasses, die jetzt wieder ausgesät worden ist. Welche entsetzliche Ernte wird daraus erwachsen, wenn Gott unsrem Volk und uns nicht Gnade schenkt zu aufrichtiger Buße?“

Wer hat damals so klar öffentlich gesprochen? Was geschah? Für die Öffentlichkeit – nichts. Gab es einen Aufstand der Evangelischen oder der Katholischen Kirche in Deutschland gegen die Ausschreitungen?

Die Partei verlangte von der Kirchenleitung, von Landesbischof Wurm, eine Bestrafung des Pfarrers, der die Linie des Staates so deutlich gebrandmarkt hatte. Pfarrer Julius von Jan wurde „strafversetzt“ in eine kleine Gemeinde im Hohenlohischen. Wurde sein Mut nach dem Krieg gewürdigt?

1999

BEWEGENDE VIER STUNDEN IN PARIS

Der wohl jüngste Häftling im Leonberger Konzentrationslager im alten Engelbergtunnel, Prof. Dr. Dr. Samuel Pisar, öffnete sein Haus in Paris für sieben Leonberger. Er war inzwischen ein international gefragter Rechtsanwalt mit Kanzleien in Paris, London und New York geworden. Während des „Kalten Krieges" wurde er von Politikern aus Washington und Moskau um Rat gefragt, ob er den einen oder anderen Vorschlag bei internationalen Verhandlungen positiv beurteilen würde. So kamen Breschnew, Chruschtschow und Gorbatschow zu ihm, wie auch Clinton und maßgebliche Politiker aus den Vereinigten Staaten. Von deutscher Seite suchten die Bundeskanzler Brandt und Kohl, auch Egon Bahr und andere Politiker seinen Rat. Ohne viel an die Öffentlichkeit zu treten, war er damals zu einer Kontaktstelle oder Drehscheibe für die Beziehungen zwischen Ost und West geworden.

Mit etwa dreiunddreißig Jahren war er Junior-Berater im Weißen Haus in Washington. Und dies schon während der Kubakrise. Er half Präsident John F. Kennedy, der bei seinem Berlin-Besuch einen Satz in Deutsch sagen wollte, zur richtigen Aussprache der Worte: „Ich bin ein Berliner."

Doch wie kamen wir mit Samuel Pisar in Kontakt? Ich hatte sein Buch „Das Blut der Hoffnung" (Of blood and hope), in dem er seine Odyssee durch acht Konzentrationslager, auch Leonberg, beschreibt, in die Hand bekommen. Es waren Majdanek, Blizyn, Auschwitz, Oranienburg, Sachsenhausen, Kaufering und Dachau. Dass er mehrere „Selektionen" überlebt hatte, war ein Wunder. Sein Buch packte mich, ließ mich nicht los und ich stellte es in Auszügen in unserer Kirchengemeinde vor. Die Menschen in Leonberg mussten es hören, sich der Realität stellen!

Samuel Pisar war in einer jüdischen Familie in Bialystok in Polen aufgewachsen. Von den damals etwa 90.000 Einwohnern der Stadt waren fast die Hälfte Juden. Sein Vater versuchte als Fahrer des deutschen Transportoffiziers jüdische Kinder aus dem Ghetto der Stadt zu Familien auf dem Land zu bringen. Als dies herauskam, wurde er kurzerhand erschossen. Seine Mutter, seine Schwester und er wurden verhaftet und in verschiedene Lager abtransportiert. Er hatte sie nie wiedergesehen.

Als unsere Tochter mich fragte: „Was können wir für die Juden tun?", schlug ich vor, mit dem Autor des Buches „Das Blut der Hoffnung" Verbindung aufzunehmen, ihn zu besuchen. Über den Verlag konnte ich mich schriftlich an Herrn Prof. Dr. Pisar wenden und um einen Termin in Paris bitten. Seine Antwort war herzlich und direkt. Es war das Jahr 1999.

Wir sieben aus Leonberg hatten wenig Ahnung, was uns erwarten würde. Wir waren ein Bauunternehmer, ein Architekt und ein Computerfachmann mit ihren Frauen und eine ältere Leonbergerin. Sie konnte als Kind im Krieg mit einem „Berechtigungsschein" durch die Lagerstraße des KZs hindurch zum Baumgrundstück ihrer Eltern gelangen.

Aufgeregt kamen wir in dem vornehmen Arrondissement „quartier 16e" in Paris an. Hinter einem schmiedeeisernen Gittertor, das sich nur mit einer Code-Nummer öffnete, gelangten wir in einen ruhigen, geschichtsträchtigen Innenhof. Die übrige Welt schien hier weit weg zu sein.

In dem altehrwürdigen Haus der Familie Pisar wurde die Tür geöffnet. Ein schlanker, älterer Her empfing uns freundlich, wie alte Freunde. Wir traten ein in ein Vestibül, einen Empfangsraum. „Wo wollen wir uns setzen?", fragt Herr Pisar. „In meinem Arbeitszimmer, im Wohnraum oder auf der Terrasse im Garten?" Es war ein sonniger Samstagnachmittag in Paris. Wir entschieden uns für die Terrasse.

Wir wurden an einen großen runden, schön gedeckten Tisch eingeladen. Die Terrasse endete mit einigen Stufen vor dem Rasen. Ein Stuhl stand nahe den Stufen. Es bestand die Gefahr, beim Aufstehen nach hinten zu kippen. – Der Gastgeber aber wollte diesen Platz unbedingt einnehmen mit den Worten: „Ich bin ja schließlich der Überlebenskünstler."

Herr Pisar fragte jeden von uns, was er im Leben mache. Er hatte die englische Ausgabe seines Buches in der Hand, da wir ja sicher die deutsche Ausgabe gelesen hätten. Die englische Ausgabe enthält viel mehr Bilder, auch von seiner Familie, als die deutsche.

So begann er uns zu erzählen von seinen Eltern, seiner Schwester und seinen Freunden Ben und Nico, mit denen er im Lager war. Besonders berührte uns, wie sein Vater den vielleicht zwölfjährigen Samuel fragte, ob er seine drei wunderschönen Briefmarkenalben ihm überlassen würde für den deutschen Offizier, den Transportchef, für den sein Vater täglich unterwegs war. Der junge Samuel durfte eine Nacht darüber schlafen. Er sagte „ja" und der Vater gab die Briefmarkensammlung weiter in der Hoffnung, etwas mehr Essen zu bekommen. Viele Jahre später kam das Buch „Das Blut der Hoffnung" in die Hände eines jungen Deutschen. Der erinnerte sich: Von meinem Vater hatte ich eine Briefmarkensammlung geerbt. Es war die Sammlung des jungen Samuel aus Bialystok. So kam sie wieder zurück zu ihrem einstigen Besitzer, unserem Gastgeber.

Herr Pisar erzählte uns von seinen zwei besten Freunden im KZ, die ihm mehrfach das Leben gerettet hätten. Einer war Holländer. Beide verstanden nicht ganz, warum er so viel mit den Großen in Politik und Gesellschaft zu tun hatte. „Warum treibst du dich mit diesen Menschen herum?", fragt der eine. Daraufhin lud ihn Pisar zu einem Essen ein mit seinem Freund Giscard d´Estaing, dem früheren Staatspräsidenten Frankreichs.

Kommentar des alten Freundes nach dem Essen: „Es war ja ganz recht, aber du bist in diesem Rahmen nicht mehr der Alte. Dir fehlt deine Mütze aus dem KZ. Die hättest du dafür aufsetzen müssen, dann wärst du echt gewesen!"

Frau Pisar, eine schwarzhaarige Schönheit, setzte sich zu uns und verköstigte uns mit herrlich belegten Brötchen und einer Torte. Sie hatte uns den Tisch fein gedeckt und entschuldigte sich, weil heute, am Samstag, „das Personal freihabe."

Dann erfuhren wir mehr, wie Herr Pisar nach seinem Jurastudium in Melbourne, Paris und Harvard Rechtsanwalt wurde, wie er für Schauspieler in Hollywood die Prozesse führte und auch für Herrn Samaranch vom Olympischen Komitee. Doch was ihm viel wichtiger war, waren die Schritte zur Entspannung zwischen Ost und West und zum Frieden in der Welt. Wir sahen Bilder der verschiedenen Staatsmänner, die ihn immer wieder um seinen Rat fragten.

Als unsere Tochter ein jüdisches Lied vortrug und auf ihrer Violine dazu improvisierte, holte der Gastgeber seine Tochter aus dem Obergeschoss in unsere Runde. Sie hatte vor Kurzem mit der amerikanischen Außenministerin Albright den Kosovo besucht und war erschüttert über das große Leid, das sie dort gesehen hatte, zurückgekommen. Der Sohn unseres Gastgebers war zu dieser Zeit Chef der Europa-Abteilung im Weißen Haus in Washington.

Im Auftrag unseres Oberbürgermeisters konnten wir eine Einladung an Herrn Pisar nach Leonberg überbringen. Doch eine Terminabstimmung wurde schwierig. Außerdem war er nicht sicher, ob er die Auseinandersetzung mit einer neuen Stadt und ihrer Situation noch einmal auf sich nehmen sollte.

Als wir uns gegen Abend verabschiedeten, sagte uns Dr. Pisar: „Dass Sie wissen, wo Sie sind: Hier in unserem Nachbarhaus hat Claude Debussy gewohnt und in unserem Garten komponiert, daneben steht die Botschaft von Monaco und dort drüben eine weitere Botschaft." Dann wandte er sich an mich mit den Worten: „Wenn ich heute mit Goebbels oder Himmler reden könnte, meinen Sie, die wären immer noch der Ansicht, wir Juden seien die Untermenschen?" An die Jüngeren von uns gewandt, sagte er: „Lassen Sie sich keine grauen Haare wachsen!" – Es war wohl das bewegendste Gespräch von vier Stunden in meinem ganzen Leben!

Jahre später bat Leonard Bernstein Samuel Pisar darum, ein „symphonisches Gedicht" für seine 3. Symphonie zu verfassen. Bernstein sagte damals: „Ich kann das nicht schreiben. Ich habe nicht gelitten. Meine Erfahrungen sind zu wenig tiefgehend, mein Text wäre zu schwach." – In dem dann von Pisar verfassten Kaddisch, dem jüdischen Totengebet, formulierte Pisar seine Gedanken so: „Mein heldenhafter Vater wurde gefoltert und von einem Erschießungskommando hingerichtet, bevor er in ein Massengrab geworfen wurde. Meine wunderbare Mutter wurde in einem Viehwaggon deportiert, um zu sterben. Dies erlitt sie zusammen mit meiner engelsgleichen Schwester, die kaum gelebt hatte. Alle meine Schulkameraden und eineinhalb Millionen andere Kinder wurden ermordet. Warum sie und nicht ich – Herr? Welche Verbrechen, welche Sünden hatten sie denn begangen in diesem frühen Lebensalter?

Die in Auschwitz Ermordeten dürfen nicht umsonst gestorben sein. Der Häftling, der mit seinen Fingernägeln in die Wand einer Gaskammer „Never forget!" geritzt hat, müsse ewig gehört werden. Und dessen „Never forget!" müsse erweitert werden: „Vergesst nicht, was passiert ist, und achtet bei euch und in Zukunft darauf, dass sich solche Gräueltaten nie wieder ereignen können!"

Sein Kaddisch endet mit der Aufforderung: „Schließe einen neuen Bund mit uns, Herr! Führe uns zu Versöhnung, Toleranz und Brüderlichkeit auf unserem kleinen und zerbrechlichen Planeten, unserer gemeinsamen Heimat!"

Bild 37: Sieben Leonberger werden 1999 von Prof. Dr. Dr. Samuel Pisar in seinem Haus in Paris empfangen. Frau Abt geb. Junker, Herr Abt, Frau Brezger, Herr Brezger, Frau Gerda Kugler, Dr. Pisar, Frau Junker, Herr Junker (v.l.n.r.).

Samuel Pisars Einsichten waren nicht nach hinten gewandt. Er schrieb ausdrücklich, sein Buch sei kein Buch über die Vergangenheit, sondern handle von der Zukunft!

Dr. Pisar konnte bei einigen Aufführungen in den USA und in Deutschland das von ihm verfasste Kaddisch selbst sprechen. Am 27. Juli 2015 starb er im Alter von 86 Jahren in New York an einer Lungenentzündung als Folge eines Schlaganfalls.

2002

Auf dem Weg zu meinem Bruder

Mit einer Reisegruppe konnte ich 2002 nach Rumänien und dabei auch Konstanza besuchen. Ich wollte den Ort, die Stadt sehen und in mich aufnehmen, von der mein Bruder am letzten Tag seines Lebens gestartet war.

Ich ging zum Ufer des Schwarzen Meeres, das achtundfünfzig Jahre früher zu seinem Grab geworden war. Ein Freund, der meine Trauer mittrug und mir zur Seite stand, begleitete mich.

Unweit des Ufers steckte ich ein paar Samen in die Grasböschung. Hier sollen einige Bäume wachsen in Erinnerung an ihn. Mehr konnte ich nicht tun. Es gibt keinen anderen Ort des Gedenkens, keinen Ort der Erinnerung, wie auch für viele Soldaten auf beiden Seiten, die in diesem unsäglichen Krieg ihr Leben lassen mussten.

Ich bin dankbar, dass ich in dieser Form von ihm Abschied nehmen konnte. Der Leiterin der kleinen evangelischen Gemeinde in Konstanza habe ich davon berichtet, mehr konnte ich nicht tun. Ich musste zurück nach Deutschland.

1998

Was bleibt?

Wird man zum ersten Mal seit dem Krieg bewusst an eine Grenze, die entscheidende Grenze gestellt, drängt die Frage: Was bleibt?

1998 war es bei mir soweit. Ich saß morgens um zehn Uhr am Schreibtisch und bekam plötzlich keine Luft mehr, aber Schmerzen in den Oberarmen. – Ich ging auf meine nächste Baustelle, vielleicht hundert Meter entfernt, um frische Luft zu schnappen. Ich kam kaum mehr nachhause. „Das war sicher das späte Essen gestern Abend bei der Feier“, dachte ich. Nach zweieinhalb Tagen im Bett mit viel „Teetrinken“ fuhr ich endlich zum Arzt.

„Sie haben einen Herzinfarkt!“, sagte er. „Sie kommen nur noch aus meiner Praxis heraus mit einem Notarztwagen!“ Der Ernst der Lage wurde mir bewusst.

Als Patient wurde ich klein, dankbar für jede menschliche Zuwendung und Stärkung im Glauben. Für den notwendigen Eingriff wurde ich vom ersten in ein anderes Krankenhaus verlegt. Ein Freund besuchte mich. Am Abend vor der Operation erzählte er mir, wie seine Frau starb, der schwerste Verlust seines Lebens. Er las mir den 121. Psalm vor, eine Ermutigung: „Meine Hilfe kommt von dem Herrn, der Himmel und Erde gemacht hat. Er wird deinen Fuß nicht gleiten lassen und der dich behütet schläft nicht.“

Ich wurde dankbar für die Krankenschwestern, die Ärzte, ihren aufopfernden Dienst für jeden Patienten. Jeder Eingriff bleibt ein Wagnis. Er gelang. Viel Grund zum Danken. Ich sehe, dass mir noch Zeit zur Verfügung steht, in der ich aktiv sein kann. Es ist nicht selbstverständlich. Es ist geliehene Zeit, die es für Gott zu nutzen gilt.

Denn was bleibt ohne ihn? Gibt es bleibende Frucht ohne ihn? Diese Frage muss jeder für sich beantworten. Was sind die Ziele eines Lebens? Es wird einem klar, dass nicht die „große Leistung" übrigbleiben wird, sondern ein Scherbenhaufen. Was kann Gott aus dem Scherbenhaufen eines Lebens machen? – Es mag sein wie bei Elia. Er stand am Ende seines Lebens. Er wollte nicht mehr. Und doch hat Gott aus dem „Scherbenhaufen" seines Lebens sehr viel machen können, was uns heute noch Wegweisung ist. Er wurde geweckt. Brot und Wasser waren plötzlich da in der Wüste. Er wurde zum Berg Horeb gesandt. Dann nach Damaskus, um einen König über Syrien zu salben und einen König über Israel. Dann erhielt er den Auftrag, den Bauern Elisa an seiner statt zum Propheten zu berufen. Dieser nahm den Auftrag an.

Ich sehe aus dem Fenster: ein Bild, wie gemalt von Capar David Friedrich. Sanfte Hügel, bewaldete Höhenzüge hintereinander im Glanz der ersten Morgenröte. Einige dünne Wolkenstreifen in zartem Gelb-Orange liegen darüber, darunter die dunklere, geschlossene Wolkenwand. Zartes Blau deutet auf einen strahlenden Tag hin, obwohl Schnee angesagt war.

Was hat Gott aus dem Leben deiner Eltern, reich an Entbehrungen, reich an Glauben, reich an Segnungen gemacht? Es ist ihnen vieles genommen worden, Schweres aufgebürdet worden. Und doch waren sie Gott dankbar für ihr Leben, wie sie geführt wurden.

Auch aus Scherben kann Gott etwas Fruchtbares machen, wie bei Bonhoeffer oder bei Jochen Klepper. Bei ihnen schenkte Gott reiche Frucht, obwohl ihr Leben äußerlich in der Katastrophe endete. Er ist es, der es macht, der entscheidet, der gibt und nimmt, der den „Teppich von der anderen Seite webt", wie jemand es umschrieben hat. Wir sehen nur eine Seite, nicht die andere.

Bild 38: Familie Junker 2017.

Reich seid ihr – und wisst es nicht,
die ihr den Herrn des Lebens habt.
Der hält, was immer er verspricht
und euch mit allem hat begabt.
Ohn' ihn wär' nichts auf dieser Welt,
auch wenn ihr meint, so viel zu schaffen.
Leer bleiben letztlich Gut und Geld,
es sind nicht seine Waffen.

Die Liebe ist's, ihm treu zu sein.
Sein Wort ist es, auf das ich trau.
Er führt hinaus aus Angst und Pein,
bis ich schon hier den Himmel schau!

– Frowin Junker

WIDMUNG

Ich hatte eine ältere Schwester und einen älteren Bruder. Er war 19 Jahre und zwei Monate alt, als sein Flugzeug 1944 über dem Schwarzen Meer abgeschossen wurde. Auch der Verlobte meiner Schwester verlor als Pilot im Krieg sein Leben.
Diesem Bruder und meiner Schwester will ich dieses Buch widmen.

„Aus Feinden Freunde machen“
Gesamtliste Bilder 2018

01 Titelbuchseite Seite 1: Bartek Langer

02 Frowin Junker 1927 mit Bruder Hans-Friedrich und Schwester Ilse (Familienarchiv = FA)

03 Eltern Fritz und Gretel Junker (FA)

04 Autor 1941 auf dem Laubengang der Ordensburg Sonthofen (FA)

05 Wir drei Geschwister vor unserem Reihenhaus in Bad Cannstatt (FA)

06 Hans-Friedrich Junker 1943 vor der Einberufung zur Luftwaffe (FA)

07 Unser Reihenhaus nach dem ersten Bombenangriff im Februar 1944 (FA)

08 Unser Nachbarhaus nach dem 19. Oktober 1944

09 John Pribram, ursprünglich Tscheche, im Krieg gegen Deutschland als amerikanischer Soldat schwer verwundet (Caux Verlag)

10 Mountain House in Caux sur Montreux, Schweiz, Ort der Weltkonferenzen der MRA ab 1947 (Edition Photoglob SA. Zürich/Vevey)

10a Mme. Irene Laure, Marseilles, bei einer Weltkonferenz in Caux. Erste Begegnung mit Deutschen nach dem Krieg (Caux Verlag)

11 Jens Wilhelmsen, Norwegen, Frowin Junker und Max Bladeck (v.l.n.r.) nach Ankunft in Tokio (FA)

12 Der Autor bei einem Vortrag vor Eisenbahnarbeitern in Aretsu (FA)

13 Vor unserer ersten Übernachtung in einem japanischen Hotel v.l.n.r.: Autor, Jens Wilhelmsen (Norwegen), Max Bladeck, Edward Goulding (England)

13a Ausschnitt eines Briefes an den Autor, etwa 3 m lang, gemalt im alten japanischen Stil von Yoshiaki Sagae, einem der Verantwortlichen der großen japanischen Jugendorganisation Seinendan (4,3 Millionen Mitglieder),(FA)

14 Am Mahnmal in Hiroshima v.l.n.r.: Frau Hamai, Oberbürgermeister Hamai, Edward Goulding (England), Autor, Don Libby (USA), Max Bladeck. (Bild von Don Libby, USA, zur Verfügung gestellt, in seinem Buch veröffentlicht)

14a Residenz von Ministerpräsident Hatoyama, in der wir das Schauspiel „The Boss" für Abgeordnete aufführen konnten. Im Hintergrund das Parlament (Caux Verlag)

14b Szene aus dem Schauspiel „The Boss". In der Rolle des Gewerkschaftsführers der Vorsitzende einer Schiffbau-Gewerkschaft, in der Rolle des Chefs ein hoher Beamter der Japanischen Staatsbahnen (Caux Verlag)

15 Muriel Smith, Hauptdarstellerin im Film „Krönung des Lebens" (Caux Verlag)

16 Bergleute vor einer Aufführung ihres Schauspiels „Hoffnung" in Bergmannstracht. Hintergrund das Brandenburger Tor. Hinter den Bergleuten stehen ihre Frauen, die sie beim Singen der verschiedenen Nationalhymnen unterstützten (Caux Verlag)

16a Bundeskanzler Adenauer empfängt die Bergarbeiter vor ihrer Abreise nach England. Er wies darauf hin, dass viele unserer Landsleute nicht wissen, wie tief die Wunden in anderen Ländern sind nach dem was geschah, weil wir die falsche Ideologie hatten. Er würde mit Macmillan reden. Die Bergleute müssten aber mit den Menschen in England direkt sprechen. Durch sie, glaube er, würde England das neue Deutschland sehen (Caux Verlag)

16b Einige der Bergarbeiter bei Guy Mollet, 1956/57 Ministerpräsident von Frankreich, von 1946 bis1969 Vorsitzender der Sozialistischen Partei Frankreichs (Caux Verlag)

16d Premierminister Kishi empfängt die deutschen Bergarbeiter in Tokio

16e Hans Hartung, Hubert Eggemann und Robert Wegerhoff (v.l.n.r.) im Gespräch mit John L. Lewis, dem Ehrenpräsidenten der Bergarbeiter in Amerika (Caux Verlag)

17 In Trivandrum, Kerala, Südindien, Richard Bladeck, einer der Bergarbeiter und der Autor (im Hintergrund) mit Familie Panikhar, unseren dortigen Gastgebern (FA)

18 Rajagopalachari, genannt „Rajaji", Jurist, Schriftsteller und Politiker, erster Generalgouverneur Indiens, Mitstreiter von Mahatma Gandhi und Nehru um die Unabhängigkeit von England, Großvater unseres Gastgebers Rajmohan Gandhi in Indien, gestorben 1972 (Caux Verlag)

19 „Die Weltraumstory – Space is so startling", Bild aus der Sportszene: „Sportler aller Welt vereint!" Vorne links (mit dem großen Ruder in der Hand): John Sayre, USA, Olympiasieger im Vierer ohne Steuermann 1960 in Rom mit Rusty Wailes, zweimaliger Goldmedaillengewinner, der Größte in der letzten Reihe. Der Autor zweiter von rechts in der zweiten Reihe (Caux Verlag)

20 Flugticket der Lufthansa vom 15. September 1964 von Bombay nach Stuttgart und Berlin nach 9 Monaten Arbeit auf Einladung von Rajmohan Gandhi in Bombay, Delhi, Hyderabad, Madras und Bangalore (FA)

21 Frowin und Beate Junker geb. Gradmann 1965 auf dem Weg zum Standesamt in Tübingen, wo die Hochzeit in der Stiftskirche und im Roigelhaus gefeiert wurde (FA)

22 „Die Colwell Brüder", Hauptdarsteller und Produzenten des Musicals „Sing Out 66". v.r.n.l.: Ralph, Steve und Paul Colwell. (Pace-Photo, Copyright MRA Photo, 53 Bonn, Kaiserplatz 3, Veröffentlichung mit Quellenangabe, Honorar und Belegexemplar)

23 Architektur an einem der Regierungsgebäude in Brasilia (FA)

24 Kathedrale im Zentrum Brasilias im Rohbau (FA)

25a „Sing Out Deutschland“ bei einer Aufführung für die Mitarbeiter der Firma Mercedes do Brasil in Sao Paulo, Brasilien

26 Unsere Tochter (FA)

27a Neubau des Gemeindehauses in Dettingen/Teck nach Entwurf des Autors

27b Blick in den großen Gemeindesaal des Gemeindehauses Dettingen/Teck (FA)

28 Unsere Gastgeberin in Belfort, Mme. Bourliers, bei der wir im Rahmen der Städtepartnerschaft zwischen Leonberg und Belfort immer wieder eingeladen waren (FA)

29 Neubau Evang. Kirche, Gemeindehaus und Pfarrwohnung in Svit, Slowakei, die wir bei unserem ersten Besuch in der Slowakei 1992 im Rohbau besichtigen konnten, 1993 fertig gestellt. Skizze des Autors (FA)

29c Levoca (Leutschau), Slowakei. Das im Renaissance- Stil erbaute Rathaus der Stadt mit Jakobskirche, Skizze des Verfassers (FA)

30 Ausstellung in der internationalen Jugendbegegnungsstätte in Oswiecim-Auschwitz. Die Gebäude wurden 1986 nach dem Entwurf des Architekturbüros GMS-Freie Architekten in Isny/Allgäu gebaut. Wesentlich beteiligt waren von polnischer Seite Architekt Alfred Przybylski, der selbst fünf Jahre als Häftling in Auschwitz gewesen war. Er vertrat den Verband ehemaliger Widerstandskämpfer ZboWiD. Von deutscher Seite Architekt Helmut Morlok, Isny, der die Aktion Sühnezeichen Friedensdienste ASF vertrat (FA)

31 Architekt Morlok (links) und der polnische Architekt Alfred Przybylski, die sehr gute Freunde wurden. (Ausschnitt des Bildes Seite 198 im Buch von Helmut Morlok: „Ich lasse mein Leben nicht von Auschwitz beherrschen“. Genehmigung durch Frau Morlok)

32 Dr. Gennadij Groushevoj, Philosophieprofessor an der Universität Minsk, Belarus, und seine Frau, Dr. Irina Groushevoj, Dozentin für Germanistik in Minsk mit Beate Junker (FA)

33 Gedenken an die Opfer: Im April 1995 lesen Dr. Eberhard Röhm (links) und der Autor im Rahmen einer Gedenkfeier Namen der im SS-Arbeitslager in Leonberg Verstorbenen vor. Dort waren im letzten Kriegsjahr 373 Opfer in ein Massengrab am Rande des Arbeitslagers auf dem Blosenberg geworfen worden. Sie wurden später auf den städtischen Friedhof in Leonberg umgebettet (Foto von Frau Rebstock in der Leonberger Kreiszeitung vom 18. April 1995, Seite 1)

34 „Gewissheit über den Vater nach 72 Jahren". Alojz Zagar, der 84-jährige Tischler aus Slowenien, fand im Sommer 2017 den Namen seines Vaters, Andrea Zagar, im Gedenkbuch der Blosenbergkirche über die im KZ-Arbeitslager Leonberg Verstorbenen. Das Bild zeigt den Sohn Alojz bei seinem Besuch der Gedenkstätte und Ausstellung im alten Engelberg-Autobahntunnel (Foto FA)

35 Modell für drei Namenswände, auf denen die Namen der im KZ-Arbeitslager Verstorbenen für immer festgehalten werden sollten. Geplanter Standort neben der Blosenbergkirche. Entwurf des Autors (FA)

36 Im September 1991 kam es nach 46 Jahren endlich zu einem Widersehen mit der inzwischen 85-jährigen „Mutter" Dommes. Von links: Pjotr Kudrjashow, Elisabeth Dommes, Albrecht Dommes, Musa Kudrjashowa. Es blieb bei der einen Begegnung. Zwei Jahre später verstarb Elisabeth Dommes. (Foto zur Verwendung in der Autobiographie von Albrecht Dommes freigegeben)

37 Sieben Leonberger werden 1999 von Prof. Dr. Dr. Samuel Pisar in seinem Haus in Paris empfangen. Das Bild entstand am Ende unseres vierstündigen Gesprächs auf der Terrasse seines Hauses. v.l.n.r.: Frau Abt geb. Junker, Herr Abt, Frau Brezger, Herr Brezger, Frau Gerda Kugler, Dr. Pisar, Frau Junker, Herr Junker (FA)

38 Familie Junker 2017